盛唐的脊梁

颜真卿

YANZHENQING
PINGZHUAN

评传

姚安——著

西安出版社

图书在版编目（CIP）数据

盛唐的脊梁：颜真卿评传 / 姚安著 . —— 西安：西安出版社，
2022.3

ISBN 978-7-5541-5856-2

Ⅰ . ①盛… Ⅱ . ①姚… Ⅲ . ①颜真卿（709-785）- 评传 Ⅳ .
① K825.72

中国版本图书馆 CIP 数据核字 (2021) 第 262864 号

盛唐的脊梁——颜真卿评传
SHENGTANG DE JILIANG——YANZHENQING PINGZHUAN

姚 安 / 著

出 版 人：屈炳耀

责任编辑：何 岸

责任校对：卜 源

出版发行：西安出版社

社 址：西安市曲江新区雁南五路 1868 号 影视大厦 11 层

电 话：（029）85210377

邮政编码：710061

印 刷：陕西龙山海天艺术印务有限公司

开 本：787mm×1092mm 1/16

印 张：28

字 数：382 千

版 次：2022 年 3 月第 1 版

印 次：2022 年 4 月第 1 次印刷

书 号：ISBN 978-7-5541-5856-2

定 价：268.00 元

序

萧士澍

　　"将军临北荒，烜赫耀英材。"这句话是颜真卿写给裴旻将军的，其实用在他自己身上也是非常贴切的，虽然他是一个文臣，可是在安史之乱中的英勇表现远非一般武将所能企及。他是一个时代英雄，时代伟人，是中国历史上儒家"文忠"的标杆式人物。

　　晋代左思在《三都赋》开篇中说，"物美者贵依其本，赞事者宜本其实。"人们了解颜真卿，一般了解到的是他的书法，至于为人、品行及事迹，却少有寻究。本书作者不辞辛苦，10多年来在关中大地寻觅颜真卿的足迹，搜集与其相关的信息资料写就了这部关于颜真卿的书，再现了颜真卿的真实形象，值得肯定。

　　我认真地翻阅了此书，发现这是一本有意义的书。

　　首先，它是一个研究颜真卿生平的书。颜真卿出生于武则天驾崩后的内乱期，成长于中国历史上封建王朝最繁荣富强的时期，经历了安史之乱，他作为一名高级行政人员，始终站立在时代的前沿，依靠个人魅力，依靠个人的能力，完成一件又一件不可能完成的使命，得到上级的认可，得到同僚的支持，赢得百姓的爱戴！作者翻阅大量文献资料，抽丝剥茧，通过多次实地走访，还原一个我们不了解的一千三百年前的英雄伟人，一个思想家。

其次，它还是研究颜真卿时代的书。颜真卿所处的是我国封建王朝最鼎盛的时代和由强变弱的时代，这个时代有它自己的社会氛围与社会关系，有它自己的政治结构与政治关系，有它自己的文化体系与文化生活，有它自己的经济秩序与经济关系，还有它自己的民族关系、城市建设等等，特点非常鲜明。颜真卿是时代的颜真卿，作者在叙述颜真卿的过程中都专门地进行了研究与梳理，为我们从个案了解一个丰富的唐朝提供了可能。

第三，它又是一个研究颜真卿文艺思想的书。颜真卿从当上初级文官校书郎开始编纂《韵海镜源》，到作抚州、湖州等太守先后完成《礼乐集》《吴兴集》《庐陵集》《临川集》等作品，文笔质朴并与李华等开古文运动的先河，他的文艺思想如何变化书中多有涉及。还有颜真卿对唐代茶文化、酒文化建设的推进，作者都进行了有益的深入研究，为新时代关于唐代文化研究添砖加瓦。

第四，它更是一个研究书法史的书。我们说研究颜真卿，不研究颜真卿书法，就是缘木求鱼。研究颜真卿书法，不研究颜真卿生平，那就是无本之木。西汉扬雄在《法言》中提出："言，心声也；书，心画也。"宋代欧阳修说："斯人忠义出于天性，故其字画刚劲独立，不袭前迹，挺然奇伟，有似其为人。"说的就是字如其人，始终正锋用笔，有这个英雄的存在才有英雄的字，在中国书法史上，颜真卿的书法是英雄的书法，颜真卿的书法是书法的英雄，颜真卿是与王羲之比肩的人物。颜真卿流传下来的主要书法作品有百余种，这些书法是从哪里来的，颜真卿书法是如何成长的，颜真卿书法各个时期的特点等等，作者在书中都努力地进行了梳理与探讨。

第五，它不是纯粹的"书"，它是一本信息多元、图文并茂的书。我们说现代是一个读图的时代，如果仅仅是文字，这本书的意义就打折扣了，前面已经说了，作者实地走访陕西每一处颜真卿待过的地方，走访山西、四川、甘肃、河南等省份多地查看遗迹，同时收集颜真卿相关文献资料、拓片整理成图，因此这是一本"图书"，书中多幅图片为笔者第一次看到。

鲁迅先生说："我们从古以来，就有埋头苦干的人，有拼命硬干的人，有为民请命的人，有舍身求法的人，……虽是等于为帝王将相作家谱的所谓'正史'，也往往掩不住他们的光耀，这就是中国的脊梁。（《且介亭杂文·中国人失掉自信力了吗》）"颜真卿"生而为英，死而为灵"，是中华民族的英雄。

"中华民族是英雄辈出的民族，新时代是成就英雄的时代。"我们说，崇尚英雄，学习英雄，关爱英雄，就是要敬崇颜真卿这样的忠臣烈士，学习他的做人，学习他的才能，学习他的文章，学习他的书法，做一个忠于时代的脊梁。

　　颜真卿是京兆长安人，现在由长安城的一个后生写就一部关于颜真卿的传记，应该是代表一方水土的爱戴，文章如何，读者自鉴。

2021 年 12 月 1 日

　　苏士澍，第七届中国书法家协会主席，第十一届、十二届全国政协常委，全国政协书画室副主任，中国书法家协会名誉主席，中央文史研究馆馆员，文物出版社名誉社长，清华大学美术学院书法所名誉所长、博士生导师、教授。编辑《历代碑帖书法选》等书法碑帖丛书，主持编著《中国法书全集》。

目录

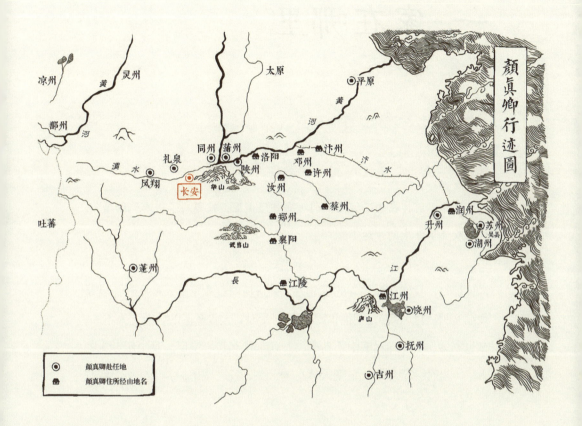

颜真卿行迹图

凉州　黄　灵州　　　　太原　　　平原

鄜州　　　河　　　　　　　黄

　　　　渭　水　礼泉　同州 蒲州　　河

　　　凤翔　　　　　　洛阳　汴州　汴　水

　　　　　　　长安　陕州　邓州　许州

　吐蕃　　　　　华山　汝州

　　　　　　　　　　　　郑州　蔡州

　　　　　　　　　　　　　　　　　升州　润州

　　　　　武当山　襄阳　　　　　　苏州 吴县

　　　　　　　　　　　　　　　江　　湖州

　　蓬州　　　长　　江陵

　　　　　　　　　　　　　　庐山 江州

　　　　　　　　　　　　　　　　饶州

　　　　　　　　　　　　　　　　抚州

　　　　　　　　　　　　　　吉州

◉　颜真卿赴任地
🏠　颜真卿住所经由地名

长安
景龙三年（709）

一 家在哪里'

多年以前，在西安城的北门（安远门）里，我遇到了一本"秘籍"，从此改变了一生的命运。

那时，我住在城墙外的东北方，要进城就走太华路、童家巷（就是现在大明宫丹凤门）、西闸口入北门。那时，天是蓝蓝的，街上人不多，车也不多，从北门看南山不费事，一切都那么赏心悦目。某个星期天的下午（当时一个星期就星期天休息一天），我进城了，要干什么已经忘记了，不重要了。

不经意间走到了一个书店，在和平电影院的对面，是一排平房，大约50多平米，店里都是木质的书架和柜子，书其实不多。我无聊地乱翻看着，只是觉得应该有一个自己喜欢的东西，在一个柜台上看见了一本"花花绿绿"的书。所有的书都板着脸，都严肃着，它是那样的另类，那样的"跳"，和周围的书太不和谐了，那个"花花绿绿"是五色的牡丹锦纹，我没翻书就觉得应该买了。待到一翻，却原来是字帖，一个重大发现，原来字帖还有这样归类的，第一个学习的笔画是"点"，噫！有一个示意图："尖锋入纸向下压，左上行笔又压下，回锋行笔再下压提收，'一点'笔锋运行结束"这是个宝贝呀！我发现了一本秘籍——《颜体多宝塔标准习字帖》。

看见这个字帖，对于我是"重大发现"！

我当时毫不犹豫地拿下了，自此就落入了学习颜体的沙漠里，从此越陷越深，无法自拔。

这完全是我私人的爱好

从那天开始，我慢慢地知道了颜真卿、颜体字。此前，我对写字是有兴趣的，在父亲的指导下练习，可能年龄小，从来也没关注过楷书的特点，颜体字与其他楷书的不同，也分辨不出其中所以然，这可能就是"人生识字糊涂始"的另解。当然，更不知道颜真卿是一个唐代的书法家。现在，在这个字帖面前我走上了一个正途。

昨天偶尔来到北门（确切地说是明清西安城的北门安远门，唐长安城玄德门附近）里，物是人非，高楼林立，可是我还是能像电影《泰坦尼克号》最后露丝回忆泰坦尼克号的情景一样回忆起多年以前，那个房子、那个书架。是颜真卿那本字帖改变了我，不，确切地说是颜真卿改变了我。

无论是先入为主，还是冥冥之中确定的，四十年过去了，我固守着颜真卿的思想，固守着他的字，这是因为颜真卿人格的伟大：他不仅是唐代科举的佼佼者，更是治理国家的能臣；不仅是超越王羲之的书家，更是文学论坛的拓荒者；不仅是伟大的儒家思想家，更是用生命捍卫国家统一的践行者。他知行合一，在历史的长河中竖起了一座思想与文化的丰碑。

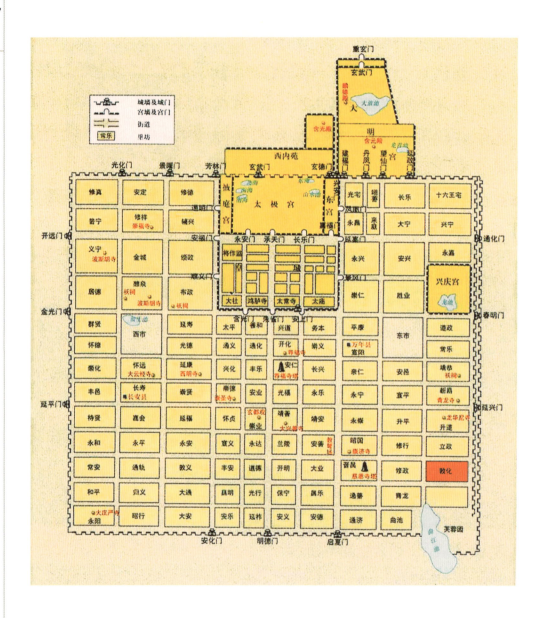

■ 唐长安城示意图

唐长安城继承隋大兴城，宇文恺规划设计，面积87.27平方千米，
由宫城、皇城、外郭城组成，共108坊

情绪有些激动，停一停，步入正题。

从现在开始，我将我对颜真卿的感受敲下来，这个改变我一生的人！

大唐的江山在动荡中走来。

在一群英豪中，那个脊梁笔直、有着伟岸身材的，就是颜真卿。

由于有确切的记载，颜真卿的"出生证"上写的是景龙三年（709），"景龙"是唐中宗李显的年号。

风雨飘摇中武则天驾崩了，李显又当上了皇帝，这是第二次当皇帝。公元709年的夏天，南山一定非常漂亮，万里无云，长安城里颜真卿出生了，我觉得出生在夏天是一个好事情，夏天方便接生，好照看，夏天是一年最热的季节，阳气最盛，符合颜真卿性格刚烈的特点。

我们来看看他出生在哪里？有学者说，颜真卿生于京兆长安县敦化坊（这是后人的叫法，出生时京兆府还叫雍州，改为京兆府是开元元年，也就是公元713年），京兆府当时以朱雀大街为界，西为长安县，东为万年县（后改为咸宁县），而按照清人的《两京城坊考》，敦化坊在现

■ 北池头村碑

北池头村在曲江池北而得名。村已拆，碑原在曲江
大道绿化带中，现已拆除

在曲江池东三里左右的地方，是在朱雀大街的东面，应该是万年县，所
以不应该是长安县。这好像没问题，可是对不对呢？

先来看看远的，咱们从颜真卿祖上捋一下。

颜真卿写过一个《晋侍中右光禄大夫本州岛大中正西平靖侯颜公大
宗碑》（简称《颜大宗碑》），是给十四祖颜含的，里面写颜含是"琅
琊临沂人"。根据颜真卿写的《颜勤礼碑》，颜勤礼是颜之推之孙，颜
思鲁之子，颜真卿的曾祖，也写的是"琅琊临沂人"。颜真卿父亲颜惟
贞的《颜家庙碑》没有写是哪里人。

颜真卿在好多地方确实也自称是"琅琊临沂人"。

颜真卿的外侄殷亮写了一部书叫《颜鲁公行状》，这部书就是写颜真卿生平的，因为殷亮曾经长期跟随颜真卿，所以不应该有问题，他在《颜鲁公行状》里说："公姓颜，名真卿，字清臣，小名羡门子，别号应方，京兆长安人也"，这里将颜真卿的名字讲得清清楚楚，同时将哪里的人也讲清楚了，后面行文还有"五代祖北齐黄门侍郎讳之推，自丹阳居京兆长安"，这几句是参考颜真卿写的《颜勤礼碑》里面"祖讳之推，北齐给事黄门侍郎，隋东宫学士，《齐书》有传。始自南入北，今为京兆长安人"。将颜真卿家族什么时候来长安的，从哪来的都讲清了，所以前面说颜真卿是京兆万年县人是有问题的，颜真卿是长安县人不应该是万年县人。

关于颜真卿是长安县人还有依据没有？颜真卿撰文的《太子太保颜杲卿神道碑》，碑文中讲，颜杲卿是"京兆长安人"，颜杲卿是颜真卿的堂哥，古代一大家子住一起，这个就不会有错。还有《金乡县开国男颜允南碑》中说，颜允南是"京兆长安人也"，颜允南是颜惟贞的第二子，颜真卿的亲哥哥，所以不会错了，颜真卿是京兆长安人，无疑。

有人说"颜真卿生于京兆万年县敦化坊"，或许就有问题了，因为记载的都是"京兆长安人"而不是"京兆万年人"。"老鼠、老虎傻傻分不清楚"，估计就是现代人了，当时的人分长安和万年是不会错的，比如颜真卿的墓地，唐令狐恒在《颜鲁公神道碑铭》里表述："归葬于万年县之旧原"。有人说颜真卿小时候在通化坊一带玩，通化坊在朱雀大街西第二坊，那是长安县了，不过现在普遍资料都确定颜真卿家在敦化坊，我前两天还找到新开门一带，应该是明清标注的隋唐长安城图里的敦化坊一带，都是高楼大厦，却也没有看见有什么颜家的东西留存，甚至古一点的东西，都拆完了！至于颜老师到底是哪里人？万年县长安县，大体不错，都是现在的西安市，肯定不会是山东的什么地方，这就是坐标，可惜精度不够。

人生有时就是一个轮回，突然想起许多年前，我刚结婚曾经到过新开门一带，那里叫北池头，那里都是田地，那里都是麦地。

颜真卿到底住址是哪里，需要慢慢找，漫漫寻，我们慢慢来。

二 士族出身

颜真卿出生于中宗李显景龙三年，即公元709年，出生在长安城里。龙生龙，凤生凤，祖上琅琊颜氏是大家族。

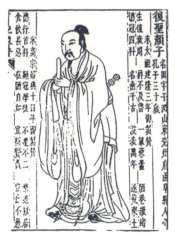
■颜回像

出生时的情况。

先报家门。

颜家的祖宗，大名鼎鼎的颜回，颜回字子渊，孔门七十二贤第一名，直接就接到孔子了，那已成为神话。

下来拣紧要的记述。

十三世祖，颜含，字弘都，出身士族，跟随晋元帝到建康，琅琊莘（今山东临沂费县方城镇诸满村）人，东晋时官至右光禄大夫，封西平县侯，能文能武，是个大人物。近700年以后，颜真卿给他写过《颜大宗碑》。

五世祖，颜之推，字介，北齐人，迁居长安城，是个文学家、教育家，他生于江陵（今湖北江陵）。颜之推少年孤高，不喜欢社会上吹牛的风气，

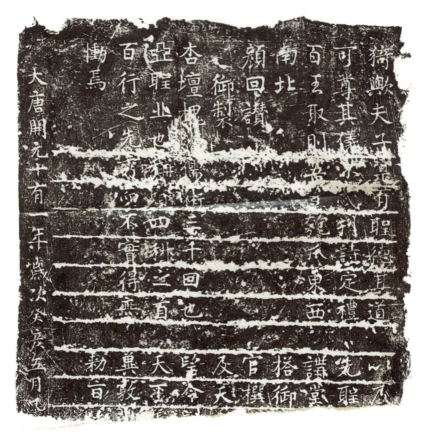

■ 唐代颜回赞残拓片

开元十一年立碑，碑述"颜回为亚圣"残拓 11 行，并且有
尖锐物划过 10 条的痕迹

闭门研习《仪礼》《左传》等，由于博览群书，文辞又好，得到南梁湘
东王萧绎赏识，十九岁便任左常侍，隋代当上东宫学士，著有《颜氏家
训》，有人给《颜氏家训》定位很高，认为"古今家训，以此为祖"，《颜
氏家训》对颜真卿的影响是巨大的。

高祖颜思鲁，字孔归，官至秦王府记室参军，"秦王"指李世民，
秦王府记室参军就是给李世民当差的，有国家名分的门客，当时还有看

天象算卦的风水大师李淳风。

曾祖颜勤礼，字敬，官至弘文馆学士，字写得好，工于篆籀 (zhòu)，尤精训诂。李渊晋阳起兵后，前往长春宫谒见，跟随敦煌公李世民平定京城，授朝散大夫、校书郎。武德年间，迁铠曹参军、轻车都尉。贞观年间，历任雍州参军、著作佐郎、崇贤馆和弘文馆学士，得到唐太宗赞誉。唐高宗时期，迁著作郎、夔州长史，加位上护军。

曾叔祖颜师古，名籀，字师古，以字行。唐朝初年经学家、训诂学家、历史学家，颜勤礼的兄弟。颜师古学问通博，擅长文字训诂、声韵、校勘，研究《汉书》的专家，对两汉以来的经学史也十分熟悉，有《匡谬正俗》《汉书注》《急就章注》等。颜师古注《汉书》时，曾指出二十七卷本"非今所有家语"。我喜欢颜师古的《等慈寺碑》，这个碑有魏晋的风采，可惜 20 世纪 50 年代"大跃进"时期被毁了。

祖父颜昭甫，字周卿，官至晋、曹二王侍读，长于训诂，工书，擅长篆、隶、草书，对金文、古鼎之籀文有较深的造诣，有硕儒之称。受到叔父颜师古器重，每有著述，必让其参订。当时外邦献来古鼎一尊，上有铭篆二十余字，大臣们皆未能辨识，独颜昭甫能全部读出，当过汝南太守，他的书法与内弟殷仲容齐名，而劲利过之。

父亲颜惟贞，字叔坚，颜昭甫的第二子。大约生于总章二年（669），颜惟贞是个孤儿，小时候从舅舅殷仲容学习读书写字。没有纸笔，他和哥哥颜元孙以黄土扫壁，用树枝砖头瓦块在上面练习，后来就因为勤奋，草隶居然出名了。武周天授元年（690）庚寅科判入高第，当过衢州参军，温县、永昌县尉。后来代哥哥颜元孙当上长安县尉。景龙三年（709）颜惟贞任太子文学，拜薛王友（官职，薛王是李隆业，是李隆基的弟弟），此时已经四十岁了，颜真卿才出生，现在这样的年龄有孩子也算是大龄

■ 等慈寺碑

位于荥阳市汜水镇赵村，现已毁。记武牢之战，超度
阵亡将士。贞观（627—649）年立，颜师古奉敕撰书。
碑高4.7米，宽1.53米，字楷魏，32行，行65字了，当时无所谓，士族家庭人丁兴旺才是家族荣耀。颜惟贞任的太子文学是官名，为正六品东宫属官。

知道了吧，老子英雄儿好汉，作文章写字这是颜真卿家传，而且往上六代都是高手。

那么，颜真卿出生时唐王朝是个什么样的，李显景龙三年是个什么概念？

贞观二十三年（649），李治登基，启用了大批良臣，为政34年，国家经济稳步地发展，唐朝的户籍从"贞观之治"的300万户增加到了380万户，有人称为"永徽之治"。由于国内经济发展，政治稳定，国家的综合国力得到不断提升，高宗李治对周边不服从的政权进行征讨，先后将西突厥、百济、高句丽这三个昔日的劲敌全部消灭，完成了李世民的心愿，前无古人。打掉三国后，唐朝的疆域东起朝鲜半岛，西临里海，北包括贝加尔湖，南至越南横山，面积约为1251万平方千米，这是汉民族中国历史上最大的版图。此时的唐朝人口增加，版图增加，国力强盛，百姓乐业，周边诸国尽皆臣服，真的成了天朝上国。后来的武则天、李显、李旦等一直努力维持应有的局面。

不过关于朝廷，一直处在血雨腥风的斗争中。

现在景龙三年，唐高宗和武则天的儿子李显又当皇帝了，他先后两次在位，是第四任和第六任皇帝，第一次是公元683年12月至公元684年2月，第二次就是公元705年正月至公元710年5月，也就是景龙四年，羡门子（颜真卿小名）出生的第二年，李显被与他共患难的韦后和女儿安乐公主毒死。我个人认为这不一定是个多坏的事，因为在唐朝，儿子杀父亲，父亲杀儿子，母亲杀子女等等好像是个常态，这里韦后怕李显追究淫乱之事，与安乐公主将他毒死，死在自己信任的人手上也算是个好事吧。

■ 钟绍京书《灵飞经》拓片（局部）
明代刻本，又名《六甲灵飞经》无署书
人，共6石，每石6行，行17字不等

■ 颜惟贝书 肖思亮墓志
唐景云二年（711）刻，墨拓，乾
隆间出土于西安，26行，行26字

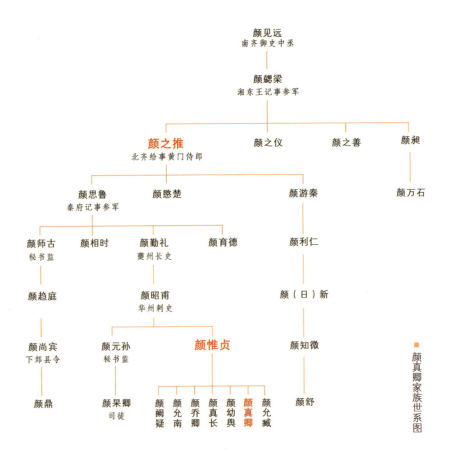

颜见远
南齐御史中丞

颜勰梁
湘东王记事参军

颜之推
北齐给事黄门侍郎

颜之仪　　颜之善　　颜昶

颜思鲁　　颜愍楚　　　　　颜游秦　　颜万石
秦府记事参军

颜师古　　颜相时　　颜勤礼　　颜育德　　　颜利仁
秘书监　　　　　　　夔州长史

颜趋庭　　　　颜昭甫　　　　　颜（日）新
　　　　　　　华州刺史

颜尚宾　　　颜元孙　　**颜惟贞**　　　颜知微
下邦县令　　秘书监

颜鼎　　颜杲卿　　颜阙疑　颜允南　颜乔卿　颜真长　颜幼舆　**颜真卿**　颜允臧　　颜舒
　　　　司徒

■ 颜真卿家族世系图

唐王朝建立后，从太宗李世民、高宗李治等以来一直重用陇西新贵，注重从民间纳贤，刻意排挤山东士族，颜真卿家族属于山东士族，所以颜真卿家族几代人努力为官，但是都没有出现非常有影响力的人物，因此也就不会在历次朝廷政变中受到大的冲击，从而保证了颜真卿的出生清白。

还有一个背景要交代，说颜真卿就应该说和书法有关的情况，景龙三年，这一年都有哪些情况呢？书写《灵飞经》的钟绍京六十多了；写草书的张旭三十五了，后来还教颜真卿写字，有张长史十二笔意传世；多才多艺的李邕也三十五岁了，放眼大唐行书无人能比；写隶书的韩择木应该十六岁（这个我有疑问）了；大书法家徐浩七岁了；诗仙李白九岁了；能打仗的李光弼三岁，每个人都带着他的使命生活在大唐的不同地方。

在这样的天空下，带着两大士族血脉的颜真卿降生了！

《颜氏家训·序致篇》

夫圣贤之书，教人诚孝，慎言检迹，立身扬名，亦已备矣。魏、晋已来，所著诸子，理重事复，递相模学，犹屋下架屋，床上施床耳。吾今所以复为此者，非敢轨物范世也，业以整齐门内，提撕子孙。夫同言而信，信其所亲；同命而行，行其所服。禁童子之暴谑，则师友之诫不如傅婢之指挥，止凡人之斗阋，则尧、舜之道不如寡妻之诲谕。吾望此书为汝曹之所信，犹贤于傅婢寡妻耳。

吾家风教，素为整密。昔在龆龀，便蒙诱诲；每从两兄，晓夕温清，规行矩步，安辞定色，锵锵翼翼，若朝严君焉。赐以优言，问所好尚，励短引长，莫不恳笃。年始九岁，便丁荼蓼，家涂离散，百口索然。慈兄鞠养，苦辛备至；有仁无威，导示不切。虽读《礼传》，微爱属文，颇为凡人之所陶染，肆欲轻言，不修边幅。年十八九，少知砥砺，习若自然，卒难洗荡。二十已后，大过稀焉；每常心共口敌，性与情竞，夜觉晓非，今悔昨失，自怜无教，以至于斯。追思平昔之指，铭肌镂骨，非徒古书之诫，经目过耳也。

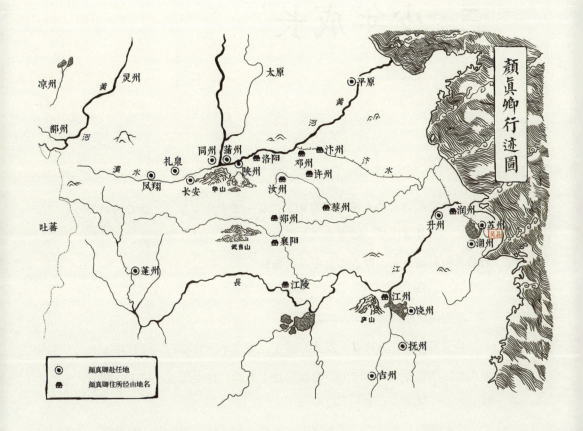

颜真卿行迹图

凉州　　灵州　　　　太原　　　　　⊙平原

鄯州　黄　　　　　　　河　　汴州

吐蕃　　　　　　渭　水　礼泉　同州　蒲州　　邓州　汴　水

　　　　　　　　凤翔　长安　华山　洛阳　许州

　　　　　　　　　　陕州　汝州　　润州

　　　　　　　　　　　　　郑州　蔡州　升州　⊙苏州　吴县

　　　　　　　　　　武当山　襄阳　　　　⊙湖州

　　　⊙蓬州　　长　　江陵　江　　江州　⊙饶州

　　　　　　　　　　　　　庐山　⊙抚州

　　　　　　　　　　　　　　　⊙吉州

⊙　颜真卿赴任地
罍　颜真卿住所经由地名

长安——**吴县**
开元九年（721）

三 少年成长

翻看宋代词人吴文英《梦窗词》，有一首"生查子"，最后两句写得好，"三月灞陵桥，心剪东风乱"挺应景。此刻就在灞河边，小时候的颜真卿向我走来，带着两大士族的血脉。

前面说到颜真卿出生时的背景。

至于当时有什么异象，就不知道了，肯定不会像哪吒一样是被太乙真人塞到李靖妻子肚子里的。有没有连下大雨，也不知道。总之，颜真卿出生了，是颜惟贞第七个孩子。

颜真卿有五个哥哥，《大宗碑》录名：颜阙疑、颜允南、颜乔卿、颜真长、颜幼舆。颜真卿在他给父亲写《颜氏家庙碑》时，署第七子，这样就是少一个人，清代学者黄本骥说，在允南和幼舆之间应该还有一个哥哥，这个跨度有点大，把乔卿、真长都涵盖进去了，但也是最可靠的，总之颜真卿是老七，后来还有一个弟弟颜允臧。

说说颜真卿 26 岁之前的情况。

从出生到 26 岁朝廷和家里发生了好多事。李显被杀后不久，李隆基起兵杀了韦氏及党羽。为了他顺理成章当皇帝，先让爸爸李旦再次出山当皇帝，逼哥哥李宪放弃太子位；两年后等不到他爸爸去世，架起爸爸当太上皇，先天元年（712）李隆基在太极宫登基，是为玄宗。可是刚当上皇帝，权力还是受到限制，同时，太平公主也有野心称帝，处处与他斗争。一年后（713），李隆基杀了太平公主，李旦真正退位，于是天下太平起来。

家里面，先是李旦做皇帝的当年，颜爸爸颜惟贞当到了通议大夫，应该是散官四品的职位了。颜爸爸的堂姐御史大夫张知泰的夫人突然去世，颜爸爸一下想不开，哀伤过度，染上病，很快也去世了，这一年应该是四十三岁。六十八年后，颜真卿立《唐故通议大夫行薛王友柱国赠秘书少监国子祭酒太子少保颜君庙碑铭并序》（简称《颜家庙碑》），追记爸爸，颜真卿当时还小，不记事，所以碑上并没有爸爸的出生年月或年龄。

前面说过颜真卿是第七子，家翁不在了，于是妈妈就带着他们十口人住到他舅舅殷践猷家去了。

颜妈妈姓殷，明白了吗？这就有个发现。

得天独厚了。殷氏一脉是个大家族，出自陈郡长平。据《世本》《元和姓纂》《通志·氏族志》等记载，殷氏是子姓分支，商契的妈妈简狄是有娀氏（在今山西永济西）的女儿，吞了玄鸟蛋生了契，就用"子"为姓，到十四代成汤，建立商朝，后盘庚迁殷（今河南安阳西北），所以又称"殷朝"。历二十四代，三十四王，六百二十九年，被周朝所代。纣王儿子武庚被周武王安置在殷朝故地，继续管理殷商遗民。三监之乱，周公东征，武庚被杀，周公旦把武庚的封地和转封给纣王之兄微子启，建立宋国（今河南商丘一带），其中一部分殷商子孙以国为姓，这就是"殷"氏来路。

再说长平殷氏，秦朝末年，一支殷氏聚居于河内郡野王县（今河南

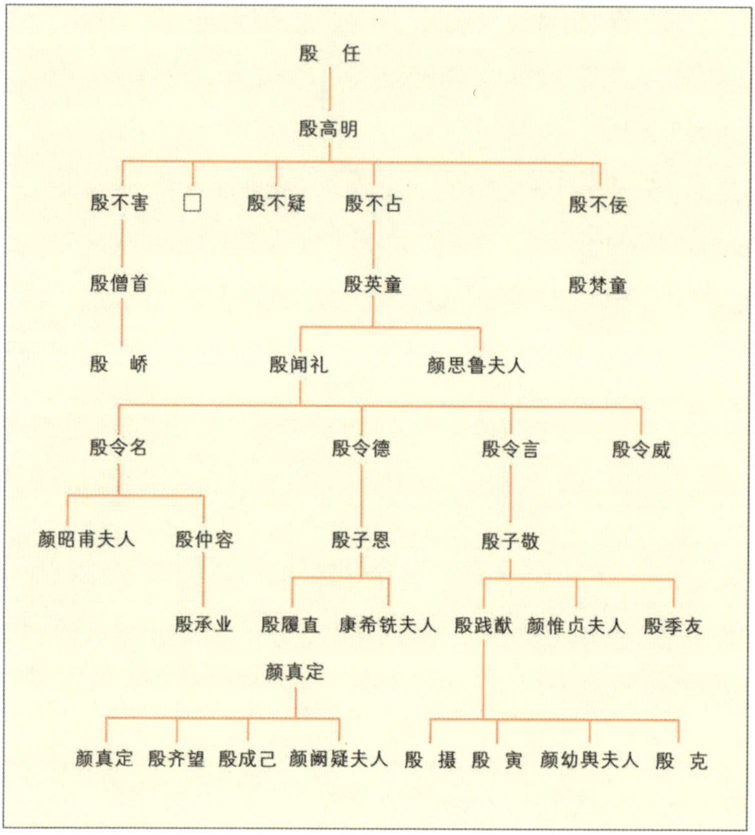

殷任
殷高明
殷不害　□　殷不疑　殷不占　殷不佞
殷僧首　殷英童　殷梵童
殷峤　殷闻礼　颜思鲁夫人
殷令名　殷令德　殷令言　殷令威
颜昭甫夫人　殷仲容　殷子恩　殷子敬
殷承业　殷履直　康希铣夫人　殷践猷　颜惟贞夫人　殷季友
颜真定
颜真定　殷齐望　殷成己　颜阙疑夫人　殷摄　殷寅　颜幼舆夫人　殷克

唐代殷氏简谱

沁阳），汉朝初期，迁徙到汝南郡。其后有北地太守殷续，又迁徙移居至陈郡长平县（今河南西华县西北），成为陈郡长平殷氏始祖。魏晋时长平殷氏崛起始于殷识之子殷羡。

说个殷羡的段子。晋元帝的幼子司马昱出生，晋元帝很高兴，就赏赐群臣。殷羡推辞说："皇子降生，普天同庆，而臣没有什么功劳却能领到赏赐，实在惭愧。"晋元帝笑着说："此事怎么能让你有功劳呢？"

好了，到殷开山，唐初凌烟阁上二十四功臣，已经是雍州鄠（hù）县人了。这说的是殷氏的流传。

殷氏有两点突出的，这两点都影响到了颜真卿家族。

一个是与大族的联姻。东晋南朝时期，史载十三例陈郡殷氏婚姻中，国婚有四例，与琅琊王氏四例（就是王羲之他们家），与陈郡谢氏（谢安他们家）、陈郡袁氏、颍川韩氏、颍川荀氏、谯国桓氏各一例，除皇室外，都是一流大族。而到了北朝至隋唐时二百年间，主要是与琅琊颜氏联姻了，这就有了颜真卿的高祖颜思鲁，爷爷，爸爸等都是娶的殷氏。颜真卿家里一

■殷仲容像

半的血液都是殷氏的，当然，殷氏也娶颜氏，比如殷仲容等娶的就是颜家的女人。

一个是在文学书画上的突出地位。与大族联姻是血脉的传承，关于精神的传承，殷氏一脉翰墨名世，张彦远《历代名画记》有殷令名，殷不害，殷仲容等累代工于书画的记载，这可是对颜真卿有极大意义的。

无论是血脉上，还是精神上，颜殷两大士族的联姻都是强强联合、门当户对。

特别介绍一下颜真卿的舅爷爷殷仲容。

颜真卿爷爷颜昭甫去世早，伯伯颜元孙、爸爸颜惟贞随奶奶寄居在舅爷殷仲容家。大师殷仲容手把手教过哥哥颜元孙和颜惟贞。殷仲容（633—703），字元凯，活动于唐高宗到武则天时代，初唐书法家、画家，官至秘书丞、工部郎中、申州刺史，就是副部长市长一类。善篆、隶，尤精于榜书题额。为好多寺庙楼观题过牌匾，比如汴州安业寺，京师衰义、开业、资圣寺，东京太仆寺，灵州神马观等，皆精妙旷古。明白了

■ 开元

吗？皇家寺院资圣寺、太仆寺等都是他写的牌匾。"工写貌及人物、花鸟，妙得其真，或用墨色，如兼五采"，从他开始墨分五色。无论是书法，还是绘画，想必颜元孙惟贞兄弟都认真跟着他们的舅舅学习过，所以才有后来的颜惟贞"故特以草隶擅名"的评价。

现在，颜妈妈带着一家子投靠舅舅殷践猷。

殷践猷（684—721）字伯起，著名学者、目录学家，殷不害五世从孙。博学善记，尤通氏族、历数、医方。当过杭州参军，举文儒异等科，官至秘书监学士兼丽正殿学士（唐朝人喜欢用这个"猷"字，还有叫于大猷的。秘书监学士相当于秘书省长官的秘书）。颜舅舅殷践猷家住在通化坊朱雀门西，也就是长安县。殷舅舅博览群书，以博学著称当时，与贺知章、陆象先、颜元孙、韦述号为"五总龟（龟千年五聚，问无不知也）"。在家里，教教外甥颜真卿等应该不成问题。

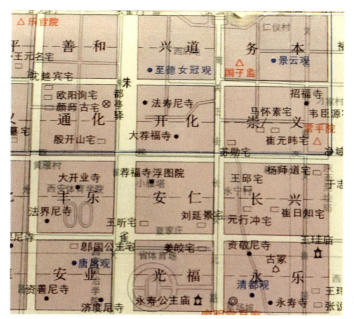

通化坊地图

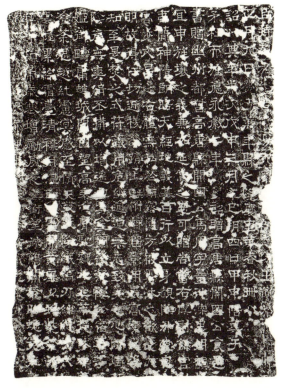

■ 殷仲容书马周碑

上元三年（676）昭陵立。碑身首高 358 厘米，下宽 116 厘米，厚 39 厘米。碑文隶楷，37 行，行 84 字。碑文左上部清晰，余均磨灭难识。许敬宗撰

　　颜元孙，颜真卿的伯父，光宅二年（685）举进士第，时年 17 岁。先天元年（712），颜元孙因受中书侍郎王琚排挤，出任润州（今江苏镇江）长史。先天二年（713）除滁州（今安徽滁州）刺史。开元四年（716），颜元孙由扬州大都督府按察使王志愔奏荐，迁沂州（今山东临沂）刺史。不久，因拒绝王志愔女儿的婚事被其诬奏，降阶夺禄，黜归田里，赋闲在家。此刻住在长安城里，在家教颜氏子女。颜真卿《颜元孙神道碑》有"真卿越自婴孩，特蒙奖异，且兼师父之训，岂独犹子之恩"。

　　哥哥颜允南大其十五岁，对他帮助也大，教他文章诗赋，教他做人。

颜家养有鹤，一只鹤腿有病，颜真卿用毛笔在这只鹤身上乱写乱涂，允南制止并说"这只鹤虽不能奋起飞翔，但是也应该爱惜它的羽毛"。

开元九年（721），颜真卿十三岁。先人颜回十三岁时，已经拜在孔子门下开始学习了，可是对于颜真卿来说，舅舅却去世了。因为舅舅的叔父不在了，他哀伤过度以至吐血，终年四十八岁。家里赖以依附的靠山没有了，苦命的颜妈妈只好带着孩子去找她爸爸，颜真卿的外公，当时的苏州吴县县令殷子敬，殷仲容的堂兄弟。在吴县那里，颜家兄弟的学习环境也不错。开元二十一年（733），我们的颜真卿顺利地通过了国子监帖经、讲经等考试，寄居长安福山寺等待科考。福山寺在什么地方，查了好多资料，在长安城内找不见，京畿之地同州一带，现在合阳县城的东部有福山寺，传说是唐代所建，可以进一步考证。

开元二十二年（734）颜真卿中了进士，那年他 26 岁。

《颜氏家训·教子篇》

　　上智不教而成，下愚虽教无益，中庸之人，不教不知也。古者圣王，有"胎教"之法，怀子三月，出居别宫，目不邪视，耳不妄听，音声滋味，以礼节之。书之玉版，藏诸金匮。生子咳提，师保固明孝仁礼义，导习之矣。凡庶纵不能尔，当及婴稚识人颜色、知人喜怒，便加教诲，使为则为，使止则止，比及数岁，可省笞罚。父母严而有慈，则子女畏慎而生孝矣。

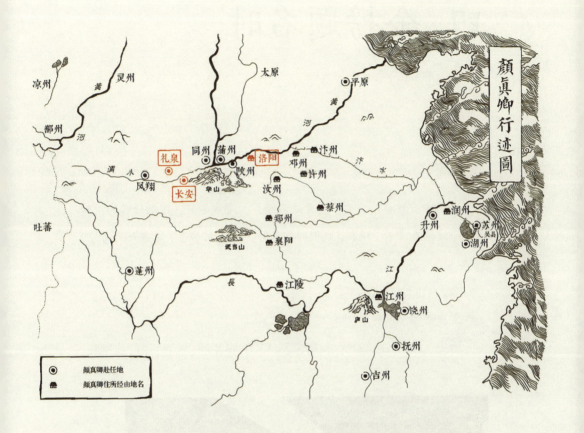

凉州　灵州　太原　平原
黄　河
鄯州　黄　河
河　汴州
河　礼泉　同州　蒲州　洛阳
　　　凤翔　陕州　邓州　许州　汴水
吐蕃　渭水　长安　华山　汝州　蔡州
　　　　　武当山　郑州　升州　润州
　　　　　襄阳　　　　　苏州
　　　　　　　　江　　　吴县
　　　蓬州　长　江陵　江　湖州
　　　　　　　　　　江州　饶州
　　　　　　　　庐山　抚州
　　　　　　　　　　吉州

◎　颜真卿赴任地
▦　颜真卿住所经由地名

顏眞卿行迹圖

长安——吴县——**长安**（礼泉　洛阳　河东　朔方　河西　陇右）
　　　　　　　开元二十一年（733）

四 金榜题名时'

去了西安碑林，又看了《开成石经》，光线不好，瞪眼伸脖的，所以脖子这两天酸着。现在，我们的颜真卿，已经26岁了，要参加科考了。

今天咱们说科考的事。

颜真卿要参加科考。

历史上，出仕的途径无非这样三条路子：察举制、"门荫"制、科举制。

《开成石经》碑廊（局部）

唐十二经刻石，开成二年（837）完成。原在长安城务本坊国子监内，宋移至府学北墉，即今西安碑林

一是察举制。察举孝廉，为岁举，即郡国每一年都要向中央推荐人才，并有人数的限定。汉武帝以后，察举成为入仕的正途，举孝廉亦成为一种政治待遇和权力。东汉和帝永元之后，郡国人口二十万每年举孝廉一人，满四十万每年举孝廉两人，以此推之。人口不满二十万，每两年举孝廉一人。人口不满十万，每三年举孝廉一人。两汉的察举与考试是相辅而行、相互为用的，察举之后，是否选得其人，还要经过考试，而后才能量才录用。郡国岁举的孝廉，到京师之后，要依其科目与被举人的学艺不同，由有关部门分别加以考试。孝廉考试的内容是"诸生试家法（指所学某一经学大师的经说），文吏课笺奏"。而唐代，举孝廉制度基本没有了，所以颜真卿不可能走这条路出仕。

二是"门荫"制。一般针对的就是上层王公贵族子弟。颜真卿的祖上地位不够，父亲颜惟贞当到六品就去世了，达不到门荫的最低线（职事官五品以上）；另外，按照制度即使达到了，也应该是老大老二等前面的哥哥们优先，有个长幼序的问题，至于颜真卿，就算了。

三是科举制。科举就是参加国家考试选拔而出仕。是出仕的一个好办法，虽然严格。要出仕，对于颜真卿的路子也只有参加科举。因为有颜、殷两大家族文脉相传，对于读书考试，家族里是有基础信心的；按照颜真卿苦学勤学好学"黄土扫壁"，用树枝砖头瓦块石在地上练习的学习情况，他是有信心的；另外，又有前车之鉴，他家有人中过举，所以他家里人也是有信心的。

从隋代以来为了打破只在士族中遴选官吏的办法，建立了科举制度，到唐代开元天宝年间，科举分为常举和制举。常举即"常贡之科"，是常年按制度举行的科目。常举主要有秀才、明经、进士、明法、明书和明算等六科。秀才高于明经，明经高于进士，进士高于其他。但唐代秀才科没多长时间就废了，杜佑在《通典·选举三》中写道："贞观中，

■ 杜佑《通典》

■《文苑英华》收录的《梓材赋》

有（秀才科）举而不第者，坐其州长，由是废绝。"《新唐书选举志》也说："高宗永徽二年始停秀才科"；明经虽有甲乙丙丁四科，武德以来，明经唯有丁第，所以朝廷也不重视了；进士唯乙科，一直在进行，后来却成为常科中最主要的科目。进士通过各项审核后，于来年春天参加考试，故亦称春闱，时间一般是在正月。举人临试前由贡院派人引试。

开元二十二年也就是公元734年正月，颜真卿参加了进士科的考试。共三试，初试帖一大经及《尔雅》，答好四条以上的为及格；二试考杂文，就是论文，试题是《梓材赋》和《武库诗》；三试时务策五道。颜真卿都答得好，同科还有杜鸿渐、郗昂、魏缜、张茂之、王澄等，李琚是状元。《文苑英华》还收录了同科郗昂、魏缜、梁洽、王澄的《梓材赋》，找不见颜真卿的文章，应该是遗失了。这样颜真卿就是多年以来，

琅琊颜氏家族自朝廷举行科考以来
的第二个进士，第一个就是前面帮
助颜真卿的叔伯颜元孙。当代学者、
书法家朱关田先生对几位同科进行
了考证，杜鸿渐官至宰相，郗昂太
子詹事，梁洽画画得好，状元李琚
当到洛阳县尉去世了。

■ 孙逖像

那一年考上进士的不到 30 人，
和全国数以万计的考生比，简直就
是凤毛麟角。史书中没有找到颜真卿中进士之后的"得意"，不过中进
士后的孟郊有诗"昔日龌龊不足夸，今朝放荡思无涯。春风得意马蹄疾，
一日看尽长安花。"这是何等的得意，想来颜真卿也不比此甚。

进士放榜是在春天，故又称春榜。及第者和祝贺者亦往往称之为"
金榜"，进士及第后，有参见宰相、向主司谢恩、同年期集等仪式。这
个仪式中颜真卿拜见中书舍人。

颜回十八，学业有成，按照越国法令必须娶妻，要自己去找媳妇。
先人的事太费事，颜真卿不用，金榜题名时就是洞房花烛夜。前面讲了
进士必须拜见中书舍人，这是程序。在拜见的过程中，当时的中书舍人
韦迪就看上了颜真卿，想让他做女婿，于是主考官孙逖做媒，颜真卿无
法拒绝，于是颜哥哥就娶了韦迪的女儿。韦家是长安巨族，韦迪父亲韦
景骏曾是房州刺史，哥哥韦述是著名的史学家，还有后来的颜妻从弟刑
部尚书韦渠牟都厉害，韦渠牟与颜真卿关系好，韦迪的兄弟韦冰与李白
关系也好。

总之，颜真卿娶了韦氏，这就是读书的道理。

颜真卿结婚了！结婚那天颜哥哥估计是有生以来最快乐的。

进士及第，只是取得入仕资格，还要到吏部参加关试，由吏部员外郎试判两节。关试时诸生要向吏部员外郎谢恩，称门生，谓之"一日门生"。新进士经过关试由吏部给"春关牒"，这才取得了到吏部参加铨选授官的资格，开始步上仕途。过关宴后，新进士还要期集于曲江北岸的慈恩寺大雁塔下题名，颜真卿留下了他的第一个墨迹，可惜现在找不见了。

慈恩寺大雁塔（选自杨鸿勋《唐长安慈恩寺大雁塔原状探讨》）

开元二十四年（736）开春，吏部进行选拔考试，颜真卿参加了经过身（身体条件），言（言辞辩证），书（写字如何），判（文理优长）等几个方面考察，被授朝散郎、秘书省著作局校书郎，朝散郎这是散官，虚职，从七品上。按照唐朝的叙阶之法，进士甲第，从九品上叙阶，乙第降一等，而在具体执行时，进士只有乙第，所以一般由从九品下叙。三省校书郎品级不太一样，有正九品上下，也有从九品的，作为实职的秘书省著作局校书郎，是正九品上。这官职是干什么？掌校雠（chóu）典籍，订正讹误。简单说，就是朝廷搞校对的。和颜真卿一同"数年间宏词、判等入甲第者一十六人，授校书郎者九人"，对两唐书和《全唐诗》等的不完全统计，唐朝当过校书郎有名有姓

■ 韦渠牟墓志

权德舆撰，房次卿书。韦渠牟（749—801），字元均，京兆杜陵人。官至太常卿，葬少陵原。碑33行，行33字，石藏西安碑林

的达 400 多人，杨炯、张说、张九龄、白居易、杜牧、李商隐等等都当过校书郎。好了，现在我们的颜真卿也当上了校书郎，还是校书郎里级别比较高的。

从此，颜真卿迈上了仕途。

《颜氏家训·文章篇》

《礼》云："欲不可纵，志不可满。"宇宙可臻其极，情性不知其穷，唯在少欲知足，为立涯限尔。先祖靖侯戒子侄曰："汝家书生门户，世无富贵；自今仕宦不可过二千石，婚姻勿贪势家。"吾终身服膺，以为名言也。

五 孝为先

从秦汉以来遵守孝道是为人的根本，连选任官员都是"举孝廉"，我曾几次去过蓝田县的王顺山，对列为二十四孝的王顺一直敬仰。

前面说到颜真卿从开元二十二年（734）到二十四年（736）通过努力，考取了功名，被授予朝散郎（文散官，从七品），散官是古代表示官员等级的称号，与职事官所任职务的称号相对。隋代开始定散官，加给文武重臣，其实，就是调研员巡视员一类的角色，皆无实际职务，官员有实际职务者为职事官。27 岁的颜真卿当上了秘书省校书郎，这是职事官，这个年龄我也才开始工作，只是我没他学得好，流落到一个地图上找不见的地方讨生活。

从此时起，颜真卿开始做一件有意义的事，开始编《韵海镜源》，这应该是字书，和音韵有关，一作就是大半辈子。

■ 各省校书郎职级表

	秘书省	著作局	弘文馆	集贤院	崇文馆	司经局	总数
校书郎	10 人 正九品上	2 人 正九品上	2 人 从九品上	4 人 正九品下	2 人 从九品下	4 人 正九品下	24
正字	4 人 正九品下	2 人 正九品下	无	2 人 从九品上	无	2 人 从九品上	10

今天说的是孝道的事。颜家讲孝道，祖上颜含少时以孝闻名，后来各代先人都注意孝行，同样殷氏家族也是一样。颜真卿两三岁的时候父亲就去世了，颜妈妈带着十口人东奔西跑，流离失所，含辛茹苦，好不容易都成人了，都走向社会。母亲应该享福了，却也不幸去世了，真是"树欲静而风不止，子欲养而亲不待"。

是这样的，姑妈颜真定（亲姑妈）不在了，去世了，这可是个烈女子。颜真定（654—737），是颜昭甫长女，颜真卿爸爸的姐姐，大颜真卿爸爸15岁左右，钱塘县丞殷履直的妻子。真定姑姑早年是武则天的女史，女史是干什么的？《周礼·天官·女史》载："女史掌王后之礼职，掌内治之贰，以诏后治内政。"就是一般以有知识的贵族妇女充任，主要掌管王后礼仪、书写文件等事的，武则天的女史就是给武则天掌管书写文件等事的。

能做武则天的女史！不得了的，真定姑姑是因为"精究国史，博通礼经"入选的。能在那个时代立足，不仅是有才学，还要有胆识。这不，颜昭甫

■ **女史箴图**（局部）

东晋顾恺之作，有一段汉元帝率宫人幸虎圈看斗兽，女史佳丽在座。一黑熊突跃出栏，直逼帝，冯婕妤挺身护主

的弟弟颜敬仲出事了，作为亲侄女，叔叔被诬害，咋办，我们的艳姑姑，哦，颜姑姑！不顾武后的酷毒，领着两个妹妹，裴定期夫人和岑献夫人割下耳朵！

割下耳朵！

割下耳朵！

为叔叔申冤。武则天大感意外，为这位女史的孝烈之举所震惊，免颜敬仲死罪，这是一个连亲儿子都杀的人呀。想

■ 武则天像

想这给侄儿颜真卿等一辈留下了怎样深刻的印象。

史书记载，在颜真卿幼时，颜真定和颜妈妈一起就对颜真卿等进行孜孜不倦的教诲，曾以延寿的《王孙赋》、崔氏的《飞龙篇》、江淹的《造化篇》和《五都赋》为教材，教授他们。"延寿"可能是王延寿（约140—约165），字文考，东汉文学家。他的《王孙赋》现在还能见到，《王孙赋》"有王孙之狡兽"我只能说我以为是一篇寓言，看不来还有什么，或许学习起来更容易懂吧；崔氏的《飞龙篇》我没找到；江淹传下的文章诗赋有百篇，太懒没查。不过有个段子：说他作宣城太守罢官回家，路远在冶亭投宿，梦见一男子自称郭璞，对江淹说："我有一支笔在你这儿放了多年，请还给我。"江淹从怀里摸出一支五彩笔递给了他，此后再写诗完全写不出好句子了。当世人说他已经才尽了，这就是"江郎才尽"。总之，颜姑姑博学，还教过小真卿音韵学、文字学等，这是要记住的。

颜姑姑开元二十五年（737）七月，病逝在孩子尉氏县尉殷成己的官舍，享年84岁，完成了她轰轰烈烈的一生。因为这位姑姑直接为武

则天服务过，所以在当时的颜家和殷氏家族应该地位是很高的，她的葬礼不是一般意义的，一定是声势浩大，当时两个家族的人应该大部分都出席了。再说对颜真卿有育材之恩，颜真卿和妈妈是一定要去的。

颜姑姑开元二十六年（738）正月下葬，颜真卿和妈妈去参加葬礼，颜妈妈回去就伤心得不行，真是"玉骨久成泉下土，墨痕犹锁壁间尘"，身体原来就积累了好多病，没想到，不多久也去世了。

悼亡人后，自己哀伤过度去世的，在古代发生的概率非常高，颜父因为姐姐（颜真卿另外的姑姑）去世，伤心过度自己也去了。今天看见一个唐墓志，段邵嘉捐的《唐鲁谦墓志》，同样地，鲁谦的父亲鲁璠在西市行医不慎去世，鲁谦伤悲不已，隔年去世，只是太小，才十八岁。在那个年代稍微不注意，人就没了。

关于孝道。李隆基是个讲孝道的人，碑林里他书的《孝经碑》时为天宝四年（745），在此时的唐朝尽人皆知，唐人的一个大的特点就是守孝道。现在，颜妈妈不在了，"十月胎恩重，三生报答轻"，我们的羡门子在干了两年不急不慢的工作后，于三十岁时，开始了丁忧。

什么是"丁忧"？《尔雅·释诂》道："丁，当也。"是遭逢、遇到的意思。《尚书·说命上》载："忧，居丧也。"所以，古代的"丁忧"，就是遭逢居丧。当时，这是一种强行制度，官员的父母死去，本人必须停职守制，其间，丁忧的人不准为官。好了，颜真卿和他的兄弟都要丁忧守孝，颜真卿后来在哥哥允南的碑文里提到妈妈时，还是历历在目："兰陵郡太夫人殷氏亲自鞠育，实赖慈训，粗兹有成"。

另外，丁忧的时间长短，有说唐旧制二十五个月，大多数资料都显示是二十七个月，所以我有些茫然。

很快两年多了，丁忧完了，哥哥颜允南去就转右领军事参事，而此时开元二十九年（741），颜真卿写下了我们发现最早的书法作品《王

■ 颜真卿书《王琳墓志》

2003 年秋，洛阳龙门镇张沟村出土，开元廿九年（741）书。石灰岩质，纵 90 厘米、横 90.5 厘米。32 行，行 32 字

琳墓志》，这个墓志受魏晋影响深，褚遂良的用笔明显。

丁忧是农耕社会的一个好制度，因为长辈不在了，晚辈悲伤，很容易出现病痛，所以要放大假，一个是为了缅怀，另一个主要是为了休养。这一丁忧就是几千年，直到 1911 年清帝退位，农耕社会结束。现在，我们的羡门子也完成了守孝。

《颜氏家训·书证篇》

太公《六韬》，有天陈、地陈、人陈、云鸟之陈。《论语》曰："卫灵公问陈于孔子。"《左传》："为鱼丽之陈。"俗本多作"阜"旁车乘之"车"。案诸陈队，并作陈、郑之"陈"。夫行陈之义，取于陈列耳，此"六书"为假借也。《苍》《雅》及近世字书，皆无别字，唯王羲之《小学章》独"阜"旁作"车"。纵复俗行，不宜追改《六韬》《论语》《左传》也。

《颜氏家训·音辞篇》

南方水土和柔，其音清举而切诣，失在浮浅，其辞多鄙俗；北方山川深厚，其音沉浊而化钝，得其质直，其辞多古语。然冠冕君子，南方为优；闾里小人，北方为愈。易服而与之谈，南方士庶，数言可辩；隔垣而听其语，北方朝野，终日难分。而南染吴越，北杂夷虏，皆有深弊，不可具论。

"甫"者，男子之美称。古书多假借为"父"字，北人遂无一人呼为"甫"者，亦所未喻。唯管仲、范增之号，须依字读耳。

六 基层宦海十年春

人一辈子最大的悲哀是至亲的人离开了，这是要人命的，颜真卿身体不错，扛住了。只是从此成了没娘的孩子，颜真卿开始当科员了。

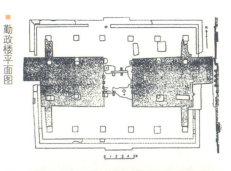

勤政楼平面图

勤政楼遗址

勤政楼遗址现状

现在，颜真卿开始十年的基层官宦生涯。

天宝元年（742）先是扶风太守崔琇荐举我们的颜哥哥，参加了"博学文词秀逸"科考试。

扶风太守是一个举足轻重的官员。东边为冯翊，中间为京兆尹，西边为右扶风，统称"三辅"。崔琇是山西人，和颜真卿什么关系历史没有交代，总之他推荐了颜真卿，学霸颜真卿参加了"博学文词秀逸"科考试，并且玄宗亲自在勤政楼策试。考上了。估计是答题的时候看见这小子挺耿直的，当年十月就受了礼泉县尉，县尉就是"管理庶务，催收租税"，还有点县级公检法的权利，这是一个低级的官员，正九品下，按照前面讲的关于科举以后的出路，其实这几年没耽误，校书郎的下一个职位一般就是畿尉，现在礼泉县尉就是畿尉，又回归到仕途了。

第二年春天，他弟弟颜允臧也到淮阳郡太康县做县尉去了，靠什么去的，史书找不到，岑参有诗为证《夏初礼泉南楼送太康颜少府》："何地堪相饯，南楼出万家。可怜高处送，远见故人车。野果新成子，庭槐欲作花。爱君兄弟好，书向颖中夸。"

明白？明白？

这个送别是在礼泉县颜真卿的地盘完成的。

一定是颜真卿请亲戚朋友说，我们家老小要离开京畿，到太康去做官了，大家一起坐一坐。岑老师喝完酒后，还不过瘾，又做了一首《送颜少府投郑陈州》，说到了去当县尉的事。几年后，亲戚岑参也中举了。

好事连连，第三年天宝三载（744）他二哥颜允南改为江南经略使判官，这个官职是几品不知道，根据他前后为官的情况应该在八品上。又过了两年（天宝五载746年），三十八岁的颜真卿因为做官清正廉洁，黜陟使户部侍郎王鉷看上了，授通直郎、长安尉。通直郎是散官，从六品下，长安尉从八品下，从礼泉到长安这就提了一级，巧了，多年前颜爸爸颜惟贞也干过长安县尉。

罢礼泉县尉后，去洛阳，到裴儆（jǐng）家，张旭在那里，向张学习写字。这个在《述张长史笔法十二意》里有交代，"余罢秩醴泉，特诣京洛，访金吾长史张公，请师笔法"。这次学习是非常有收获的，因为"仆顷在长安二年师

■ 凤栖原位置

事张公，皆不蒙传授"。原来颜真卿两年前就师从张旭学习写字，不过张一直没怎么教他，这次却给颜真卿传授了秘诀"锥画沙，印印泥"。

又过了一年，秋天调御史台监察御史，正八品上，连升三级。人逢喜事精神爽，估计是应汝阳王李琎的邀请写了《罗婉顺墓志》，颜真卿的大儿子此刻也来到了人间。兄弟几个都走上了正途，那么是不是就应该给老爷子报告一下，颜真卿却也是有孝心的，刚好父亲颜惟贞去世三纪了，于是给老爷子立了碑，隶书大家蔡有邻写的字，陆据撰的文，立在了颜家的墓地，颜家的墓地说是凤栖原，这个地域大了，有孙永峰朋友说在三兆村那里，也就是传说的敦化坊的南面 10 里地吧。

颜真卿作为监察御史巡查河东时，劾罢不孝的朔方县令郑延祚，使其被朝廷下诏终身禁止录用。荥阳郑氏兄弟三人，有当县令的，有在京畿为官吏的，然而，母亲去世 29 年了，尸身停在太原的一个寺庙里，却没人管，没下葬入土为安，这是大不孝，唐政府绝对不能容忍的，凭颜真卿的性格那也是非常生气，作为人子居然不守大礼。颜真卿作为监察直接就"劾奏之，敕三人放归田里，终身勿齿"。这种忠正守礼的行为，以后多次导致颜真卿的仕途受挫，甚至后果严重。

天宝七载（748）颜真卿又调任监察御史充河西、陇右军试复屯交兵使，后同职又调朔方军。他在那里结识了赫赫有名的哥舒翰将军，就是那个"北斗七星高，哥舒夜带刀，至今窥牧马，不敢过临洮"的哥舒翰。

岑参进士不多久，又和颜真卿喝酒，他的诗风与颜相近，于是写了《胡笳歌，送颜真卿使赴河陇》：

"君不闻胡笳声最悲，紫髯绿眼胡人吹。吹之一曲犹未了，愁杀楼兰征戍儿。凉秋八月萧关道，北风吹断天山草。昆仑山南月欲斜，胡人向月吹胡笳。胡笳怨兮将送君，秦山遥望陇山云。边城夜夜多愁梦，向月胡笳谁喜闻。"

岑参的伯父岑献娶了颜真卿的一个姑姑，所以他们不光是意气相投，还是亲戚。颜真卿在这位置上干得不错，朝廷给他的评价是"文学擅于登科，器干彰于适用。宜先汗简之职，俾仵埋轮之效"。这里用了"埋轮"的典故，东汉顺帝时，张纲为巡察使，别的巡察都走了，他将车轮埋在洛阳都亭，说"豺狼当道，安问狐狸"上奏朝廷，刚正不阿，不畏权贵，弹劾外戚。这里借用典故说明朝廷认可颜真卿的刚正不阿。

这样倒来倒去，调来调去，到天宝十载（751）颜真卿当到了尚书省兵部员外郎，从六品上。唐制六品及以下官员需经吏部铨选，五品及以上由皇帝亲自任命。员外郎虽是六品，却和五品的郎中一样不经吏部而是由皇帝除受，这是"清贵"的表示。弟弟允臧也当上了延昌县令。颜真卿四十一岁写了《郭虚己墓志》，是郭子仪家族墓志，郭子仪大郭虚己一辈。四十四岁写了他后来传世最有名的《千福寺多宝塔碑》。千福寺在安定坊，离皇城不远，在长安城的西北，估计建个塔也是为了给皇帝看吧，看我给大家祈福呢，不然为什么不建到楚金和尚原来的寺庙龙兴寺，原来那个在兴平，是不是我世俗了？后人评价《郭虚己墓志》《千福寺多宝塔碑》的书法，认为多有经生的影子。

运气来了，天宝十二载（753）的春天，诏补尚书省郎官十余人出守州牧，由于颜真卿和杨国忠不和，杨国忠想排除异己，所以就把颜真卿发到畿外去了，有人说是贬职，是不对的，是升值，是升职。颜真卿放京外，

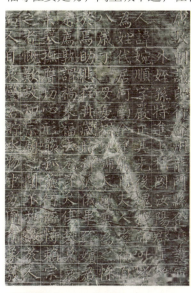

■ 罗婉顺墓志

2020年夏，出土于咸阳，李迅撰，颜真卿书。志石高、宽均为51.4厘米，楷书，27行，满行28字，有界格

千福寺多宝塔碑

全称《大唐西京千福寺多宝佛塔感应碑》，天宝十一年(752)立，岑勋撰、徐浩题额、颜真卿书丹，存西安碑林。34行，行66字，记载龙兴寺楚金建多宝塔原委。秀美刚劲，腴润沉稳，横细竖粗，转折多顿笔。作者小时候最喜欢的，也是学习最多的楷书

任平原郡太守，从三品。这一年，写《枫桥夜泊》的张继进士及第。六月，明皇李隆基在大明宫蓬莱殿给十几个下派的太守钱行，"拜托了，你们跟我这么长时间，现在要到外地去，好好干，我会想念大家的。"其实都是走过场，可能连这几个新太守的名字都叫不上来。好基友岑参这个时候也七荤八素地，写下了《送颜平原》话别诗相赠。细读该诗，再现当年颜公出任平原太守情况：

> 天子念黎庶，诏书换诸侯。仙郎授剖符，华省辍分忧。
> 置酒会前殿，赐钱若山丘。天章降三光，圣泽该九州。
> 吾兄镇河朔，拜命宣皇猷。驷马辞国门，一星东北流。
> 夏云照银印，暑雨随行辀。赤笔仍在箧，炉香惹衣裘。
> 此地邻东溟，孤城吊沧洲。海风掣金戟，导吏呼鸣驺。
> 郊原北连燕，剽劫风未休。鱼盐隘里巷，桑柘盈田畴。
> 为郡岂淹旬，政成应未秋。易俗去猛虎，化人似驯鸥。
> 苍生已望君，黄霸宁久留。

通过 10 多年的不懈努力，我们的美门子从低级的从九品干到了从三品。

《颜氏家训·杂艺篇》

真草书迹，微须留意。江南谚云："尺牍书疏，千里面目也。"承晋宋徐俗，相与事之，故无顿狼狈者。吾幼承门业，加性爱重，所见法书亦多，而玩习功夫颇至，遂不能佳者，良由无分故也。然而此艺不须过精。夫巧者劳而智者忧，常为人所役使，更觉为累。韦仲将遗戒，深有以也。

王逸少风流才士，萧散名人，举世唯知其书，翻以能自蔽也。萧子云每叹曰："吾著《齐书》，勒成一典，文章弘义，自谓可观，唯以笔迹得名，亦异事也。"王褒地胄清华，才学优敏，后虽入关，亦被礼遇，犹以笔工，崎岖碑碣之间，辛苦笔砚之役，尝悔恨曰："假使吾不知书，可不至今日邪？"以此观之，慎勿以书自命。虽然，厮猥之人，以能书拔擢者多矣。故"道不同不相为谋"也。

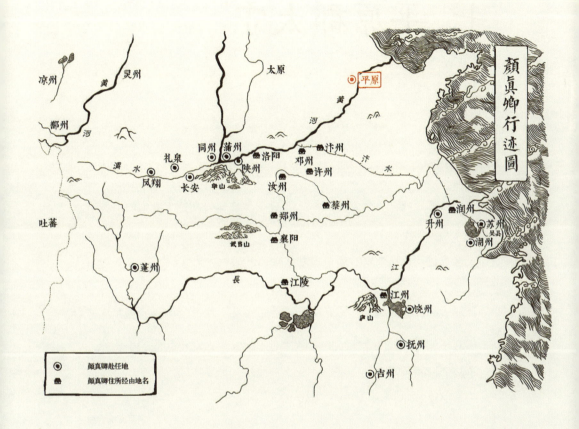

颜真卿行迹图

凉州　灵州　太原　平原

鄯州　黄河　蒲州　黄河

吐蕃　渭水　同州　洛阳　汴州　邓州　汴水

凤翔　礼泉　陕州　许州　润州　苏州（吴县）

长安　华山　汝州　蔡州　丹州　湖州

武当山　郑州

襄阳　江

蓬州　长　江陵　江州　饶州

庐山　抚州

吉州

● 颜真卿赴任地

颜真卿住所经由地名

长安——吴县——长安—— **平原郡**
天宝十二载（753）

七 平原郡太守

"吾兄镇河朔，拜命宣皇献。"在岑参诗歌的期待中我们的颜真卿同志走马上任了。

这应该是他从政以后第一次赴京畿以外的地方为官。

颜真卿应该是提了一包袱希望和憧憬去的，所以一定要有作为的，不然对不起颜、殷两个家族的血脉，对不起父母，对不起他的小伙伴，对不起他读的圣贤书。

先说平原郡。

■ 平原郡地图

德州故城遗址

　　颜真卿去的这是个什么样的地方？有人说朝鲜，不对！我们的平原郡就是今天的德州一带。春秋战国时属于齐国的领土，秦始皇统一六国将其划分在齐郡之下。汉高祖从齐郡分置平原郡，治所在平原县（现在的山东平原县西南二十五里张官店）。隋大业初改德州，治所在安德县（今山东陵县），辖境相当今山东德州、陵县、平原、宁津及河北吴桥、东光、交河等市县地，炀帝又复名为平原郡。

　　高祖李渊武德四年（621）复为德州，天宝元年（742）又改平原郡，也就是颜真卿来之前才改的，这个地方《元和郡县志》标的是上郡，辖六个县安德县、般县、平原县、长河县、陵县、平昌县，还算不错，听说现在平原郡的治所城墙还在，在现在的陵县；还听说有个热血三国的游戏里有攻打平原郡的设计，因为我是个游戏小白，所以不知真假。

　　天宝十二载（753）的夏天，陇右节度使哥舒翰大败吐蕃收复黄河九曲，为唐帝国进献了一份大礼。此时，颜真卿来到平原郡，打鼓升堂，开始他的太守工作，这里他是一把手，第一次当一把手，一把手才是硬道理。

　　颜太守的职责是什么？太守是干什么的？《唐六典》说得清楚"掌清肃邦畿，考核官吏，宣布德化，抚和齐人，劝课农桑，敦谕五教。每岁一巡属县，观风俗，问百姓，录囚徒，恤鳏寡，阅丁口，务知百姓之苦"。根据记载，颜真卿把个平原郡治理得井井有条，百姓安居乐业，高适有诗"皇皇平原守，驷马出关东"，就是描述在颜太守治下那里的繁美。

《颜氏家训·慕贤篇》有"是以与善人居，如入芝兰之室，久而自芳也"。颜真卿在治理地方的同时，做了一件非常的事，按照朝廷的意思寻找乡贤，在乡野"胡逛"的时候发现了一个能人，《颜鲁公行状》说："公至郡，访孝义名节之士，皆旌其门闾或蠲其户役。"听说安陵处士张镐，博学多才，隐居，就去拜访。安陵是现在的河南，在今河南鄢陵西北，为楚、魏相交之地，是魏的附庸小国。有廉访使巡查，颜真卿就把张镐推荐上去了（有点怪不？是廉访使，不是其他官员），没想到此人三年后就做到了宰相，天方夜谭，电视剧都不敢这样编，超出了我的想象，而且被时人直称为"国器"！杜甫后来有诗："张公一生江海客，身长九尺须眉苍，征起适遇风云会，扶颠始知筹策良。"

天宝十三载（754），安禄山悄悄在准备谋反，因为他看到了大唐繁荣下的虚弱（这一年关中大饥荒），流水下的腐蚀，自己想当皇帝。

说说安禄山（703－757），本来姓康，名轧荦山，营州柳城（今辽宁省朝阳市）人。父为昭武九姓的粟特人，就是胡人。姚汝能的《安禄山事迹》口气极有侮辱性，那里说"安禄山，营州杂种胡也"。母亲阿史德氏，是个突厥巫师。和颜真卿一样，安禄山小的时候就没了父亲，不同的是，母亲改嫁安氏，他也改姓安，改名禄山，从小通晓六种语言，闯荡江湖，脑子灵光，小聪明多，手段狡诈，善于谄媚，开始

■ 安禄山像

■ 东方朔画赞（局部）

俗称颜子碑，颜真卿书，碑存陵县文化馆内。高2.6米，宽1.03米，厚0.22米，晋夏侯湛撰，15行，两侧各3行，每行30字，大字楷书。赞誉东方朔。

漢太中大夫東方先生畫贊并序

晉夏侯湛撰
唐平原太守顏真卿書

先生諱朔字曼倩平原厭次人也魏建安中分厭次以為樂陵郡故又為郡人焉事漢武帝漢書具載其事先生瑰瑋博達思周變通以為濁世不可以富貴也故薄遊以取位苟出不可以直道也故頗詼諧以取容潔其道而穢其跡清其質而濁其文馳張而不為邪進退而不離群若乃遠心曠度贍智宏材倜儻博物觸類多能合變以明筭幽贊以知來自三墳五典八索九丘陰陽圖緯之學百家眾流之論周給敏捷之辯枝離覆逆之數經脈藥石之藝射御書計之術乃研精而究其理不習而盡其巧經目而諷於口過耳而闇於心夫其明濟開豁包含弘大凌轢卿相嘲哂豪傑籠罩靡前跆藉貴勢出不休顯賤不憂戚戲萬乘若寮友視儔列如草芥雄節邁倫高氣蓋世可謂拔乎其萃遊方之外者也談者又以先生噓吸沖和吐故納新蟬蛻龍變棄俗登仙神交造化靈為星辰此又奇怪恍惚不可備論者也大人來守此國僕自京都言歸定省睹先生之縣邑想先生之高風徘徊路寢見先生之遺像逍遙城郭觀先生之祠宇慨然有懷乃作頌曰矯矯先生肥遁居貞退不終否進亦避榮臨世濯足希古振纓涅而無滓既濁能清無滓伊何高明克柔能清伊何視污若浮樂在必行處儉罔憂跨世凌時遠蹈獨遊瞻望往代爰想遐蹤邈邈先生其道猶龍染跡朝隱和而不同棲遲

为互市马牙郎（大概是商人交易时的翻译员兼中介，关中方言"掐码子"的），后被节帅张守珪收为养子，升到了平卢偏将，开元二十八年（740）禄山当平卢兵马使，用钱买、送礼物等贿赂朝廷派往河北的御史，终于博得玄宗李隆基的肯定与宠信，开元二十九年，当到了营州都督；从天宝元年（742）开始，到三载（745）作平卢节度使、范阳节度使、河北采访使；到十载（752），又兼河东节度使，掌握了今河北、辽宁西部、山西一带的军事、民事大权，后来又封为东平郡王，权力登峰造极。此时唐帝国通过李林甫、杨国忠两任宰相的胡作非为已经外强中干。就这，杨国忠还想立功，结果打个南昭一败再败，民众怨声载道。

关于打南诏，杜甫说：

车辚辚，马萧萧，行人弓箭各在腰。爷娘妻子走相送，尘埃不见咸阳桥。牵衣顿足拦道哭，哭声直上干云霄。道旁过者问行人，行人但云点行频。或从十五北防河，便至四十西营田。去时里正与裹头，归来头白还戍边。边庭流血成海水，武皇开边意未已……

此刻胡儿安禄山早就看透了唐王朝的虚假繁荣与腐败的官场，另外，杨国忠又与安禄山不卯。这种条件下，安禄山在权力的豢养下，控制不住当皇帝的野心，一切只是时间问题。

平原郡属河北道，是范阳节度使的辖区，这是安禄山地界。平原的颜真卿这个时候在整顿吏治时发现了问题。我们说安禄山反不是一下就反的，他要动作，他要准备，没有准备不是白白送死吗？灵（关中话，聪明）如安禄山肯定要准备。准备兵马，准备供给等等，要准备就不可能不让别人知道，这不，颜真卿就得到消息了。但是这个时候人家又没有真要反，不能凭白说。咋办，那就准备防务，"增陴（pí）濬（jùn）

■ 雨中耕作图（敦煌 22 号窟壁画）

隍（huáng），料才壮储廥（kuài）廪（lǐn）"就是固城墙，挖城壕。

这当儿又出了一个事。安禄山心虚，派了一拨人在他的辖区内到处走，检查工作，看看手下的人是不是对他有二心，大战前夕不敢有所差池。安禄山的判官殿中侍御使平冽，监察御史阎宽、李史鱼，右金吾胄宋謇巡按到平原郡检查工作，颜真卿安排得那叫一个好。

"各位大人辛苦了，平原郡没什么特殊的招待，我也无能，我爱玩，我请大家游玩吧！走，到东方先生祠转转，还有我哥曜卿和十来个朋友专程到平原郡看我，一起陪陪各位大人。"

于是就来到了东方朔的祠堂。有些破败了，开元八年刺史韩思复所立的画赞碑磨损得不行了，看不成，字都磨完了。颜真卿叹息着说，哎，这不是罪过吗，罪过吗！旁边有人说，要不你写一个吧，重立一个，大家都说不错，这个主意不错。平冽于是说，"颜太守你就写一个吧。"颜真卿于是答应："那就遵命。"

众人吃了喝了玩了，感觉还不错。

一行回去给安禄山汇报，说颜真卿是个书生，什么也不懂，整天就知道游山玩水，学学谢安，学学陶渊明。估计安禄山压根不知道谁是谢安，谁是陶渊明。也别说，颜真卿回去真写了东方朔画赞，但是因为安史之乱，立碑是多年以后的事了。

山雨欲来风满楼，安禄山是要反的，颜真卿是察觉了，然后他开始秘密修筑城墙，储备粮食，赶制兵器，甚至让长史蹇昂跑到京城密奏唐玄宗。

《颜氏家训·慕贤篇》

人云："千载一圣，犹旦暮也；五百年一贤，犹比髆也。"言圣贤之难得，疏阔如此。倘遭不世明达君子，安可不攀附景仰之乎？吾生于乱世，长于戎马，流离播越，闻见已多；所值名贤，未尝不心醉魂迷向慕之也。人在少年，神情未定，所与款狎，熏则陶染，言笑举动，无心于学，潜移暗化，自然似之；何况操履艺能，较明易习者也？是以与善人居，如入芝兰之室，久而自臭也。墨子悲于染丝，是之谓矣。君子必慎交游焉。孔子曰："无友不如己者。"颜、闵之徒，何可世得！但优于我，便足贵之。

《颜氏家训·涉务篇》

士君子之处世，贵能有益于物耳，不徒高谈虚论，左琴右书，以费人君禄位也！国之用材，大较不过六事：一则朝廷之臣，取其鉴达治体，经纶博雅；二则文史之臣，取其著述宪章，不忘前古；三则军旅之臣，取其断决有谋，强干习事；四则藩屏之臣，取其明练风俗，清白爱民；五则使命之臣，取其识变从宜，不辱君命；六则兴造之臣，取其程功节费，开略有术：此则皆勤学守行者所能办也。人性有长短，岂责具美于六涂哉？但当皆晓指趣，能守一职，便无愧耳。

八 地动山摇风骤起'

　　赫赫大唐，包容异族，汇融天下，气象万千，开元天宝达到了极盛，一切都可能是翻云覆雨。此刻，唐朝的天空，风云变幻，大雨正在凝聚中，地震随时发生，《霓裳羽衣曲》飘在空中。

　　盛唐帝国的文化艺术事业登峰造极。李三郎（明皇）和梨园戏曲享誉天下，最有名的就是《霓裳羽衣曲》，那是天籁之音。相传开元年间，道士叶法善引明皇上天到月宫游玩，时至秋天，李隆基衣着单薄，感到冷，不能久留，回到空中，耳边犹闻仙乐，回来后，靠着博闻强记，凭半曲印象创作了这首集大成的精品舞曲：

　　天阙沉沉夜未央，碧云仙曲舞霓裳；一声玉笛向空尽，月满骊山宫漏长。

　　李三郎用自己横溢的才华表明了对杨玉环的钟情，盛唐因歌舞升平流光溢彩，在文艺史上留下了浓墨重彩的一笔。唐明皇却因荒淫误国，导致国家行政腐朽，异族首领在边区坐大做强。

　　天宝十三载（754）正月，安禄山来朝，太子李亨察觉他有谋反的迹象，请求玄宗诛杀了安禄山。但是玄宗脑子有问题，以为自己还是年轻时的自己，什么都明白，什么都不怕，想着应该不会，没有听李亨的话。玄宗应该是真昏了，杨国忠如果说安禄山要反，你可以不信，因为你怀疑杨国忠和安禄山作为臣子之间不和，可是太子李亨说了，你就应该当一回事，他不会说一些不着边际的话，拿自己的性命与政治前途去冒险。

■李亨像

开元二十五年（737），李隆基因所宠武惠妃谗言，将三个儿子，太子李瑛、鄂王李瑶、光王李琚废为庶人并杀害，改立三子忠王李玙（李亨）为太子。李亨一直小心谨慎，一般不到万不得已不会发声，所以李亨一定是掌握了安禄山谋反的真凭实据，但是李三郎不信。

玄宗曾经还想任命安禄山为宰相，结果杨国忠等人说安禄山不识字，"禄山不识文字，命之为相，恐四夷轻中国"。宰相咋能找一个不识字的人当，传出去让人笑话。安禄山后来知道了，对杨国忠怀恨在心。杨国忠还想杀安禄山的长子安庆宗，没杀成，安禄山与杨国忠矛盾越来越深。由于受朝廷内部的打压和安禄山自己膨胀的野心，回去以后，安禄山越想越窝火，终于爆发了，"干不成不干了，咱自己当皇帝！"

山雨欲来风满楼！

安禄山开始进入实质性的反叛。

开始筹划的不是豪夺，而是智取，只是可能被朝廷发现了。

天宝十四载（755）秋天，安禄山要给朝廷献马三千匹。说是要有六千马夫牵着，二十二名番将押送，当然你知道的，这些马不是一般的马，是驯良的战马，马夫也不是一般的马夫，是以一敌十的精兵，你想一想如果这些兵马到了长安城，避开了所有的军队，直接和羽林军战斗，是不是谁赢谁输不可而知，擒了杨国忠，拿了唐明皇，也不是不可能。不过朝廷还是有高人，河南尹达奚珣就说："禄山包藏祸心，不可不防。"唐明皇拿起的，准备批准安禄山献马的笔，改成了"你要献马，十月来，你也来"，李隆基其实一直是半信半疑的。拿到批的折子，安禄山不知咋办。

当此时全天下的人基本都知道安禄山要反了，李白此刻游到幽州，他都知道了，多年后回忆写下了：

十月到幽州，戈鋋若罗星。

君王弃北海，扫地借长鲸。

呼吸走百川，燕然可摧倾。

心知不得语，却欲栖蓬瀛。

弯弧惧天狼，挟矢不敢张。

电闪雷鸣，大雨瓢泼！

■范阳等河北道地图

天宝十四载（755）十一月渔阳，就是现在北京一带，天冷得很，鼙鼓咚咚，号角连连，你看见这里来了一个部队，又看见那里来了一个部队，到处是部队，穿的还不一样，走到路上还都不认识。不错，天宝十四载十一月甲子日初九（755年12月16日），安禄山联合同罗、奚、契丹、室韦、突厥等民族组成15万人马，号称20万，蓟城南郊（今北京西南）誓师，打着"忧国之危，奉密诏讨伐杨国忠以清君侧"名义，从范阳（今北京）起兵了，从范阳起兵了！

■ 大明宫遗址《霓裳羽衣曲》雕塑

大肚子的安禄山起兵了!

地震了!

地震了!

地震了!

"渔阳鼙鼓动地来,惊破《霓裳羽衣曲》。"安禄山大军所到之处,摧枯拉朽,河北各州县望风瓦解,当地太守、县令或逃或降。

这个冬天是不平凡的,在大唐的历史上积攒了太多的矛盾。

皇权斗争是一方面,李三郎李隆基通过几次非常手段当上了皇帝,所以他盲目自信,自认为能力强什么都经过,什么都敢干;李隆基任命胡人为节度使,养虎为患,使藩镇坐大做强;李隆基自己后期成天纠缠于黄昏恋不勤政事,好大喜功;朝廷内臣子之间钩心斗角,内卷严重;连年与周边战争,民不聊生等等这一切都让安禄山看到并且利用了。

到此时,李隆基老先生搂着性感的杨贵妃还认为安禄山不会谋反,还躲在自己的认知里以为是胡传消息。

当得知消息确切,两河各州县已迅速沦落,李三郎不知咋办。这也没办法,长期没练兵,歌舞升平,就是想抵抗,没实力咋抵抗!只能要不自己先死，要不弃城而逃。唐明皇哀叹"河北二十四郡岂无一忠臣"，其实不对，那是要实力的，有忠臣可是抵不住呀，历史的经验再次证明了，"绳子在细处断"。

这个时候，我们的忠臣，我们的颜真卿，挺起脊梁，出列！
出列！
出列！

颜真卿派手下李平到京师，李隆基闻讯激动万分，直接说骑马到寝殿门口奏报。看了奏章，无限感慨"朕不识颜真卿形状如何，所谓得如此"。前面说，在大明宫送别新太守时，李隆基只是为了表明"你们"还是重要的，可是居然连一个他曾经送别过的三品大员名字都不记得了。现在这个曾经他"器重"的太守，不敢说是一个孤臣，也差不多，重要的是准备好了打仗。

■ 兴庆宫公园南门
兴庆宫是长安三大宫殿群（三大内：太极宫、大明宫、兴庆宫）之一，称"南内"，位于春明门内，有兴庆殿、南薰殿、大同殿、勤政务本楼，花萼相辉楼和沉香亭等，开元、天宝时代的中国政治中心所在，李隆基与杨玉环长期居住于此

■唐代少数民族服饰情况　　　　　　　　　■唐代少数民族士兵

六百年后文天祥有诗：

> 平原太守颜真卿，长安天子不知名。
>
> 一朝渔阳动鼙鼓，大江以北无坚城。
>
> 公家兄弟奋戈起，一十七郡连夏盟。
>
> 贼闻失色分兵还，不敢长驱入咸京。

叛军攻势凌厉，从范阳一路向东都洛阳攻城拔寨，由于平原地处东南，暂未触及。颜真卿十天之内，招了万余人马进行誓师"国家之恩，勠力死节""焉有人臣，忍容巨逆，必当竭节，龚行天讨"，誓与平原共存亡。

天已经变了，大雨霹雳，地动山摇。

九 燕燕飞上天

"生于忧患死于安乐。"地动山摇，生灵涂炭。

战争在推进，颜真卿的情况如何？

安禄山的军队所向披靡，先打下灵昌郡（今天的河南滑县、长垣、延津等地）渡河，十二月初六又攻下陈留，初九攻下荥阳。这都是重镇，我真不知道仗是如何打的！十一月十一日安禄山起兵，从幽州带领这些兵丁估计行军都要好长时间，这都不知如何抵抗的，十二月十二日东京（也就是洛阳）被攻下了！

请记住天宝十四载（755），十二月十二日，东京沦陷！

此时，颜真卿被反安禄山的势力一致推为盟主，推为盟主！

按照史书记载："安禄山镇幽州十余载，末年反迹颇著，人不敢言，

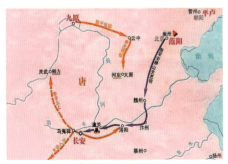
■唐军与叛军形势图

■义军左弟四指挥使记

公（颜真卿）亦阴备之。"所以颜真卿是有准备的，修城墙，挖战壕，安禄山起兵后，颜太守审视自己的盘子，大约有3500名士兵，立即招募网罗武举人、猎户等等精勇人士，十天时间万人争相入伍。

这里有一个问题，作为地方一把手可以这样招募兵丁不？

其实这种散兵的招募还是有一定的依据的，魏晋时期宇文泰在关中，因为人力物力都不及北齐，就创制了府兵制，对抗北齐的精兵，府兵是挑选有勇力的农民充兵，平时从事生产，战时为兵。颜真卿命令李择统领，李择是皇族，是平原郡的录事，所以这也是颜真卿的高明所在，想想这个时候的唐玄宗认不清人，对谁都怀疑，连封常清都杀了，如果颜真卿自己统领或让其他人统领消息传到长安，皇帝会不会起疑心，认为颜真卿也有二心，未可知。

这里介绍一个勇士封常清。封常清（690—756），猗氏（今山西临猗县）人。年少时，跟外祖父跑到安西（今甘肃省瓜州县）胡城，没事就坐在城楼上读书，知识广博。外祖父死后，常清成了孤儿，生活贫困。三十多岁时，遇到他生命的贵人都知兵马使高仙芝。大家都嫌他丑，不愿接纳常清。但他谈吐自如，仙芝看到他意志坚定，才高义重，便收他为随从，从此人生开挂。

开元末年（741），达奚部落背叛，高仙芝带着封常清与二千骑人马追击，大获全胜。天宝六载（747），常清随仙芝破小勃律，小伙不错，授庆王府事参军，任节度判官，都是八九品级的小官。不久又加封朝散大夫，专管四镇仓库、屯田等，这都是实权人物。天宝十载（751），高仙芝任河西节度使，奏请封常清为判官。天宝十三载（754），

■ 封常清像

入朝任御史大夫，不久又任北庭都护、伊西节度使，成为封疆大吏。

前面不是说颜真卿密使李平带密书给唐玄宗，去时经过洛阳，洛阳应该还未沦陷，见到了封将军，封将军这时应该是范阳节度副使。封将军高洁、器宇轩昂，对李平说了好多"国之大者"，言辞甚切，并写了十几封"募捕逆贼"牒书，言明让颜真卿要坚守平原郡。李平将这些文书带回，颜真卿一看，封常清将军都全力支持，就有了底气，有了一定要"义举"的想法（当代学者、书法家朱关田先生认为颜真卿平原起事，盖与其激发有关）。

可惜了封将军。

安禄山都起兵好多天了，玄宗才任常清为范阳、平卢节度使，封将军立即在东京招募了六万兵士，可以想象哪有时间操练，太仓促了！这些没有训练的士兵即行迎敌，征剿安禄山。禄山号称20万，又都是能征善战的，所以你看看，常清虽奋勇当前斩敌数十，终被击败。大战在前，却有人陷害诬告常清。监军边令诚不知出于什么目的，诬告仙芝及常清，玄宗已经昏了，居然诛杀大将，常清临刑前还忠心义胆上书《封常清谢死表闻》"皇帝不可

■ 杨玉环像

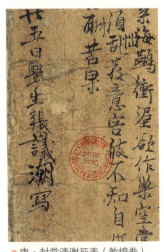

■ 唐·封常清谢死表（敦煌卷）

古人是伟大的，古人是坦荡的，封常清被赐死时，还在操心大唐的江山

轻视安"，然后饮药而死，全军兵
士无不为之痛哭流涕。（唐朝从李
林甫开始是一个小人治国的时期，
常有忠臣被陷害，所以常清将军被
陷害就是情理之中的。）

东京沦陷，安禄山让使者段子
光带着留守尚书李憕，御史中丞卢弈，巩县尉蒋清三人首级来到平原，
威胁颜真卿"仆射13日入东京，远近尽降。闻河北诸郡不从，故令我告之，
公若损我，悔有日在"，颜真卿12月18日直接腰斩了段子光，然后大
殓李憕等三人，奠三日安葬，由于卢弈脸上还有血迹，颜真卿不忍袍袖
擦拭，慢慢俯下身，用舌头一点一点将血舔舐干净，左右见状痛哭淋漓。

堂兄颜杲卿代理常山太守，假意归降，卢逖前往联络义举，杲卿与
长史袁履谦12月22日反正，杀叛军李钦凑等收复井陉，与平原形成掎
角之势，打开河北道河东的通道，不几日河北十七郡同一天反正，复归
朝廷，二十万大军，匡扶朝廷。和安禄山一起的只有范阳、卢龙、密云、
渔阳、汲、邺六郡了。由于颜真卿平原准备充分，有胆气，并且联络饶阳、
济南、邺郡等一起为战，所以，饶阳太守卢全诚、济南太守李随、清河
长史王怀忠、景城司马李暐、邺郡太守王焘等共推颜太守为盟主，共同
对抗安禄山。

当年当时，史思明、蔡希德率军打博陵常山。

史思明、蔡希德等是从范阳灭了贾循，然后过来打博陵的。贾循本
来是留守范阳，安禄山当他是亲信，守大本营，可是他从内心里是拥护
唐王朝的，是忠贞爱国的。贾循想改旗易帜，与颜真卿兄弟一起抗逆，
结果被部下向润亮发现，没办法他就把向润亮杀了。安禄山知道了，赶

■ 御史中丞卢弈撰写的墓志
赵有孚墓志 卢弈撰，孟挺书，楷书，29行，行29字

紧让史思明回范阳，史思明安顿了范阳，看看局势不妙，就腾出手来打博陵。

颜杲卿太守举义仅十来天时间，天宝十五载（756）正月初八常山失陷，城防准备不及。杲卿井陉大捷时，让儿子泉明解叛军高邈、何千年赴京，却被太原尹王承业将其滞留，然后向上面报告说是他王承业打的仗，捕的人。玄宗也没调查就加封王承业为御林大将军。可是哈怂太原尹王承业，此时不肯发兵救助，杲卿寡不敌众，常山再度失守，可怜颜氏一门殉国者三十多人。杲卿与袁履谦，被押解至洛阳天津桥肢解杀害，包括《祭侄文稿》的主角颜季明也被杀害。

再说书生颜真卿打的一次胜仗，是讨逆以来的第一次胜利。

天宝十五载（756）初，因为战事，颜真卿加封了几个官职，20岁左右的李萼（华）来投靠，这是个人才，他提出了支持清河，联络平原，博平，集中兵力打仗，因为三郡的官兵其实没有多少，于是颜真卿就采纳他的这个思路，做了。在博平郡的堂邑西南与袁知泰部的白嗣深、乙舒蒙二万军队激战，尽日苦战，杀死叛军一万余人，俘虏千人，战马千匹，魏郡到堂邑全面收复。

即使这样也没办法抵挡住叛军向长安的进发，天宝十五载（756）

正月安禄山称帝，国号燕。

"燕燕飞上天，天上女儿铺白毡，毡上一贯钱。"

这个大燕下来能成什么精，所有的老百姓在看。

■ 博陵郡之印

天宝十五载（756）六月初九（《安禄山事迹》初八）潼关失守。十三日，李隆基仓皇西逃，十四日到了马嵬坡，在高力士的策划下杀杨国忠，缢杨玉环。十七日京师沦陷。七月二十八日老风流到了成都。这个战争不知咋打了。

李亨懆（关中方言，《说文》愁不安也。从心喿声。《诗·小雅》念子懆懆，这里指急了）了，老不死的这打的什么仗，于是当了近二十年太子的李亨，立了起来，在灵武称帝，直接指挥战争，是为肃宗。

山河破碎，唐朝的天空大雨倾盆。

《颜氏家训·风操篇》

　　《礼》曰："见似目瞿，闻名心瞿。"有所感触，恻怆心眼，若在从容平常之地，幸须申其情耳。必不可避，亦当忍之，犹如伯叔、兄弟，酷类先人，可得终身肠断与之绝耶？又"临文不讳，庙中不讳，君所无私讳"。盖知闻名须有消息，不必期于颠沛而走也。梁世谢举，甚有声誉，闻讳必哭，为世所讥。又有臧逢世，臧严之子也，笃学修行，不坠门风，孝元经牧江州，遣往建昌督事，郡县民庶，竞修笺书，朝夕辐辏，几案盈积，书有称"严寒"者，必对之流涕，不省取记，多废公事，物情怨骇，竟不办而还。此并过事也。

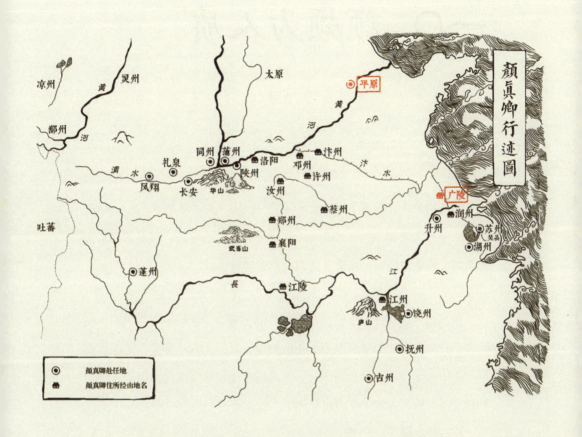

平原郡_{（魏郡）}

天宝十五载（756）至德元载

一〇　颜颇为人质'

颜真卿的五世祖写了《颜氏家训》，始句："夫圣贤之书，教人诚孝、慎言检迹；立身扬名，亦己备矣。"诚孝就是"忠孝"，所以这就是为什么颜真卿是这样的，这是多少代人教育的结果。

魏郡堂邑之战大获全胜，然而颜真卿却将功劳让给了贺兰进明。贺兰进明是原来一起与他任监察御史的同僚，开元十六年进士，比颜真卿早六年中进士，现在是北海太守，北海郡相比较平原郡是大堡子，那里相对富裕一些，大才子李邕也在那里当过太守。

其实颜真卿是一介书生。

虽然他是老牌士族家庭出身，但是从北朝以来他们家族里就没有出过将军，不像山东的王家，比如王羲之，打没打过仗，居然还当过右将军。几百年来颜氏家族没有人带过兵打过仗，都是文职官员，因此从内心讲，颜真卿当盟主不是他的本意，一介书生如何去带兵打仗，只是由于情况特殊，作为一个标准的文臣，忠于唐王朝是他的天职，抵抗叛逆是他的天职，作战对他来说，却不是那么得心应手，种种迹象表明，他应该没有读过兵书。长期作战是一个高技术工作，所以贺兰进明带着副手第五琦和五千精兵来与他并肩作战时，多日的等待之苦终于可以化解了。颜真卿哭着去迎接，迎接这个兄长（按照考取进士的情况，贺兰进明应该

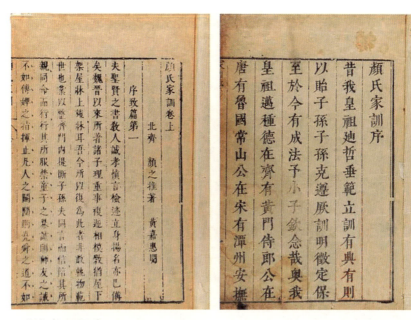

■ 明刻本《颜氏家训》

比颜真卿大不少），你想想颜真卿当时的心理负担有多重，估计此前天天睡不着觉，天天"锥画沙、印印泥"（就是写字，"锥画沙、印印泥"是颜真卿提出的写字的技术观点和心得）了，所以当贺兰进明来了，颜真卿是有了心理依靠了，不管贺兰进明是不是可以依靠的，此刻颜真卿确实依靠着他。作为一个有责任感的太守，贺兰进明行不行不重要了，因为当此时，多少人可以迎敌？多少将领可以站出来上战场？前面已经说了，安禄山所到之处攻城拔寨、势如破竹，百分之九十都投降安禄山了，一部分抵抗的根本就不是对手。立在那里的贺兰进明是不同的，他迎着敌人，带着不多的士兵从东面来到了平原郡，一起与颜太守准备为唐王朝抛头颅、洒热血、杀逆贼，就这一点已经让人感动。所以颜真卿就变得轻松了，"进明遂屯平原城南息养人马，公每事咨谋之，自是兵威之重稍移于进明矣，而公不以为嫌"。

好了，北海太守贺兰进明来了，颜真卿将堂邑之战获胜的功劳记在

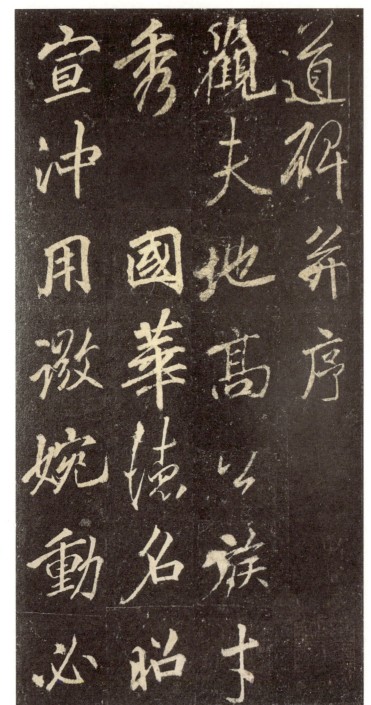

■ 李邕书李思训碑

亦称《云麾将军碑》，立李思训墓前，高340厘米，宽146.5厘米，字30行，行70字，碑石下半段文字漫漶，行书。李邕字被称为「神品」

贺兰进明的头上，给朝廷上表，我想这个应该是颜真卿想示好贺兰进明的，原因有两个：一个是这个人学问了得，让颜真卿敬佩，《唐才子传》里说"进明好古博雅，经籍满腹，其所著述一百余篇"；二是颜真卿和贺兰进明除了原来一起在朝堂上共过事，真没有生死之交，而人家贺兰进明放弃自己的工作，放弃了北海太守的职责带着精兵都来支援自己了，是否自己也应该有个姿态，下来就要共患难了，所以他将堂邑之战的功劳记在贺兰进明的头上，给朝廷上表。没想到因为这个功劳，贺兰进明升任河北招讨使了。而立功的其他人却没这样想，"窃人之财，犹为之贼，况窃人之功乎！""打一个胜仗多不容易"，结果都未嘉奖，所以大家都有怨言。不光怨言，有人直接撂挑子了，比如前面说的能人李萼，脾气比较大，端直拍拍屁股就出走了。

渔阳的平卢游奕使刘正臣有心反安禄山。

渔阳那可是安禄山的重地，一般的文臣武将即使有心也不敢，包括后来被安禄山带走的名人王维。

居然有人有这个心，居然和贺兰进明一样，置自己的生死于度外，并且还是在安禄山大本营！

那还迟疑什么！那还迟疑什么！

颜真卿立即派判官贾载带着军资去找刘正臣。

为了让刘正臣放心，他叫过贾载，"贾载，来，来，来，把我的孩子颜颇也带上"，他想以颜颇作为人质，打消刘对平原郡誓与朝廷共进退的顾虑。

当时他也就这一个孩子，有人认为风险太大，但是颜真卿是一个忠君爱国的壮士，哪顾这么多，舍小家、顾大家。后来，刘正臣带领王元忠、田神功等六七个平卢将领归顺朝廷。《书史会要》还中说，刘正臣是个

著名的书法家，隶书篆书章草都写得好。

当时，史思明与李光弼、郭子仪正在常山和赵郡相持。部队供给不足，"时方盛暑""将士少衣服"颜真卿是负责地方的官员，所以立即筹集布匹十五万帛，做三万套衣服准备送往饶阳，但恰逢潼关失守，遂留下来不去了。

这里是讲颜真卿的，就要照顾他的爱好，因为他的书法地位高，所以这里有必要介绍一下同样写字的李邕，前面说了李邕做过北海太守，名头大，给北海太守立了招牌，所以历史上也称李邕为李北海，就是现在我们说的江夏李邕。李邕为一代文章宿老，那是神一样的存在，"文章、书翰、公直、辨词、义烈、英迈"为一时之杰，视为六绝。尤其文章、书法，却是独步当世，雄视百代。史书上李邕文章比肩司马，势同班固，

■ 郭子仪像

■ 李光弼像

与张说并居当朝第一。书法当时就算做神品，后世董其昌说"右军如龙，北海如象"，把李邕和王羲之相并列。我看到过他写的李思训碑，实在是高。

贺兰进明有一首诗写道：

君不见东流水，一去无穷已。

君不见西郊云，日夕空氤氲。

群雁裴回不能去，一雁悲鸣复失群。

人生结交在终始，莫以升沈中路分。

《颜氏家训·诫兵篇》

颜氏之先，本乎邹、鲁，或分入齐，世以儒雅为业，遍在书记。仲尼门徒，升堂者七十有二，颜氏居八焉。秦汉魏晋，下逮齐梁，未有用兵以取达者。春秋世颜高、颜鸣、颜息、颜羽之徒，皆一斗夫耳。齐有颜涿聚，赵有颜最，汉末有颜良，宋有颜延之，并处将军之任，竟以颠覆。汉郎颜驷，自称好武，更无事迹。颜忠以党楚王受诛，颜俊以据武威见杀，得姓已来，无清操者，唯此二人，皆罹祸败。顷世乱离，衣冠之士，虽无身手，或聚徒众，违弃素业，侥幸战功。吾既赢薄，你惟前代，故置心于此，子孙戒之。孔子力翘门关，不以力闻，此圣证也。吾见今世士大夫，才有气干，便倚赖之，不能被甲执兵，以卫社稷，但微行险服，逞弄拳腕，大则陷危亡，小则贻耻辱，遂无免者。

一一 国破山河在

战争从来都不是好事，撕咬是残酷的，那是人民，那是人命。

从古至今，"战争"都不是一个好的词语，给人的感觉是恐怖。战争意味着"死人"，"大面积的死人"，所以我想，如果安禄山知道是他搅了中国大地上最富裕最强大的一个时期，死了那么多的人，他一定不会发动那次非正义的战争，因为他的初衷并不是完结一个朝代，而是觉得自己能力强、功劳大，仅仅需要一个宰相的位置，只是一个小小的要求。当然安禄山不一定懂这么多道理，他只是一个偏远地区边界市场的混混。

天宝十五载（756）安禄山正月称帝，此时哥舒翰带兵驻守潼关，迫于李隆基杨国忠不停地催战，于是出兵与安禄山应战，很快几乎全军覆没了，死了多少人不知道。现在，六月初九潼关失陷，哥舒翰被俘被杀，明皇告诉群臣他要亲征，却偷偷扔下后宫嫔妃与一部分大臣带着杨玉环、杨国忠、高力士等向四川

■ 哥舒翰碑

哥舒翰纪功碑，明朝立，位于临洮县城南大街四十六号院内，高 4.25 米，宽 1.84 米

跑去了。太子李亨为玄宗断后，奔向灵武，七月十二日，到达后三日称帝，改元至德，遥尊明皇为太上皇。

"至德"这个年号有意思。"至德"就是"盛德"的意思，最早是易经《易·系辞上》："阴阳之义配日月，易简之善配至德。"意思是说，像太阳、月亮这样简单的组合与变化是最好的，注意要变化，不光是太阳，还应该有月亮交替，那你就想想这里的学问是什么，是不是李亨告诉李隆基："当次国家战乱之时，你老应该让位了。"

这个还不明白！那么《论语·泰伯》还记载有相关内容。

子曰："泰伯，其可谓至德也已矣。三以天下让，民无得而称焉。"泰伯，就是姬昌的大伯，看见弟弟季历的儿子姬昌不错，是个苗子，欲传位季历，后再传给昌（周文王）。其实这也是泰伯他爹的意思，因此就将君位让给了季历，从而说明泰伯的盛德。李亨这里应该是告诉李隆基这件事，你让了皇位就是非常伟大的。无论"至德"是什么意思，总之，"国破山河在，城春草木深"，千疮百孔的国家需要重整。

至德元载，也就是天宝十五载十一月，安禄山的手下史思明打下了河间、景城等地方。安禄山和史思明此前是搭档，史思明一直是安禄山手下不知名的将领，不过他俩确实好，但是安禄山多疑，对史思明其实一直不放心，这在后来的发展是证明了的，他在安禄山的心目中还不如平卢游奕使刘正臣。范阳是安禄山的大本营和根基所在，留守的人员安禄山一定是用心安排的，安禄山让吕知晦、刘正臣留守渔阳，证明吕知晦、刘正臣在安禄山心目中的地位比史思明高。刘正臣当时是平卢军节度使吕知晦牙门将，原名刘客奴。

安史之乱开始，平卢军节度使吕知晦接受安禄山的任命，背叛朝廷，身为牙门将的刘客奴心里不服。

刘客奴应该这样想的："我是唐王朝的臣子，大唐对我不薄，我咋就成了这个杂种伪皇帝的臣子，名不正言不顺，污我清白。"

刘客奴就和几个将领一商量，先杀了自己的上级吕知晦，上表归顺朝廷。因为平卢游奕使刘正臣在范阳举旗反正，安禄山慌了，赶紧调史思明回到老巢范阳，到范阳平息了刘正臣的反正以后，史思明看见颜真卿的平原郡比较的嚣张，居然不听安禄山的，于是命令手下康没野波去打平原郡。康没野波听着像日本女郎的名字，其实是一个胡人，能征善战，开始我也纳闷，安史之乱都有"日本女郎"来中国了，后来发现这小子还是不错的。

安禄山、史思明带领部队打仗，从开始到现在进行了一年多了，可是为什么跟安禄山的人，总有一些一会儿要归顺朝廷，一会儿要附和安禄山，我想这大抵是因为觉得胡儿安禄山是一方诸侯，是平卢、范阳和

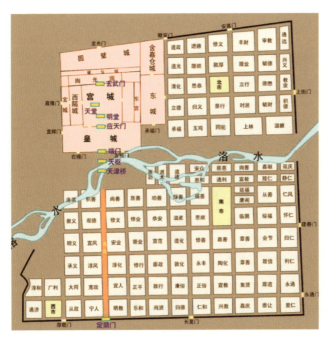

唐洛阳城平面示意图

河东三镇节度使，可是如果他当皇帝，领导中华大地，大多数人觉得他并没有这个能力，也不愿意的！觉得他是胡人，根不红苗不正，一个从边贸市场给人掮码子出身的人，唐朝再开放，再不讲门第，也轮不到这样一个人去当皇帝，所以无论是他的将领，还是唐朝政府的人员，都是不认可的。可是迫于各种原因，比如属于三镇节度使辖区的像刘正臣（皇上给刘客奴赐名）、田神功，比如前面说安禄山给了好处的像颜杲卿等，可是他们并不认为这些官位、这些好处是安禄山给的，而是朝廷给的，但是安禄山对自己有知遇之恩，一旦安禄山与朝廷对抗，这些人会站到哪一边就不一定了。

这时候却找不见贺兰进明了，前面颜真卿将好大一些权力都交他了，人呢！估计回他的北海郡了，有人说去河北打仗去了，韩愈和柳宗元认为贺兰进明人品不咋样。至德二年（757），安庆绪手下尹子琦率军南侵江淮屏障睢阳，守将张巡派南霁云去找贺兰进明，"南霁云之乞救于贺兰也，贺兰嫉巡、远之声威功绩出己上，不肯出师救"。

唐政府财赋通道有三条，睢阳算一个。此时，睢阳成为唐王朝与安禄山双方争夺的战略要地。肃宗至德二年春正月，安禄山的儿子安庆绪，率所部十万余人围攻睢阳。睢阳守将许远急忙向当时屯兵宁陵的张巡告急。张巡闻讯，当即

■ 睢阳形势示意图

奔赴睢阳，与许远合力御敌，困守经年，战斗惨烈。后来粮断城陷，张巡与许远、南霁云等三十六人十月同时殉难。睢阳陷落时，唐军已攻克西京。《旧唐书》载："巡死三日而救至，十日而贼亡。"

当时，张巡作了一首《守睢阳作》，序曰："臣被围四十七日，凡一千八百余战，当臣效命时，是贼灭亡之日。"此诗是鲜血和生命凝成的，它记录了睢阳保卫战的艰苦，表达了将士们坚韧不拔、誓死抗击叛军的坚强决心，全诗慷慨壮烈，令人激奋：

> 接战春来苦，孤城日渐危。
> 合围侔月晕，分守若鱼丽。
> 屡厌黄尘起，时将白羽挥。
> 裹疮犹出阵，饮血更登陴。
> 忠信应难敌，坚贞谅不移。
> 无人报天子，心计欲何施。

"守一城，捍天下，以千百就尽之卒，战百万日滋之师，蔽遮江淮，沮遏其势。天下之不亡，其谁之功也？"这是韩愈对张巡的感叹！张巡们扭转不了大唐的颓败，但他遏制了安史之乱的势头。他不是大唐权力的核心人物，但他具有儒家忠义的担当。

现在，史思明的大军已经兵临城下，颜真卿何去何从？

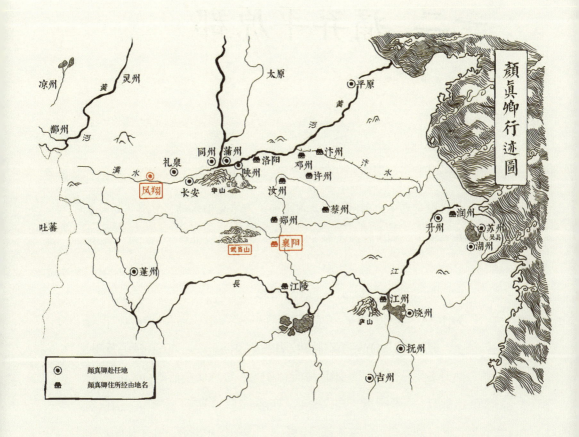

凉州

灵州

黄

鄣州

河

吐蕃

蓬州

太原

平原

黄

河

汴州

汴 水

同州 蒲州

洛阳

邓州

礼泉

渭 水

陕州

许州

凤翔

长安

华山

汝州

蔡州

郑州

润州

苏州 吴县

湖州

升州

武当山

襄阳

江

江陵

长

江州

饶州

庐山

抚州

吉州

◉　颜真卿赴任地
⊞　颜真卿住所经由地名

長安　———　吴县　———　長安　———　平原郡　———　平原郡 广陵　———　**襄阳　武当　凤翔**
至德二载（756）

一二 痛弃平原郡

作战图是看不出泪水的，江河湖海是看不见泪水的，史思明的大军已经兵临城下，颜真卿与平原郡的天空上有太多的阴霾。

史思明的部队是带着必胜的决心来的。

为什么？当时安禄山、史思明的部队一路高歌，潼关被攻克，哥舒翰被杀，郭子仪、李光弼虽有胜利，却被迫退回土门。刘正臣决心反正，带着两万多兵马与史思明交战，却因为轻敌，被埋伏在章丘的伏兵袭击。刘正臣战败，死伤无数，自己的部队四散而逃。可怜了颜真卿，信任刘正臣，此时刘连自己的家人都保护不了，谈何保护颜颇，儿子从此不知下落。

现在颜真卿的平原郡是前所未有的空虚。史思明与尹子奇围攻河间四十九日，颜真卿派义军将军和琳率平原义兵一万两千人去增援，这应该是颜真卿全部的兵力了。和琳率平原义兵还没有到达河间，就因为天降大风，飞沙走石人员伤亡不少，损失惨重，又遭遇史思明的正规部队，多半覆灭。河间很快被叛军占领，唇亡齿寒，下来平原郡又如何。

平原郡现在驻守的部队没有什么兵士了，有的是老弱病残，人心惶惶；

平原郡现在没有什么补给了，没有个把月粮草，"无兼月之蓄"；

平原郡现在与外界已经脱离了，大唐军队无暇顾及这一个偏远的地

■灵武一带情况

方；平原郡现在能想的办法已经用完了！

　　要么与平原郡一起死、与老百姓一起死，要么放弃抵抗归顺安禄山、史思明。

　　忠义是刻在骨头上的，颜真卿挺了挺脊梁要死守城池，誓与平原共存亡，像他的哥哥颜杲卿一样赴汤蹈火、万死不辞。可是河北大多数"诸郡无援，相次陷没"，所以，死守的意义又是什么？死守没有意义！写到这里，我居然、我居然停止了几天，该如何去写完，这不是我的事，这是整个大唐的事，颜真卿的事。

　　有没有第三条路呢？

　　"弃城！"

　　"弃城！"

　　"弃城！"

　　终于颜真卿做出了艰难的选择。

　　平原郡的颜家军和他的班底也是这个主意。

这是一个高招。

第一，"我"与平原一起死了，可以赢得忠义的名节，确实争得了无上的荣誉，可是不解决问题，并不能阻挡安禄山、史思明占领平原郡，和博陵郡的后果一样。

第二，城里的百姓还要遭殃，安禄山、史思明所到之处，烧杀抢掠、无恶不作、百姓涂炭。

"弃城"，让百姓先撤，让大唐的百姓先撤，免遭涂炭。

但是，这样做有违家训！

此刻，颜真卿一直在煎熬，《颜氏家训》里教导："国之兴亡，兵之胜败，博学所至，幸讨论之。入帷幄之中，参庙堂之上，不能为主尽规以谋社稷，君子所耻也。"我这算是什么？羞耻啊！我颜真卿可怜没有本事带不了兵，打不了仗，保不了大唐的江山，保不了大唐的百姓，落到这步田地，羞耻啊！

先祖说："行诚孝而见贼，履仁义而得罪，丧身以全家，泯躯而济国，

君子不咎也。"我们颜家人的性格就是如此刚烈忠义,我的哥哥死了,侄子死了,几十口颜家人已经就义,多少代人建立的忠孝,如此伟大。现在我却苟活在这个世界,这是先祖所说那样吗?"自乱离已来,吾见名臣贤士,临难求生,终为不救,徒取窘辱,令人愤懑。"

下来我如何面对,下来咋去见列祖列宗,颜真卿脊梁有些弯了,头疼、头疼、头疼!

可是,"弃城"是一个好招,颜真卿艰难地决定了!这一年他四十八岁,本命年,这个弃城的决定和他的价值观不相容,此后一直是他的痛点。

颜真卿先安排城里的百姓各自出城逃命,向东向南悉听尊便。至德元载(756)十一月二十二日颜真卿与颜家军"弃城",颜真卿带着他的班底开跑了,还是有点晚,差一点被追上,康没野波却网开一面,"缓策不追",听到颜真卿他们都渡过黄河了,才说追,已经追不上了。看来康没野波一定是一个有政治抱负的人,因为他知道如何在有限的权力里保护弱者、保护百姓、保护信仰。

颜真卿弃城了,下来就只能回归朝廷了。朝廷在西面,可是却不能直接去,向哪跑,这是有技术含量的,不能胡跑,各地都乱着呢。此刻肃宗已经到达凤翔,要去那里真不太容易,北边都是安禄山的辖区,西边也被安禄山占领了,过不到甘肃,过不到凤翔。所以只能过黄河,先下淮南的广陵,走江南的丹阳,然后过水路到荆州襄阳,再想办法。

至德二年(757)二月里,肃宗从灵武回到京畿凤翔,小朝廷上,满打满算文官武将加起来也就三十来个,确实恓惶。郭子仪为司空,主

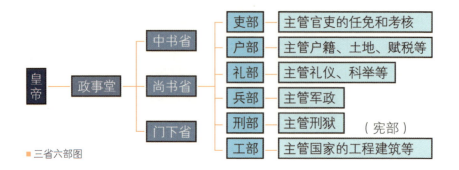

■ 三省六部图

管战事,任天下兵马副元帅(太子李豫是元帅),李光弼为司徒,主管国务,其实哪有什么分法,就是两个大将主持朝政。颜真卿流浪到武当时,被任命为宪部(刑部)尚书并主管监察,其实我一直觉得他是个搞监察的好手。

凤翔,为什么是这个地方?相传秦穆公的小女儿弄玉喜欢吹笛子,引来吹箫的华山隐士箫史,知音相遇,终成眷属,后来乘凤凰跑了。安史之乱中,肃宗于至德元年(756)就是取这个典故,改扶风郡为凤翔郡。

颜真卿一行经过跋涉,好不容易来到行在(皇上临时办公的场所)凤翔,见到了肃宗,此时已经是至德二年(757)的四月了,颜真卿从去年十一月二十二日弃城到现在,走了小半年。肃宗给颜真卿宪部尚书的位子,一方面是表彰他的英勇,一方面也是朝廷可用的人有限。颜真卿认为自己作为平原太守弃城有过错,要求贬自己,"为政之体,必在律人"以

■ 徐旭生凤翔考察唐代遗址
1933年5月31日徐旭生陕西考古日记载:
凤翔城颇大,但为颜不轨则之三角形

示赏罚。皇上说什么，肃宗说："虽然平原郡没有守住，但是功劳确实高（你那不是正规军，是义军，一群乌合之众），又从那么远归来，没有辜负我的期待，收下你自责的心，贬你的官就算了。"颜真卿没有为平原郡殉道战死，这一点应该困扰了他余下的生命，直到被李希烈所杀，才得以解脱。

■ 尚书兵部之印

颜真卿是个政治上有洁癖的人，这样的人可以是伟人，但不好相处，从上到下，大家都敬畏。

想想，无论是颜真卿当时弃城，还是肃宗过后的宽容，对于整个的事件，有些做法或许值得我们学习，这就是大唐，虽然开始败落，气度还是宽宏的。读史可以明智，读史可以鉴今，唐王朝对于叛臣，一直可以网开一面，可以归顺并且不杀，这是一种气象，从唐初对待杜伏威，到史思明投诚，再到李希烈问题。

颜清臣当上了朝中大员，做的主要是得罪人的事，这是他的职责，整治朝纲。先是有吏部侍郎崔漪喝多了上朝，那颜清臣直接就弹劾了他，贬为西平郡司马，一个正四品的官员顷刻之间就成了从五品下的角色了。

谏议大夫李何忌，不孝敬父母，在朝堂上站不好好站，说不好好说，"在班不肃"被颜真卿贬为太子右庶子，这是个什么官职，我也不知道。

总之，颜真卿发威了，朝廷里都怕他。

《颜氏家训·治家篇》

夫风化者，自上而行于下者也，自先而施于后者也。是以父不慈则子不孝，兄不友则弟不恭，夫不义则妇不顺矣。父慈而子逆，兄友而弟傲，夫义而妇陵，则天之凶民，乃刑戮之所摄，非训导之所移也。

一三　纸上谈兵

　　渭河向东流去，咸阳是我常去的地方，兴平也是我常去的地方，现在却不知道陈涛斜在哪，我们太容易遗忘了。

　　说说陈涛斜之战。

　　房琯是武则天时期宰相房融的公子，未经科举，是长辈当官当到一定级别了，以家族的恩荫成为弘文馆学生而后入仕，所谓"门荫"出仕。天宝十五载（756），潼关失守，叛军进逼长安，玄宗抛下百官逃往四川。

　　房是个忠臣，知道后，与张均、张垍兄弟（前朝宰相张说的后人）连夜追赶，到达长安城南数十里的山寺时，也就估计是终南山一带，张均兄弟说一家大小都还留在城中，自己一个人跑了家里咋办，所以就不肯再跑了（其实是另有打算，后来和陈希烈一起投了安禄山），房独自继续追赶。七月，房琯在普安郡（今天剑阁县一带）追上玄宗，当日便被任命为文部（即吏部）尚书、同中书门下平章事，成为宰相，到达成都后，又加银青光禄大夫。

　　肃宗李亨在灵武即位后，按照玄宗的安排房琯与左相韦见素，知剑南节度使留后崔圆等一起跑到行在朝见肃宗。肃宗是一个宽厚的人，尤其又是在用人之际，也不计较什么，就留下了房琯与韦见素。当时满朝文武能用的人不多，郭子仪和李光弼都在北边打仗，肃宗这里没人可用，

■ 韦见素像

一切机要政务都与其商量。房琯却自是非常、盛气凌人，别人不敢说话，没打过仗却膨胀得要去打仗，肃宗也确实没人可用，并且想培养自己的军事力量，于是一拍即合。

至德元载（756）十月，房琯上表皇帝，请求亲自率军收复两京。这是想立功的节奏，肃宗就准了他。肃宗任命他为持节、招讨西京兼防御蒲潼两关兵马节度使，让他与郭子仪、李光弼等大将一同征讨叛军，并同意他自己选择幕僚。

房琯任命邓景山、李揖、宋若思、贾至、魏少游、刘秩等为幕僚，这些人能干什么，史书记载不多。肃宗担心房琯从没打过仗，对军队了解不多，于是又命兵部尚书王思礼做他的副手。房琯却当起了甩手掌柜的，将带领五万人马军务全部委托给书生出身的李揖、刘秩等幕僚，并道："叛军的曳落河骑兵虽强，但怎能敌得过我的谋士刘秩。"

打仗要有军队，要熟悉对方的情况，要熟悉地形，所谓知己知彼。那么渭河周边的地形如何。

唐代咸阳城外，渭河上湿地大片，遍布杨柳蒲苇。晚唐许浑曾感慨，在《咸阳城东楼》中写道："一上高城万里愁，蒹葭杨柳似汀洲。溪云初起日沉阁，山雨欲来风满楼。"

渭河谷底向两边渐渐高出。北面主要是原坡和嵯峨、仲山、九嵕山、武将山等一字排开的低矮山系，南面是渭河黄土台原，由河流冲积而形成的户县原、樊川原、乐游原等。

唐代渭河在长安地区有三座桥梁，西渭桥（又称便桥）、中渭桥、

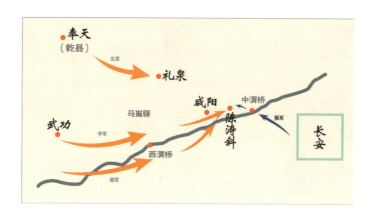

东渭桥。中渭桥遗址在西安市未央区西席村北；东渭桥遗址在陕西省高陵县耿镇白家咀村附近；西渭桥遗址在咸阳钓鱼台乡沙河道上；从中渭桥到咸阳县的驿路是沿着邻近渭水一处名叫陈陶泽的沼泽斜行，所以这条驿道所在的地域就称作陈涛斜。这就明白了，从凤翔到长安要过咸阳，陈涛斜非常重要，它是进攻长安的战略要地。

房琯思谋筹划着，他将部队兵分三路同时进军长安：杨希文率南军，从宜寿进军；刘悊率中军，从武功进军；李光进率北军，从奉天进军。房琯又以中军、北军为前锋，于至德元载（756）十月二十日抵达渭河便桥，也就是西渭桥。

二十一日，中军、北军在咸阳县陈涛斜遭遇叛军。

房琯其实胆小，本欲防守，等待时机，但因中使邢延恩催促，只得出战。他不知从哪一本书里看到一个作战法，采用春秋时期车战之法，以牛车两千乘进攻，命马步军护卫。叛军看了"呵呵呵"，还有这好事，顺着风势，扬尘纵火。你想想牛的反应，牛车咋能作战，要速度没速度，要拼劲没拼劲，不像战马有素养。秋冬交替，大风一吹，飞石走沙，火光冲天，当时大部分牛受到惊吓，无法听从指挥，仗都不用打，唐军就大败，人畜相杂，死伤四万多人，只有数千人逃出。

二十三日，房琯又率南军与叛军交战，意料之中，再次大败，南军的杨希文、中军的刘哲投降叛军。房琯只得灰溜溜地逃回行在，向肃宗肉袒请罪。肃宗还能咋样，自己好不容易培养出的一点兵丁，就这样被报销了，心里那个气！可是又能怎样，想想还是吞下了这口气，饶了房琯的罪责，表面上仍像以前一样对他，让他招集散溃的士兵，再图进取。现在想想房琯不谙军务，临战又不分析战场的具体情况，脱离地形讲作战，照搬书本，纸上谈兵，泥于古法，以致惨败。

■ 陕虢防御都虞候朱记

房琯战败的消息很快传到各地，当时困于长安的杜甫悲愤难抑，写下了《悲陈陶》一诗：

> 孟冬十郡良家子，血作陈陶泽中水。
> 野旷天清无战声，四万义军同日死。
> 群胡归来血洗箭，仍唱胡歌饮都市。
> 都人回面向北啼，日夜更望官军至。

■ 房琯石雕

现在房琯还当着宰相，本来肃宗就对他做事不满（房琯在成都辅佐太上皇时，出主意，让诸王分掌兵权，肃宗很恼火），还不自知，打了败仗，心里不舒服，又不上朝了，满朝文武都看着。颜真卿的职责所在，他是监察御史，任务就是监察百官，所以即使原来和房琯关系不错，还是参了房琯一本。其实房琯内心也不会嫉恨颜，因为这样一来总比说打了

■ 咸阳城东楼

败仗降职好吧。

颜真卿其实不会与别人打交道，是真的儒生，政治上有洁癖。

颜真卿下来的所作所为，才是一个偏执狂。

想想国家内乱，百废待兴，要做好多事情，有人就不拘小节，王府都虞侯管崇嗣就是。管有时候在朝堂上不注意，背着宫阙而坐谈论天下事，这是不合礼法的，颜真卿的部下李勉就拘了他，带到大理寺要处分。肃宗说，算了，这不是什么事。还有元帅广平王李俶（豫）领着朔方兵马二十万要收复长安，（从凤翔）走的当天，百官送行，广平王李俶还没上马，管崇嗣又先上马了，颜真卿就看不过去了，这是不讲政治，要弹劾，肃宗说管年纪大了，脚也不好，就算了。

长安的泾渭从来分明。

一四　会审杜甫

"沉郁顿挫，悲凉秋风。"在房琯的问题上，牵扯到了杜甫。

今天说说颜真卿与杜甫。一个在世就伟大，到现在一直伟大；一个当时无名小吏，后来越来越伟大。

颜真卿当上宪部尚书两个月后，又被任命为御史大夫，一身两职，既管法律刑狱，又管监察百官，这个时候出了一件大事。这个事在颜真卿到凤翔以前已经发生了，现在杜甫和颜真卿都被牵扯进去了。

先来说说杜甫。

翻翻家谱聊聊，其实杜甫和颜真卿的出身背景差不多。

杜甫的祖上，从十五世祖以来基本都是出仕为官的，比如十五世祖杜畿，京兆杜陵人，东汉建安河东太守。十三世祖杜预是个全才，晋镇南大将军，不光打仗顶呱呱，诗词歌赋，水利、工程、天文、算学等无所不能。

说近一点的，搬到河南以后，爷爷就是杜审言，武后时期膳部员外郎，中宗时，修文馆直学士，你可以百度一下杜审言在唐代诗歌史上的地位。

是不是惊奇，居然是高宗咸亨时的进士，唐朝那几年的科举，一年

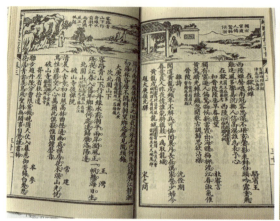

■ **唐诗三百首**
唐诗三百首详注，喻守真编著，喻一生善文，长
于注释考证，此书自 1948 年以来，发行过百万

　　的进士也就二十多个，5000 万人每年就这一点点中彩的。

　　这还不算让你惊讶的，居然与李峤、崔融、苏味道被称为"文章四友"。

　　居然是"近体诗"的奠基人之一，精于五言律诗，我们现在的五言律诗的鼻祖。

　　好了，其实你学习喻守真的《唐诗三百首》详注，划重点，这个要记住，那里五言律诗的第一首《和晋陵陆丞早春游望》，"云霞出海曙，梅柳渡江春"就是杜审言的。

　　爸爸杜闲，也不错，先是玄宗时期兖州司马，后来到京畿奉天做县令，奉天就是乾县，到乾县给李治和武后看陵。另外再告诉你一个秘密，杜甫的外婆是李渊的孙女的女儿，杜甫的妈妈身上也有李唐王朝的血脉。

　　而颜真卿呢，和杜甫差不多，只是颜家确实是士族，颜真卿是颜回的子孙。

　　十三世祖颜含随司马睿晋元帝驾建康，拜侍中，散骑常侍，光禄大夫光禄勋，活了九十三。五世祖颜之推博学多才，著述甚丰，现在留下的有《颜氏家训》和《还冤志》。曾祖父颜勤礼，工于篆籀，尤精训诂，崇贤馆和弘文馆学士。祖父颜昭甫，工书，擅长篆、隶、草书，对金文、古鼎之籀文有较深的造诣，有硕儒之称。

所以说杜甫与颜真卿身份相近。

杜甫是在开元二十三年（735）参加进士科考，也就是颜真卿考上的第二年，主考官还是孙逖，却没考上。后来杜甫就游玩去了，结婚去了，直到老爷子不在了，生活没有着落了，被逼无奈，才开始面对现实，寻找出仕的机会，可惜一直没有合适的机缘。

接着前面的说。

安史之乱后，诗人杜甫从鄜州（今富县）投奔皇帝的临时驻地，中途却被叛军抓到长安，好不容易跑出来，见到肃宗时，衣服破旧，两肘都露在外，脚上穿的麻鞋，这不是耍酷，这是可怜。《礼记》中说"凡人之所以为人者，礼义也。礼义之始，在于正容体。"穷困潦倒穿成这样去见别人，在古代是对别人的不敬，尤其见的又是皇帝，这要让注重礼法的颜真

■ 杜甫鄜州旧址

鄜州就是现在富县一带，延安市南部。天宝十五年，杜甫携妻带女避难到鄜州羌村（富县岔口乡大申号村），这是明代御史中丞王邦俊行书："少陵旧游"，每字径0.55米。距杜甫故居四里

卿看见了就是大事。就这，肃宗在用人之际，传中书侍郎张镐给杜甫一个左拾遗的官职，46岁的杜甫当上了从八品的官，应该是不错的。

宰相房琯去年下半年率军平叛指挥失误，造成陈涛斜之败。败了后，一直称病不朝，

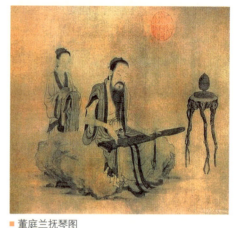

■ 董庭兰抚琴图
董庭兰（约695—765），也称董大，陇西人，盛唐著名琴师

天天与庶子，就是干儿子刘秩，谏议大夫李揖，高谈释老，听门客董庭兰弹琴。还公开袒护李何忌，纵容董庭兰收受贿赂。颜家与房家也是世交，颜真卿后来为二哥颜允南撰写的碑文里还提到颜允南与房琯的关系。此时，颜真卿不徇私情，要弹劾房琯。这时候杜甫"忽地"站出来了，他说，房相是个有本事的人，还没施展才华就这样被弹劾了，这不公平。他本来就是一个小官，一个谏官，这样大的事，尤其是事关肃宗的想法，不应该插嘴的，可是他站了出来，肃宗听了直接就"懆"了，命令三司去审杜甫，杜甫哪见过这个阵势。结果朝廷罢免了房的宰相，任为太子少师。过了一段时间，等肃宗气消了，重臣韦陟，张镐上书说杜甫是一个谏官，发表自己的看法是他分内的事，无论错对能表明他的态度就是好的，不能因为他说房琯有能力就定他的罪，肃宗就放了杜甫一马，案子也就不了了之了。有资料证明，房和杜少年便是朋友，要不一生唯唯诺诺的杜不可能那样。不过从另一方面证明了一个事，唐朝皇帝是开明的，不会因为自己的认识胡乱地命令。只是没几个月杜甫就被调离了，从此再没有到过权力的核心。但我隐隐感到，颜真卿还是放他了一马，要不，按照颜真卿的性格他一定是要被治罪的。杜甫其实是草根一类的，

见谁都说好话，《全唐诗》里他赞美朋友或谄媚的诗多了，可是没有关于颜真卿的，或许这个事件就是两人的梁子。

乾元元年（758）暮春，杜甫写下两首《曲江池》。

其一：

> 一片花飞减却春，风飘万点正愁人。
>
> 且看欲尽花经眼，莫厌伤多酒入唇。
>
> 江上小堂巢翡翠，花边高冢卧麒麟。
>
> 细推物理须行乐，何用浮名绊此身。

其二：

> 朝回日日典春衣，每日江头尽醉归。
>
> 酒债寻常行处有，人生七十古来稀。
>
> 穿花蛱蝶深深见，点水蜻蜓款款飞。
>
> 传语风光共流转，暂时相赏莫相违。

曲江又名曲江池，现在西安城南五公里处，大唐芙蓉园那里，传说是汉武帝所造，玄宗开元年间大加整修，池水澄明，花卉环列；南有紫

■ 现代曲江池

曲江是唐代著名的景区，位于唐长安城东南隅，隋文帝称池为"芙蓉池"，称苑为"芙蓉园"。唐玄宗时恢复"曲江池"的名称，引浐水，经黄渠自城外南注入曲江，面积约2.4平方公里。筑夹城，修新开门，曲江池成为水域千亩"曲江流饮""雁塔题名""杏园关宴""寒窑故事"等典故传说，2008年建成曲江池遗址公园，湖泊连延，彰显秦汉雄风

云楼、芙蓉苑；西有杏园、慈恩寺，
是著名游览胜地。

■ 杜甫像

时当暮春，长安天气，春衣
才派上用场，如今竟然典起春衣，
可见冬衣已经典光。不是偶尔典，
而是"日日典"。大家以为等米
下锅，却是为买醉，"每日江头
尽醉归"，真有点出人意料。不
能不引人深思，为什么要日日尽醉呢？

杜子美慢慢说："酒债寻常行处有。""寻常行处"包括了曲江，
又不限于曲江，到处都有酒债，因而只靠典衣买酒，无异于杯水车薪，
于是乎由买到赊，以至到处都欠着酒债，付出这样高的代价就是为了换
得个醉醺醺，这究竟是为了什么？

算了算了，诗人说："人生七十古来稀。"人生能活多久？既然不
得行其志，那就今日有酒今日醉吧！联系诗的全篇和杜甫的为人，不难
理解言外之意。《曲江二首》是因为房琯被贬事件而作，所以惜春、留
春之情是有所指的。

其实，这是个公案，凭颜真卿的性格，皇帝错了都去指责，能放杜
甫一马，确实不容易。

《颜氏家训·名实篇》

名之与实，犹形之与影也。德艺周厚，则名必善焉；容色姝丽，则影必美焉。今不修身
而求令名于世者，犹貌甚恶而责妍影于镜也。上士忘名，中士立名，下士窃名。忘名者，体
道合德，享鬼神之福祐，非所以求名也；立名者，修身慎行，惧荣观之不显，非所以让名也；
窃名者，厚貌深奸，于浮华之虚称，非所以得名也。

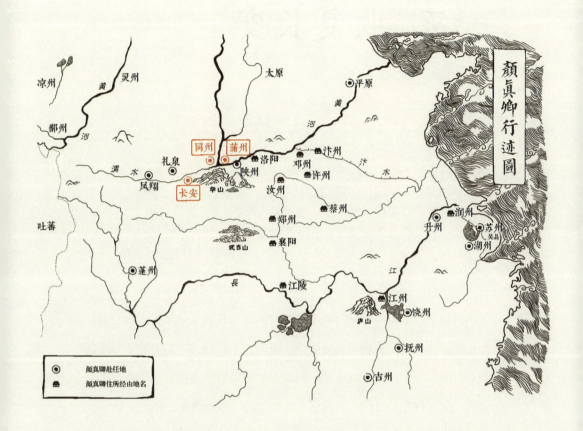

颜真卿行迹图

长安 —— 吴县 —— 长安 —— 平原郡 —— 平原郡 广陵 —— 襄阳 武当 凤翔 ——

长安 同州 (合阳) 蒲州 (华阴 洛阳)
至德二年 (756)

一五 收复长安

历史的长河中，星星闪耀，再小也是恒星。

卧虎就是卧虎，卧着也是老虎，比如郭子仪。

郭子仪、李光弼收复长安。

至德二年（757），郭子仪认为河东郡（今山西永济）居两京之间，扼叛军要冲，得河东就可收复两京。正月二十八日，攻取冯翊（今陕西大荔）。二月十一日，河东司户韩旻等翻河东城墙迎接官军，杀叛军近千人，叛军崔乾佑逃跑了，安邑人打开城门，河东收复。

李光弼大败蔡希德。也是二月，史思明回到范阳后，蔡希德率领叛军继续围攻太原，李光弼率领敢死队出击叛军，李光弼"可猛了"，大败叛军，杀了七万余人，蔡希德吓跑了。

朝廷战事捷报不断，打回长安才是根本。本

■ 三原陵前镇（永康陵）
唐高祖李渊的祖父李虎的陵墓。李虎被追为太祖景皇帝，墓高7米，底部周长430米。墓南存刻字华表、石狮、石人、石天鹿等石刻

月十三日,郭子仪为司空、天下兵马副元帅开始进军长安,叛军大将李归仁率领骑兵五千至三原县陵前(李虎陵)镇一带,子仪同志派部将仆固怀恩、王仲升、浑释之、李若幽带兵埋伏在白渠留连桥,叛军中伏,快被杀完了,李归仁游水而逃。子仪遂与王思礼合兵西渭桥,这个地方也不好打,应该是房琯被打败的西边。叛军大将安守忠、李归仁率军屯于京城西清渠,相持七天,官军不能进。五月六日,

■ 西渭桥

西渭桥汉代便门桥,建于西汉后元元年(前143),因桥与汉长安城西南头第一门章城门遥遥相对,而此门又称便门,唐代又称西渭桥,后毁。 1986年在咸阳西南9千米钓鱼台乡资村西南沙河河道上发现,清理出木桥桩16排,145根。桥面约16米,南北长约500米

守忠伪装退却,唐军追击。叛军以九千骑兵摆成长蛇阵,官军攻之,长蛇阵首尾为两翼,夹击官军,唐军大败。郭子仪率兵退保武功,回到朝廷,脸上挂不住,给皇上说把他免了,皇上咋可能免。不过,估计肃宗偷着乐,因为房琯打败仗的事,有些丢面子,现在你郭子仪在这里也打败了,我都怀疑是郭子仪故意打败的。

攻长安。至德二年(757)八月二十三日,肃宗犒劳了将士,开始攻打长安。

肃宗对天下兵马副元帅郭子仪说:"事情成败,在此一举。"

郭子仪说:"如果这一战不能收复长安,臣当以死来相报。"

八月二十七日，御史大夫崔光远败叛军于骆谷（今陕西周至西南骆峪）。光远行军司马王伯伦、判官李椿帅二千人攻中渭桥（今陕西咸阳东北），杀叛军守桥兵千余人，乘胜攻至长安苑门。九月十二日，天下兵马元帅广平王李俶率领朔方诸道兵及回纥、西域来援之军共十五万，号称二十万，从凤翔出发。九月二十七日，至长安城西，列阵于香积寺北沣水之东。李嗣业为前军，郭子仪为中军，王思礼为后军。叛军十万列阵于北，李归仁出阵来挑战，唐军追击，逼近叛军阵前，叛军齐进，唐军稍退，叛军乘机攻击，唐军顿时大乱，叛军争抢辎重。李嗣业身先士卒，所向披靡，高喊"今以身饵敌，军无遗矣"脱去战袍，杀敌数十人，稳住阵脚，又与回纥兵从叛军阵后出击，火光冲天，与大军两面夹击，杀敌六万余人，叛军大败，残兵退入长安城中。到天明，有报，说守忠、归仁等叛军大将都已逃走。

九月二十八日，唐大军攻入长安。

长安城收复。

从天宝十四载（755）冬天到至德二年（757）的秋天，两年时间！

变化太大了！

安禄山已经被安庆绪、史思明杀了，叛军内部出现矛盾，史思明迫

■ 香积寺

位于西安市长安区郭杜镇。永隆二年（681），净土宗创始人善导大师圆寂，弟子怀恽为纪念其，建寺和供养塔，香积寺成为佛教"净土宗"正式创立的第一个道场

不得已降唐。安史之乱中，颜真卿家族死了多少人，无从统计，整个唐王朝的死伤人口又是多少，无从统计。现在，只是收回长安，肃宗带着颜真卿等回到长安，安史之乱还在继续。

回到长安却又出事了。

颜真卿就是颜真卿，肃宗在灵武已经称帝并处理政务，颜真卿当时还发义祝贺了，可是当收复长安，李巽起草陈告宗庙的祝义时，称"嗣皇帝"，就是我这个皇帝的意思，颜真卿却说："上皇在蜀，可乎？"能这样吗？于是让礼仪使崔器改了，肃宗会咋想，你还对玄宗念念不忘。

现在，李光弼、郭子仪收复了长安，新皇帝肃宗李亨回来了，颜真卿颜真卿又有新想法。他对李亨说，春秋时，鲁成公姬黑肱（gōng）的新宫殿被毁，哭了三天。现在太庙被叛军破毁了，咱要在太庙外筑坛，您老要穿素服，向东哭上三天才行。估计李亨当时鼻子都气歪了，人家是啥情况，我又是什么情况，不过想了想，觉得还是要有仪式感的，毕竟对不起列祖列宗，于是采纳了建议，估计心里对颜真卿极不满意，史书记载"上素服哭于庙三日"。

颜氏家族在安史之乱后期的情况如何呢？

先说说颜爸爸颜惟贞的几个孩子，前面已经说了颜真卿家应该有八个孩子，可是能查到的只有七个，分别是颜阙疑、颜允南、颜乔卿、颜真长、颜幼舆、颜真卿、颜允臧。

据可靠和少得可怜的资料介绍：

长子颜阙疑当到杭州参军，这个估摸着比颜真卿大 20 岁左右；

次子颜允南，字去惑，以词藻擅名，也喜欢写字，工草隶书，以挽郎参加遴选，判入高第，授鹑觚尉。与从父兄春卿、杲卿、曜卿为吏部侍郎席建侯所赏重，授右武卫兵曹，开元二十六年（738）丁内忧，后来转右领军录事参军。与刘同齐名，长得面善，喜欢写字，孙逖惊叹："古人之作。"当到国子监司业，国子监副长官，从四品下；

三子颜乔卿，找不见相关资料；

四子颜真长，找不见相关资料；

五子颜幼舆，字令轨。孝悌仁和，博涉经史，起家后土斋郎。天宝年间，调补新息县主簿，居官谨慎，天宝八载，在陇右节度使哥舒翰幕府，参加了石堡城之战，建立功勋，拜太子左卫率府兵曹参军，保卫太子李亨。天宝九载去世，时年四十八岁，葬万年县凤栖原；

八子颜允臧，字季宁，天宝十载（751），应县令举对策及第，当过太康县尉，延昌县令，以清白闻名。至德初年，奔行在，拜监察御史，推劾不避强御。寻充朔方节度判官，迁殿中侍御史。

朝廷战事捷报不断，都是好事情，作为颜真卿家族此时也是好事不断，弟弟颜允臧到达行在后，以监察御史的身份被派到前线，参与郭子仪东征，郭请他当判官，八月升为殿中侍御史，这是从七品的职位；二哥允南在安史之乱中可能是一个玄宗与肃宗都信任的人，一会儿到成都，一会儿到凤翔，最后，随肃宗回到长安城，封为司封郎中，这是一个从五品上的职位，此时颜真卿是一个宪部尚书兼御史大夫，亲兄弟三人同时台省（妈妈教导有方，妈妈伟大，妈妈伟大），荣耀无比。

真卿表谢，肃宗批答曰："卿昆季连擢，才声并振，俱守寒松之操，允执后眺之心。久冒艰危，大知难夺，委以宪台之长，克申白简之威。厥弟之迁，亦为官择，宜相劝勉，各树以有名。"

这是有唐历史上没有过的事。宰相以下登殿者不过三十人，而兄弟三人含元殿蹈舞，而衣接焉，朝觐宴集，必同行列。有诗云："谁言百人会，兄弟也沾陪。"不过，这个时间真的短暂。

回到长安城不久，还没等到真正庆祝（十二月十五日欢庆收复）时，颜真卿就被贬了。

你再而三地难为李亨，无论前面讲的哭太庙还是其他，你觉得李亨不会懆（关中方言：急了）吗？

批件下来了！

肃宗批示：颜真卿向来自以为是，在朝廷上，运用权力，散漫惯了，情未灭私，颜真卿"忤逆圣旨"，贬为冯翊太守（从三品）。咋知道没等到庆祝收复，因为当年十二月，庆祝时，三品以上赐爵位，都有颜允南，名单里没有颜真卿。

一个三品大员干了那么多事，尤其安史之乱中表现出的忠诚，结果说贬就贬了，一个人的孤单别人如何懂。"莫道两京非远别，春明门外是天涯。"这一次出了长安，不知什么时候才能再回来。

不过肃宗还是柔和的。冯翊就是现在的大荔，京畿重地。乾元元年（758）三月，颜真卿改任蒲州刺史，本州防御使。蒲州帝舜京都"古称天险"，这应该是又重用了。

刚才说了，颜泉明回来，肃宗才知道颜杲卿的事迹，五月二十八日追赠其为太子太保，就是太子的老师，这是最高待遇，从一品。任命颜泉明为郫县县令，所有当时被害的，包括颜季明等八人追封五品京官。颜真卿又让泉明去找颜家人的下落，泉明先是将断了脚的父亲颜杲卿的尸身从东京运回长安，来年安葬。然后寻遍平原、常山一带找到五十余家，三百多口，颜真卿把亲戚和将士妻小都迁到了蒲州，他一起供养。时间长了，大家想走，颜真卿

■ 蒲州之印

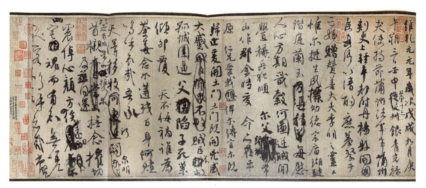

■ 祭侄文稿

共 23 行，凡 234 字。文稿追叙颜杲卿父子，在安禄山叛乱时，挺身而出，杀身成仁。通篇用笔情如潮涌，气势磅礴，纵笔豪放，一气呵成

发放路费。季明赠左赞善是京官五品，这个季明就是颜真卿的侄子，九月三日，泉明带着哥哥季明的"首榇"，从河北回长安，经过蒲州的时候，颜真卿祭奠，国殇家恨，悲愤之极，写下了《祭侄赞善大夫季明文》，就是我们说的《祭侄文稿》！

伤心却已成往事，还要加饭与苍生，或许平静一下会更好。

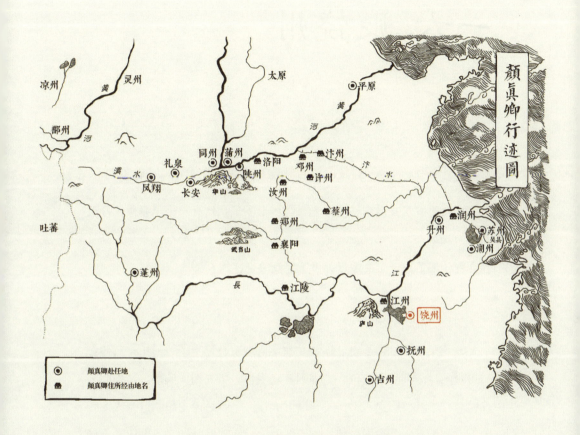

颜真卿行迹图

凉州　黄　灵州　　　太原
鄯州　河　　　　　　　平原
吐蕃　渭　水　同州　蒲州　　汴州　汴
　　　礼泉　　　　洛阳　邓州　水
凤翔　长安　华山　陕州　许州
　　　　　　　汝州　　蔡州
　　　　　　　郑州　　　　升州　润州
　　　武当山　襄阳　　　　　苏州
　　蓬州　　　　　　江　湖州　吴县
　　　长　　　江陵　　江州　饶州
　　　　　　　庐山　　抚州
　　　　　　　　　吉州

⦿　颜真卿赴任地
▦　颜真卿住所经由地名

长安 —— 吴县 —— 长安 —— 平原郡 —— 平原郡 广陵 —— 襄阳 武当 凤翔 ——

长安 同州 蒲州 —— **饶州**
乾元元年（758）至德三年

一六 贬饶州'

在方圆书店里遇到过一个先生，八十多了，他有一个记事簿，每天在上面记事，写日记，他属兔，爱在本子上画兔子。那个记事簿，如果颜真卿知道了，一定要学习，记下曾经的事，长长记性。

颜刺史被贬饶州了。

乾元元年（758），张镐听说史思明降唐，赶紧上了一道折子言传："思明凶险，乘乱而窃位，力强则其众附之，势去则人离散。又思明人面兽心，难以德服之，希望不要授以大权。"就是说史思明这个人太凶险了，乘天下大乱窃取权势，你硬他就软，你软他就硬，人面兽心无德无才，不能以仁义来对他，不要给他权力。

当时，肃宗想拉拢史思明，有宦官从范阳到白马（今河南滑县），给肃宗传递的信息都是思明与许叔冀忠诚可信，肃宗此时认为张镐不识时务，乾元元年（758）五月十七日，罢免了张镐河南节度使，"去，去，去，到荆州当个防御使"。

前脚张镐才走，六月，史思明就又反叛了。肃宗赶紧命令郭子仪、李光弼等九节度使攻安庆绪。不放心将领们，不设立元帅，让宦官鱼朝恩作观军容使对郭李督导。十月，唐军再次收复东京洛阳，安庆绪北逃至邺郡，伪燕的平原太守王暕、清河太守宇文宽都不认他，杀了他派去的使者，然后归顺唐王朝。

■ 饶州地图

　　乾元元年十月，颜真卿被酷吏唐旻弹劾，迁为饶州刺史（这个时候"郡"改"州"，"太守"改"刺史"了）调离京畿之地。"唐什么"不是东西，为什么不是东西，不知道，史书上没说，杜甫还巴结过这个人，给他写过诗。颜真卿已多次沉浮对一切皆能坦淡处之，迁就迁吧，那就起身，"咱"又不是第一次被贬，没事，这个时候颜真卿充满了乐观主义精神。

　　古饶州驻地在鄱阳，春秋时是楚番邑，秦始皇统一六国，置番县，隋开皇九年（589）废郡置饶州，因为湖水逼近鄱阳山而得名鄱阳湖，治鄱阳县。自唐初，湖水逐渐北撤，这里山清水秀人杰地灵，唐高祖武德五年（622）复为饶州，玄宗天宝元年（742）复为鄱阳郡。肃宗乾元元年（758），颜真卿去这个地方时，当年刚刚恢复为饶州，辖境缩小了，仅限今鄱江流域及信江下游地区。

　　去饶州咋走。

　　唐代全国的交通地理情况。

　　和现在我们大大小小的城市一样，当时以长安为中心，去往全国各地有七条主干道：

　　第一条是从长安出发，向东长乐驿—灞桥—新丰—潼关—洛阳到江淮、河北、山东；

第二条是向东南走长乐驿—灞河边—蓝关—武关去荆州襄阳以至江南岭南；

第三条是向东北过广运潭—东渭桥—高陵—同州大荔—蒲津关—太原及漠北河北；

第四条是向西南出华阳关—洋州—汉中—剑南南诏；

第五条是向西咸阳—兴平—凤翔出陇关区陇右河西及西域，也有过凤翔折西南出大散关去汉中剑南等；

第六条向正北—坊州—延州—河套漠北，这个就是秦直道；

第七条向西经邠州—庆州—泾州到朔方河西及西域等。

颜真卿应该是个道教徒，唐是以道教立国的，所以从蒲州去东京路过华阴就要去拜一拜华山神。应该是乾元元年（758）十月初九，他和王延昌、穆宁、张澹、刘晏郑镇等几个朋友到华阴去，也算是告别关中了，点上香，磕了头，咱不能就这样走吧，哈好（关中方言，"好坏"的意思）留一点印迹算咱们来过，几个人凑哄（关中方言，抬举、鼓励）他，"你字写得好"，你给咱就写到这个华山神庙碑上（北魏的郭香察写的），都不用咱找石碑，颜真卿高兴，觉得这确实是一件有意义的事，就题写了《金天王庙题名》。十月二十一日过洛阳时，祭奠伯父颜元孙，写下

■ 华岳庙

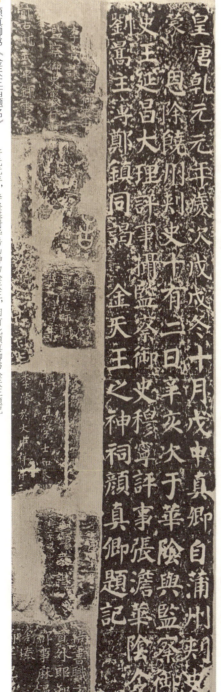

了《祭伯父文》，了了一个心愿。

饶州，鄱阳湖，好地方，颜真卿来了后干了三件事。

第一件事：治顽匪。因为内地战事连连，这里算是偏远，没人管，盗贼猖狂，民众难言。颜真卿的性格就是强，已到任，先治顽匪。德兴地方有一户人家，妇女程小娘的父亲哥哥都被强盗杀害了，她也曾被掳。颜真卿得知后，事不过夜马上就办，立即捉拿了强盗。当程小娘知道捉住了仇人，直接剜了匪首心脏，祭祀父兄！匪首被分尸于市，全州人"四境肃然"，治安大大好转；

第二件事：减税。原来富饶的地方，由于战争的原因，加之徭役，苛捐杂税使得经济越来越不好，颜真卿就"简徭役，黜贪残，劝课农桑"，鼓励广植桑麻。从这几方面群众看见了希望，所以，饶州历史上一直把他和后世在这里干过的范仲淹相提并论，说"颜

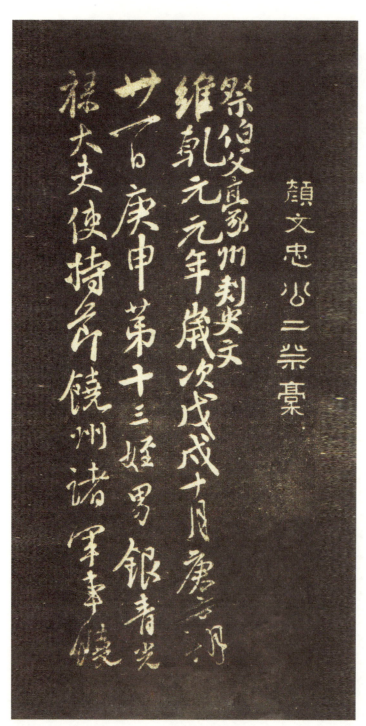

■ 祭伯父文拓片（局部）

这是甲秀堂丛帖的刻帖

■ 姚合墓志

范遗风";

第三件事：肃元结。元结比颜真卿小十岁，公元719年出生，出生年月一堆洋码码字，我记不住，历史有时也记不住。元结字次山，号漫叟，是唐代有名的道家学者。原籍河南县（今河南洛阳），后迁到鲁山（今河南鲁山县），天宝六载（747）应举落第，归隐商余山，学习道家思想去了，天宝十二载（753）进士及第。安禄山反，率族人避难猗玗洞（今湖北大冶境内），因号猗玗子，这个一听就是道家的人。乾元二年（759），任山南东道节度使史翔幕参谋，招募义兵，全力抗击史思明叛军，保全了十五城。

这是个怪人，爱开玩笑，有牧童放牧，给孩子说，"你唱歌去吧，玩去吧，这里有我，应该不会有什么事。"结果牲口踏了人家的田，田主要打孩子。元结说是骗孩子的，颜真卿正色说，你个龟五槌六的，骗谁不行，骗碎（小）娃！这是一个德义之事。元结和颜真卿其实关系好，这个故事想说明什么，想说明其实干什么都要守礼守德。另外，颜真卿还给鄱阳欧阳询写的《荐福寺碑》盖了个亭子，这是对文化的尊重，像前面说的"兔子"一样，是文化的符号，后世称之"鲁公亭"。

关于饶州任上，后来有姚合送张籍一首《送饶州张使君》诗，可以佐证鄱阳湖景象：

鄱阳胜事闻难比，千里连连是稻畦。
山寺去时通水路，郡图开处是诗题。
化行应免农人困，庭静惟多野鹤栖。
饮罢春明门外别，萧条驿路夕阳低。

■ 潘阳一中

颜真卿乾元元年十月上任饶州，乾元二年六月调任升州，在饶州任上时间非常短。在离开时给《荐福寺碑》建的碑亭，《荐福寺碑》原址在潘阳一中

《颜氏家训·省事篇》

铭金人云："无多言，多言多败；无多事，多事多患。"至哉斯戒也！能走者夺其翼，善飞者减其指，有角者无上齿，丰后者无前足，盖天道不使物有兼焉也。古人云："多为少善，不如执一；鼫鼠五能，不成伎术。"近世有两人，朗悟士也，性多营综，略无成名，经不足以待问，史不足以讨论，文章无可传于集录，书迹未堪以留爱玩，卜筮射六得三，医药治十差五，音乐在数十人下，弓矢在千百人中，天文、画绘、棋博、鲜卑语、胡书、煎胡桃油、炼锡为银，如此之类，略得梗概，皆不通熟。惜乎！以彼神明，若省其异端，当精妙也。

《颜氏家训·涉务篇》

士君子之处世，贵能有益于物耳，不徒高谈虚论，左琴右书，以费人君禄位也！国之用材，大较不过六事：一则朝廷之臣，取其鉴达治体，经纶博雅；二则文史之臣，取其著述宪章，不忘前古；三则军旅之臣，取其断决有谋，强干习事；四则藩屏之臣，取其明练风俗，清白爱民；五则使命之臣，取其识变从宜，不辱君命；六则兴造之臣，取其程功节费，开略有术：此则皆勤学守行者所能办也。人性有长短，岂责具美于六涂哉？但当皆晓指趣，能守一职，便无愧耳。

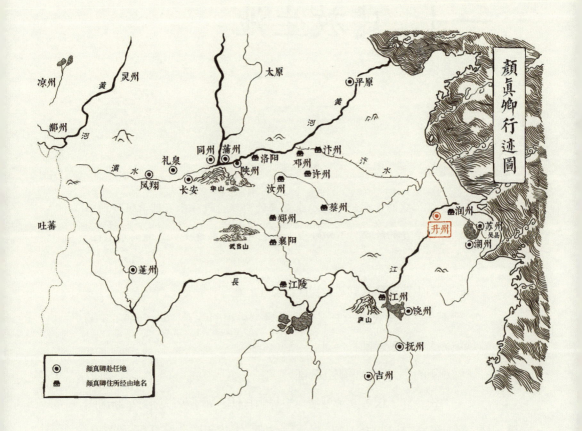

凉州　黄　灵州　　　　太原　　　平原

鄯州　河　　　　　　黄　　河　汴州

吐蕃　　　渭水　礼泉　同州　蒲州　洛阳　邓州　汴水

　　　　　凤翔　长安　华山　陕州　许州

　　　　　　　　　　　汝州　　蔡州　　　　润州

　　　　　　　　　郑州　　　　　升州　苏州吴县

　　　　　武当山　襄阳　　　　　　　　湖州

　蓬州　　　长　江陵　　江

　　　　　　　　　　庐山　江州

　　　　　　　　　　　　饶州

　　　　　　　　　　　抚州

　　　　　　　　　　吉州

颜真卿行迹图

◉　颜真卿赴任地
🝆　颜真卿住所经由地名

长安 —— 吴县 —— 长安 —— 平原郡 —— 平原郡 广陵 —— 襄阳 武当 凤翔 ——

长安 同州 蒲州 —— 饶州 —— **升州**
乾元二年（759）

一七 建放生池

郭子仪征战的山西一带，原来是夏的都城，近年来在陕北发现的石峁遗址也说是夏的故都，不知可否，不过这一带都是少数民族的聚集区。

古老的少数民族同胞热爱自己的文化，更爱中华文化，迷信"一月"。

这不，安禄山天宝十五载一月称帝，史思明乾元二年（759）正月在魏州称大圣燕王，都是一月。

称燕王的二月，史思明到邺郡。

三月份，郭子仪等九节度使与史思明打仗，郭子仪以朔方军断河阳桥，保卫东京。史思明杀安庆绪，留子史朝义守相州（邺），自己回范阳。

四月，史思明称大燕皇帝，年号顺天。洛阳已经是囊中之物，史思明高兴，让手下给大儿子史朝义送去这一年新采的樱桃，赋《樱桃子诗》一首：

樱桃子，半赤半已黄。

一半与怀王，一半与周赞。

这个时候史思明是得意忘形呀：
"看，天下一大半是我史思明的了。"
他不会知道一年后的事。

六月，唐政府分朔方置邠（今陕

■ 灞桥 白鹿原的樱桃

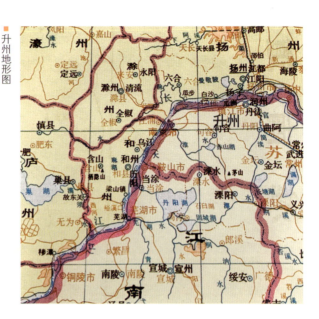

西彬县）、宁（今甘肃宁县）等九州，这是为了巩固相关战争成果。

七月，刚刚形势有一点起色，唐朝廷就收了郭子仪的军权。"郭子仪为鱼朝恩所谮去职，以李光弼继任朔主节度使、兵马副元帅。"肃宗谁都不信，就信宦官的，鱼朝恩是按照皇帝的意思来行事的，应该是嫌郭子仪的权力太大。

九月，史思明南下，渡河，陷汴州。李光弼放弃洛阳，退守北岸之河阳。史思明入洛阳，驻军白马寺。

十月，史思明攻河阳，被李光弼击败，董秦又降。董秦原本就是忠于朝廷的，至德二年（757）正月，董秦率三千步兵从雍奴（今天津武清东北）渡海，并击退贼将石帝庭，收复鲁城、河间、景城等地，不久，与田神功一同收复了平原（颜真卿曾做太守的辖区），被任命为德州刺史。后来，史思明攻陷汴州，董秦迫不得已，势穷力屈，遂诈降。史思明抚摸着董秦的后背道："原先好比只有左手，如今得到你，右手也有了。"史思明围攻河阳时，董秦趁夜率领五百人袭击叛军营垒，突围而出，复归官军。

十一月，赐董秦姓名。李光弼将此事禀奏朝廷，肃宗封董秦为开府仪同三司陇西郡公，赐姓名李忠臣。

乾元二年（759）六月，颜真卿调任升州刺史兼任江西道节度使，这可是重要岗位了，因为节度使不是谁都能当，那是大权在握，只是现在的节度使不是以前的节度使了。

肃宗是一个思想上一意孤行的人。比如至德二年（757）六月十六日，赦免王去荣杀县令罪。富平县人王去荣，因私怨杀死本县县令，按罪当死。肃宗因其善用炮，下敕免其死罪，以白衣使往陕郡效力。中书舍人贾至不肯下敕，上表说：王去荣无故杀死本县之君。如果放纵去荣这样做，可谓"生渐"。今惜一去荣而不杀，来日必将杀更多如去荣者。凡逆乱之人，未有逆于此地而顺于彼地，王去荣亦未有乱于富平而治于陕郡，悖于县君而不悖于大君！伏望陛下能从大处远处着想，则祸乱可以平定。肃宗不好决断就其事，让大家讨论。太子太师韦见素等认为：法律是天下之共典，连帝王都不敢擅自杀人，而小人竟敢擅杀，是臣下的权力过于人主。王去荣杀人而免其死罪，则诸军凡有技能者，皆可以横暴，做郡县官者，怎能治理！按法律，杀本县令者，属于十恶之罪。而陛下竟赦其罪，王法不行，人伦之道屈，臣等不知如何来奉诏行事。可是肃宗不听，仍然赦免了王去荣之罪过。

现在，不知肃宗为什么又要建放生池。

颜真卿才到升州。史元琮、张庭玉等代表肃宗就到了升州，要求颜真卿建放生池。

《大智度论》云：诸余罪中，杀业最重，诸功德中，不杀第一。因

此放生池是许多佛寺中都有的一个设施，一般为人工开凿的池塘，为体现佛教"慈悲为怀，体念众生"的心怀，让信徒将各种水生动物如鱼、龟等放养在这里。信徒放一次生就积一次德，象征"吉祥云集，万德庄严"，历史上最早的放生池见于南北朝时期建康（今南京）的报恩寺。

放生池的意义重大，因为它不仅仅是一个放生鱼或水里动物的池子，更重要的它是一种激发众生慈悲心的手段。将鱼或者鸟放生，在古时候是善人一种发自内心的心愿。而现代人生活在城市中，被名利困扰，没有心思去考虑这些事情了，也更加冷漠了，看到放生池，或可激起一丝善心。一个普通人在池中放生了一条鱼，会带给他一种回忆，留给他一种做善事留下的感动。这种感动会被善良的力量放大，以至于影响到他的行事方式，不以善小而不为，就是这个道理。当时唐长安城最少有五处放生池。

颜真卿立即着手做这个事，并写了关于放生池文字，写了两套，一个是刻碑用的；一个是用绢写的，让史元琮替他带回给肃宗，并请肃宗题额。在《乞御书天下放生池碑额表》颜真卿说"盖欲使天下元元知陛下有好生之德，因令微臣获广昔贤善颂之义"。其实肃宗是个仁慈的皇上，因为安史之乱杀孽大，在各地建放生池就是为了销孽，为了让老百姓感到当政者对天下黎民的重视。

颜真卿还做了一件事，就是发现了扬州刺史刘展可能要反，其实他干他的就行了，不要管别人。刘展一直"刚强自用，为其上者多恶而欲去之。肃宗上元元年，以展为江淮都统，密敕旧都统李峘等图之。"李峘是李世民的曾孙，人家要保人家的江山。作为江淮都统李峘、淮南东道节度使邓景山，他们与宋州刺史刘展本来就不卯，弄不到一起，于是按照肃宗的意思策划，先请皇帝任命刘展为淮南东、江南西、浙西三道节度使，诱骗他来就职时杀了。结果咱们颜真卿，发现了这个刘展要造反，于是就给朝廷报告，肃宗那个气呀！我在密谋一个事，你这样大张旗鼓地准备防范，就算是半公开了，赶紧调他回京，让杭州刺史侯令仪全面接管他的职位。乾元三年正月十九日颜真卿回到朝中，任刑部侍郎。

多年前，皇甫冉有诗，像是写给此时颜真卿的：

中司龙节贵，上客虎符新。

地控吴襟带，才高汉缙绅。

泛舟应度腊，入境便行春。

处处歌来暮，长江建业人。

一八　与李白游'

　　唐王朝是那么厉害，现在西安随便搞点什么与它有关的就可以带流量，其他城市咋做也达不到这个高度，比如颜真卿，比如李白。

　　前面说了颜真卿与杜甫，现在说颜真卿与李白。有人问颜真卿和李白见过吗？他们见过多次，李白还给颜真卿写了诗。

　　说说李白。李白，字太白，号青莲居士，"谪仙人"，他自己说生于武则天长安元年（701）。至德二年也就是公元757年，李白在《为宋中丞自荐表》中说"臣伏见前翰林供奉李白，年五十七"，所以李阳冰说李白生于中宗神龙初年（705），可能就靠不住。这里不去讨论哪个真实，暂且用李白的说法。如果是公元701年的话，李白比颜真卿大八岁，宝应元年（762）病逝，一生伟大，一生浪漫，再苦再难都是浪漫，轻轻一吹飘出的诗歌成了文学史的高潮，所以，后来人都叫他"诗仙"。李白的诗以抒情为主，都不知他从哪里翻出来一些民歌、神话捅吧捅吧，就弄成了诗，别人看着好，还不易学。存世诗文有一千多吧，大都编在《李太白集》里了。

　　因为李白的出身说不清，可能是商人家庭，

■ 李太白像

可能是流民家庭，所以是无法参加科举出仕的。李白四十一岁时是天宝元年（742），李隆基颁布诏令"前资官及白身人有儒学博通、文辞秀逸及军谋武艺者。所在具以名荐"，这是个机会，再加上结识玉真公主，所以李白觉得自己政治的春天来了，就到了长安。见了玄宗后，被放到翰林院，供奉翰林。不过李白在长安待了两年多，多是"长安市上酒家眠"。同时间，颜真卿在哪？扶风郡太守博陵崔琇推荐颜真卿参加了"博学文词秀逸"科

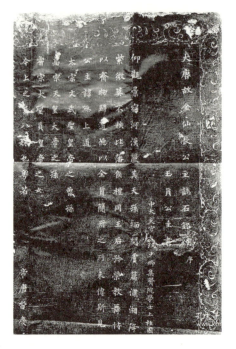

■ 玉真公主书金仙公主志（局部）

刻于开元二十四年，徐峤撰，玉真公主书，33行，行32字，石藏蒲城县博物馆。公主给公主写墓志，这也就是在唐代

考试，颜真卿考得好，十月当上礼泉县尉。一直到天宝五载（746）颜真卿三十八岁到长安当县尉，所以从李白到长安，两年后离开，颜真卿都在礼泉县尉这个岗位上，他们应该是见过的。

其一，李白在京城与贺知章那是一个好。贺知章是一个非常有趣的人，李白从安陆到长安，老头贺知章就去拜访，李太白你说说你的情况，要不作首诗吧，让李白作诗。李白四十大几了，阅历人生已经有些领悟，直接就写了《蜀道难》，老贺大叫"谪仙"人呀！没带钱，立即扯下皇帝赐的金龟就去换酒，一起痛快喝酒。他说，李白你就是太宗喜欢的山东王羲之。可爱的老头，金龟可是他官员的凭证，没有这个就不是官了，这也太把皇帝不当一回事了。

其二，贺知章和颜老爷子颜惟贞好，这才是正题。他大颜惟贞 10 岁，武周年间，他三十七岁金榜题名。四十七岁后，中宗神龙年间，他与张若虚、包融、张旭并称为"吴中四士"，文辞之名盛于京城，而颜惟贞做太子文学志同道合，两个时常有往来。

其三，李白和颜真卿的老师张旭相好。李白也喜欢写字，传世的有《上阳台》帖，但他更喜欢和写字好的人交往，所以张旭是跑不了的，李白曾给张旭赋诗写道："楚人尽道张旭奇，心藏风云世莫知。"更有人说，颜真卿、李白、徐浩都是张旭的学生，但没有证据，没有文献支持。

其四，礼泉离长安不远，好多人没事就去找颜真卿喝酒，你想想颜真卿是几年前的进士，是在大雁塔上刻了名字的，是名满京师的。现在前辈贺知章不想在朝廷干了，没事在长安街头也喝喝酒，所以大家应该有所闻的。

其五，按照李白的习性，与颜真卿这样的人那是一定要结交的。此时颜真卿那里去得最多的可能是岑参，因为这是一个上进青年，年纪与颜真卿相仿，又是亲戚。现在李白在长安城里，无所事事，听说颜真卿的为人，那一定会去的，只是不熟，他们见面应该还有其他人一起，所

■ 李白《上阳台》帖

李白书四言诗，纸本，纵 28.5 厘米，横 38.1 厘米，其唯一传世可靠书法作品。用笔纵横千里收放自如，雄健苍劲，挺秀万千，奇趣无穷

以我说他们见过，京城里能一起谝的扳指头数不到几个，他俩性格上相和，所以应该见过。

推想起来，应该是贺知章和李白一起去拜访颜真卿的，因为贺知章和张旭关系好。李白与贺知章去看颜真卿并且喝了酒，两个晚辈多恭维了贺知章几句。老人家一高兴就说"张旭是我兄弟，清臣不是喜欢写字吗？我给说说你就到他那里学吧。"颜真卿高兴！敬好多杯，这就有了颜真卿礼泉县尉罢后，到洛阳向张旭学习写字的事了，要不接不到一起。

其六，李白、张旭关系好，有证据的。天宝年间，贺知章、李白、张旭都在长安，颜真卿在礼泉，但贺、颜的家可能住址基本在一起，所以喝个小酒是不成问题的。

古代文人都会写诗，如果不是做行政工作，颜真卿一定是个好诗人，和李白差不多。读一下这个《裴将军诗》，体会一下：

> 大君制六合，猛将清九垓。
>
> 战马若龙虎，腾陵何壮哉。
>
> 将军临八荒，炟赫耀英材。
>
> 剑舞若游电，随风萦且回。
>
> 登高望天山，白云正崔嵬。
>
> 入阵破骄虏，威名雄震雷。
>
> 一射百马倒，再射万夫开。
>
> 匈奴不敢敌，相呼归去来。
>
> 功成报天子，可以画麟台。

是不是可歪（关中方言"歪"，厉害，"歪了"就是可厉害了）了！不输李白。所以这方水土上没有交往是不可能的。

其七，翻翻颜真卿写的碑，有唐一代必须是李阳冰的篆额，颜真卿的文字，他们都是大才之人，再加上相互赏识，所以好基友是一定的。李阳冰是李白族叔，并且是收留李白到去世的那个族叔，李白有诗"吾家有季父，杰出圣代英"，"落笔洒篆文，崩云使人惊"。而且李白的文集也是李阳冰整理的，那你说他们是什么关系。

最重要的证据就是李白写的一首诗《寄韦南陵冰，余江上乘兴访之，遇寻颜尚书，笑有此赠》：

南船正东风，北船来自缓。江上相逢借问君，

语笑未了风吹断。闻君携伎访情人，应为尚书不顾身。

堂上三千珠履客，瓮中百斛金陵春。恨我阻此乐，

淹留楚江滨。月色醉远客，山花开欲然。春风狂杀人，

一日剧三年。乘兴嫌太迟，焚却子猷船。梦见五柳枝，

已堪挂马鞭。何日到彭泽，长歌陶令前。

这是颜真卿来到升州后的情况，

■ 张旭书严仁墓志（局部）

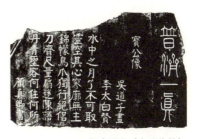

■ 颜真卿书《宝公像赞》

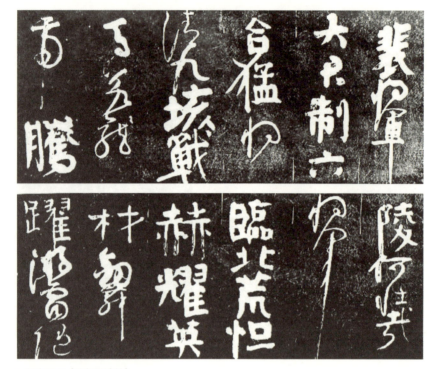

■ 颜真卿书《裴将军诗帖》

行草书，诗一首，未署款及书写年月。忠义堂本，浙江省博物馆藏。也就颜真卿可以写出这个气势了

诗中的韦冰是颜的叔丈，颜尚书指颜真卿，朱关田先生认为这一次，颜
真卿从金陵到江夏，韦冰去找他，这是仲春，颜、韦相见了，李白作为
座上客也一起喝酒了。你想象一下这个历史性的会晤，可能李白不知道
这次会晤的重要性，颜真卿也不知道这次会晤的重要性，可是透过历史
的缝隙，我看见了，肃宗上元元年（760）的这个春天，这个江南的春天，
历史在这里上演了一处貌似平淡的传奇。

　　其八，大历七年上元，颜真卿在蒋山寺壁写下了李白的《志公像赞》，
这个像赞是大历二年李白游金陵时所写的。看来李白与颜真卿是惺惺相
惜，同时不得志，同是沦落人。

　　总之，颜真卿如果没和李白见过，从时间上，从交友上，从性情上，
都是说不过去的。

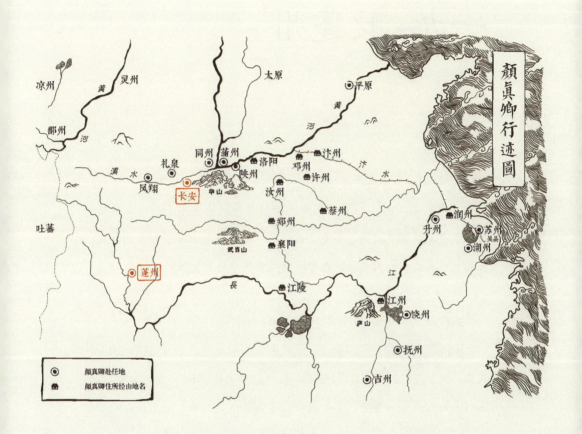

颜真卿行迹图

凉州　灵州　　太原
黄
鄜州　河　　　　　　平原
　　　礼泉　同州 蒲州　　黄　河
渭水　　　　　洛阳　汴州
凤翔　长安　陕州　邓州 许州　汴　水
　　　华山　汝州
吐蕃　　　　　　郑州　　蔡州　　　升州　润州
　　蓬州　　武当山 襄阳　　　　　　　　苏州 吴县
　　　　　　　　　　　　　　　　　　　　湖州
　　　　长　　江陵　　　江　　　江州
　　　　　　　　　　　　　　庐山　饶州
　　　　　　　　　　　　　　　抚州
　　　　　　　　　　　　　　吉州

⊙　颜真卿赴任地
▦　颜真卿住所经由地名

长安 ── 吴县 ── 长安 ── 平原郡 ── 平原郡 广陵 ── 襄阳 武当 凤翔 ──

长安 同州 蒲州 ── 饶州 ── 升州 ── **长安 蓬州**
乾元三年（760）

一九 贬蓬州[1]

上元元年（760），在青山绿水间，落魄的闲散道士李白与被贬的封疆大吏颜真卿见过面，历史会铭记那一刻：屈原以来最伟大的诗人，王羲之以来最伟大的书法家在鄱阳湖边喝了一场历史性的酒。

唐代是一个喜欢占卜的时代，大事小事都要占卜。

民间流传的袁天罡与李淳风给武则天找坟地是一个非常精彩的占卜故事。关于占卜，唐朝有严格的制度，有占卜的机构——太常寺太卜署，还有占卜的规范。《唐六典》卷十四《太常寺太卜署》记太卜令的职掌云："太卜令掌卜筮之法，以占邦家动用之事；丞为之贰。一曰龟，二曰兆，三曰易，四曰式。"这个说得明白，有四种占卜的方法，笔者没学过不懂，关于唐代用的占卜的书籍，敦煌文献里流传的大概有120多种。关于天象的占卜，只能是国家进行的，《大唐六典》卷十《秘书省太史局》说"太史令掌观察天文，稽定历数。凡日月星辰之变，风云气色之异，率其属而占候焉"，又说："灵台郎掌观天文之变而占候之"，这是朝

■ 大唐六典

廷的事，不是其他人的事。

关于安史之乱，起先安禄山并没有想着造反称帝，是有人偷偷看天象了，这个人就是严复，对，名字就和近代上海复旦公学的校长、翻译《天演论》的作者一样——严复。《严复墓志》"天宝中，公建四星聚尾，乃阴诫言其子，今御史大夫冯翊郡王庄曰：此帝王易姓之符。"因为严复私自夜观天象占卜得知，皇帝要易姓了，所以让儿

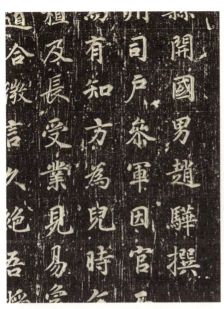
■ 大燕严复墓志（局部）

子严庄赶紧去北边，"以不世之才遇非常之主"去辅佐安禄山，严庄就是策划安禄山造反的核心成员。

前面说，唐代是一个喜欢占卜的时代，大事小事都要占卜，所以肃宗也一样。因为观天象而占卜，要改年号，闰四月十九日乾元三年（760）改上元元年。肃宗估计心里一直焦虑，安史之乱，还有永王之乱，老也结束不了，所以不停地占卜，当皇帝不是很长，七八（755—762）年，年号从至德到乾元、上元不停地换，不停地想改变命运！

改年号是形式，还要做一些"厚德载物"的事情，天下黎民百姓要得实惠，这就有天下大赦，普调工资，普天同庆，晋封官员等，耿直的颜真卿因为安史之乱的忠贞此次调整封晋爵县公，这个应该是从二品的，此前是至德二年年底普调时，他被贬蒲州，过完年，至德三年（758）初肃宗专门封的丹阳县开国侯。

皇帝都在做积德行善的事，感应天地。乾元二年（759）冬，肃宗

■ 兴庆宫

命左骁卫右郎将史元琮、中使张庭玉诏，于天下州县临江带郭处各置放生池。颜真卿也做了放生池，乞"御书天下放生池碑额"，当时在外地，现在在长安，就又请托肃宗，肃宗可能当时为了打仗平乱没有写。上元元年（760）七月，颜真卿任刑部侍郎，这次旧事重提，上表奏乞，肃宗一听这是好事，就答应了。后来颜真卿写了《御书天下放生池碑额表》。

无论是占卜，无论是观天象，无论是改元，无论是建放生池都是为了大唐的社稷江山。

福兮祸所伏，这谁说的呀？咋回事，刚刚才晋级就又被贬了。

事情是这样的，至德二载（757）十二月，长安收复以后，玄宗太上皇从成都返回了长安，回来后就一直住在长安城东的兴庆宫。这是个事，按照惯例应该住在大明宫。可能老皇上一直心里有阴影，不愿在大明宫住，这也无妨。可是他有事没事老爱找大臣问话，肃宗就有了疑问："不当皇帝了，还过问朝政，这是想干什么！是不是还有东山再起的想法。"

传位给肃宗，从玄宗来讲其实也不是最好选择，他根本就没想着传

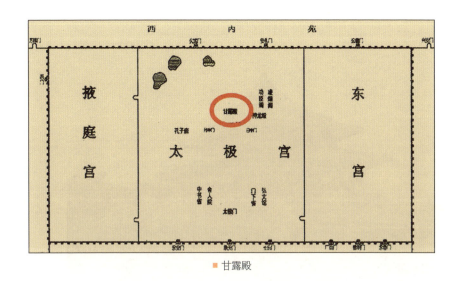

■ 甘露殿

位这个事。

安史之乱之前，玄宗还是有自己的想法的。开元二十五年（737），玄宗因发现太子李瑛可能谋反，于是先废掉李瑛的太子之位，随即杀了太子，连同一起的李瑶、李琚兄弟也被杀了。搞过政变的，出手就是不一样，一次杀了三个儿子！李亨是玄宗李隆基的第三个儿子，从小聪敏强记，两岁封王，玄宗觉得他年长，又听话，所以，李亨在开元二十六年（738）入主东宫。潼关被陷，玄宗一心想入蜀，老百姓们"遮道请留"，希望皇帝不要离开长安，玄宗执意前去成都，太子李亨留在后面宣慰。结果，人越聚越多，居然有数千人。百姓拉住太子的马，李亨无法前行。玄宗回头看不见太子，有疑虑，可是大难当头逃命要紧，无奈中，拨给李亨两千人马，命他收复长安。

其实这是表象，你想，一日赐死三个皇子，太子不恐惧吗？长期活在玄宗阴影下的李亨早就受够了，继续跟随老皇上到成都，今后太子地位能否保住说不定。玄宗预感到太子要学自己了，不禁叹了一声："天也。"李亨率众于天宝十五年（756）七月到达灵武，才三天，在城南就称皇帝，

遥尊玄宗为太上皇。

自古没有一个大权在握的封建君主会心甘情愿地让出宝座。

事实上，马嵬分道，李隆基入四川从未放弃帝王的身份。天宝十五载（756）七月十二日，玄宗一行到达普安郡（剑阁一带）。在房琯的建议下，玄宗针对太子李亨（唐肃宗）发布了《幸普安郡制》。此制又称"四王分制"，任命"李亨为天下兵马元帅，仍都统朔方、河东、河北、平卢等节度采访都大使"，赋予其"收长安、洛阳"重任；任命"永王璘宜充山南东路及黔中、江南西路等节度支度采访都大使，江陵大都督如故；盛王琦宜充广陵郡大都督，仍领江南东路及淮南、河南等路节度采访都大使；丰王珙宜充武威郡大都督，仍领河西、陇右、安西、北庭等路节度支度采访都大使"。李隆基的初衷是节制太子权力，太子与其他三皇子各领一干人，治理好自己的辖区。目的只有一个，就是我李隆基是皇帝，你们为我负责。

可是李亨咋能心服，等玄宗到成都后的第十四天，肃宗从灵武派出使者，向玄宗报告："我已经即位。"你那诏书不起作用，盛、丰二王懂局势并未出阁，真正赴任的只有永王李璘一人。四天后，李隆基很不情愿地颁布了《命皇太子即皇帝位诏》，此诏书无任何作用，不过诏书中还说，自己尽管已是太上皇，但是肃宗在处理军国事务后必须向他奏报。所做的，没有让人看出他的"高枕无为"，相反，在一段时期内形成了一个由太上皇和皇帝同为政治中心的特殊的中央政治格局。

现在，有事没事玄宗在兴庆宫召见官吏，你说肃宗能高兴吗？于是宦官李辅国领会领导意图，假传圣义，请老皇上游览西宫，然后武力控制其到甘露殿。

这个时候，颜真卿没神呀没神，居然率领百官去慰问玄宗，并起草了一份请问太上皇平安的奏章，呈给肃宗。李辅国与酷吏敬羽（这是胡咬人的狗）直接参了颜真卿一本"言事忤旨"，可怜颜真卿一下就被贬到两千里外的蓬州，任长史（从六品上）去了，连刺史都算不上。

■ 蓬州地图

历史要拐弯，不是你可以阻挡的，也不是原来你认为的，如李隆基这样的人物也阻止不了。

二〇 战乱结束

　　"峰峦如聚，波涛如怒，山河表里潼关路。望西都，意踌躇。"张养浩凭吊古迹，一定对安史之乱有更深的感触。

　　颜真卿明白这次做得有问题，玄宗太上皇好不好，满朝文武都知道，那是人家皇帝家事，自己去向肃宗问太上皇的事，掺和这个是是非非，这不是脑子有水了，就是被门夹了，要不好好地三品贬到六品，如果不是有硬伤，即使有酷吏冷怂（使劲）地参本也不至于这样。

　　好了，上元元年（760）八月，舌头一伸，做个鬼脸就去上任了，"贬蓬州长史。公乐道自怡，不以介怀"。

　　蓬州长史是个什么东东？

　　《元和郡县志》说，蓬州在四川，北周天和四年（569）设置郡，隋开皇三年（583）罢郡，直接领县。大业三年（607）废了。高祖武德元年（618），又置蓬州。天宝年间，辖良山、仪隆、大寅、伏虞等7县。长史其实就是州郡的一个副官，唐代下州不设长史，只在中上州设长史，蓬州是中州，长史应该是从六品上，其实也没什么权力，应该比苏轼的黄州副团练强，不过都是偏远地方无权的毛毛官。

　　从饶州到蓬州要翻山越岭，不过颜真卿还是随遇而安的。到了任上，又是救灾又是抚恤，群众都夸这个长史好，"公在蓬州，救灾恤患。民颂其德"。

转眼就是又一年，四月又改元了，从上元改为宝应元年（762），这一年，安史之乱的主角基本都死了。

先说李隆基这边。

宝应元年的四月初五，在西内那个潮湿阴冷的神龙殿里，带着对大唐的眷恋！

带着对权力的眷恋！

带着对爱情的眷恋——驾崩了。

李三郎死了，李三郎死了！

■ 宝鸡出土的唐代兵器

李隆基从先天元年（712）当上皇帝，至天宝十五载（756）安史之乱爆发，在位44年，是唐朝在位最长的皇帝，亦是我国封建社会极盛时期的皇帝，是他开创了中国封建时代的鼎盛——开元盛世！

接着，宝应元年（762）四月十八日，肃宗李亨在长生殿上带着对安史之乱的叹息，也走了。

肃宗是唐朝第七位皇帝，是第一个在长安之外登基的皇帝，从至德元载（756）到宝应元年（762），在位七年。

肃宗一生颇有波折：睿宗景云元年（710）八月，李隆基册立为太子，

■ 任仁发《张果老见明皇图》（局部）
绢本，设色，纵41.5cm，横107.3cm，现藏于北京故宫博物院

不久，杨氏怀孕，由于与太平公主关系紧张，担心其借太子耽于女色难当大任而行废立，李三郎弄来堕胎药，打算将李亨扼杀于腹中，结果没有施行。所以李亨在初生之日，即险遭不测；幼年、少年耳闻目睹兄弟纷争；成年后经历大唐帝国由繁荣昌盛转向衰落。安史之乱的混乱政局，给他个人提供了施展拳脚的舞台。在他7年的帝王生涯中，主要做了两方面的事：一是组织平叛，收复两京，消灭叛军；二是当政管理，但处理与太上皇的关系，始终不协调；由于无人可用，信任宦官，给安史之乱后重建留下了难消的隐患，并且为唐王朝后期治理开了不好的头，这是肃宗个人的不幸，也是大唐帝国的悲哀。壮志未酬，平叛没有取得最终胜利，却驾崩了。

现在，李隆基和李亨这对父子都走了，一个终年七十八岁，一个终年五十二岁，如果没有安史之乱，还都可能多活几年，或许，肃宗早一点当皇帝，安史之乱就发生不了，这只能是假设，历史不能重新书写。

重打鼓，另升堂。

李豫当皇帝了，就是代宗，不是南唐的那个李煜，那个做诗词的本

华清宫长生殿
杜牧的：新丰绿树起黄埃，数骑渔阳探使回。写的就是这里

事强，这个李豫能打仗有本事，原名李俶，李亨的大公子。颜真卿命好，宝应元年（762）五月就被任命为利州刺史，这是下州，四品下职位，算是又有新动向，因为羌族闹事，就没去成。十一月哥哥颜允南病重，就是从小教他学写诗作文的，从成都护送皇帝玉玺到灵武的哥哥。颜真卿赶紧从四川赶回长安，回来不到十天，哥哥就去世了。

允南是个诗人，颜真卿小的时候和他学作诗。

感情深，一口闷，想想当时在朝堂上"谁言百人会，兄弟也沾陪"。

我能看见颜真卿喝酒的情景、伤心的情景，"抚念摧切，震悼心颜"。

颜真卿才料理完哥哥的后事，就又被京兆尹户部侍郎刘晏举荐当上了户部侍郎，这是户部尚书的助理。

说说刘晏。刘晏（718—780），字士安，历史上著名经济改革家、财税专家，曹州南华（今山东菏泽市东明县）人，不是一家人不进一家门，和颜真卿一样信奉道家。这个人从小就才华横溢，号称"神童"，《三字经》有"唐刘晏，方七岁。举神童，作正字"之语。当过吏部尚书、同平章事、领度支、铸钱、盐铁等吏。现在他要个副手，没有考虑颜真卿的年龄比他大得多，"晏常以办众务，在于得人，故必择通敏精悍廉勤之士而用之"。其实作为一个少年老成的官员，刘晏还做过一件非常有意义的事：有人控告元载、王缙夜里祷告祭祀，图谋不轨。代宗想杀掉他们，于是，吴凑就在政事堂逮捕元载和王缙，当时吏部尚书刘晏审理此案，两个人服罪。元载被赐杀，王缙一开始也被赐死，刘晏争取，被改判贬为栝（kuò）州刺史。

胡人安禄山、史思明这边。

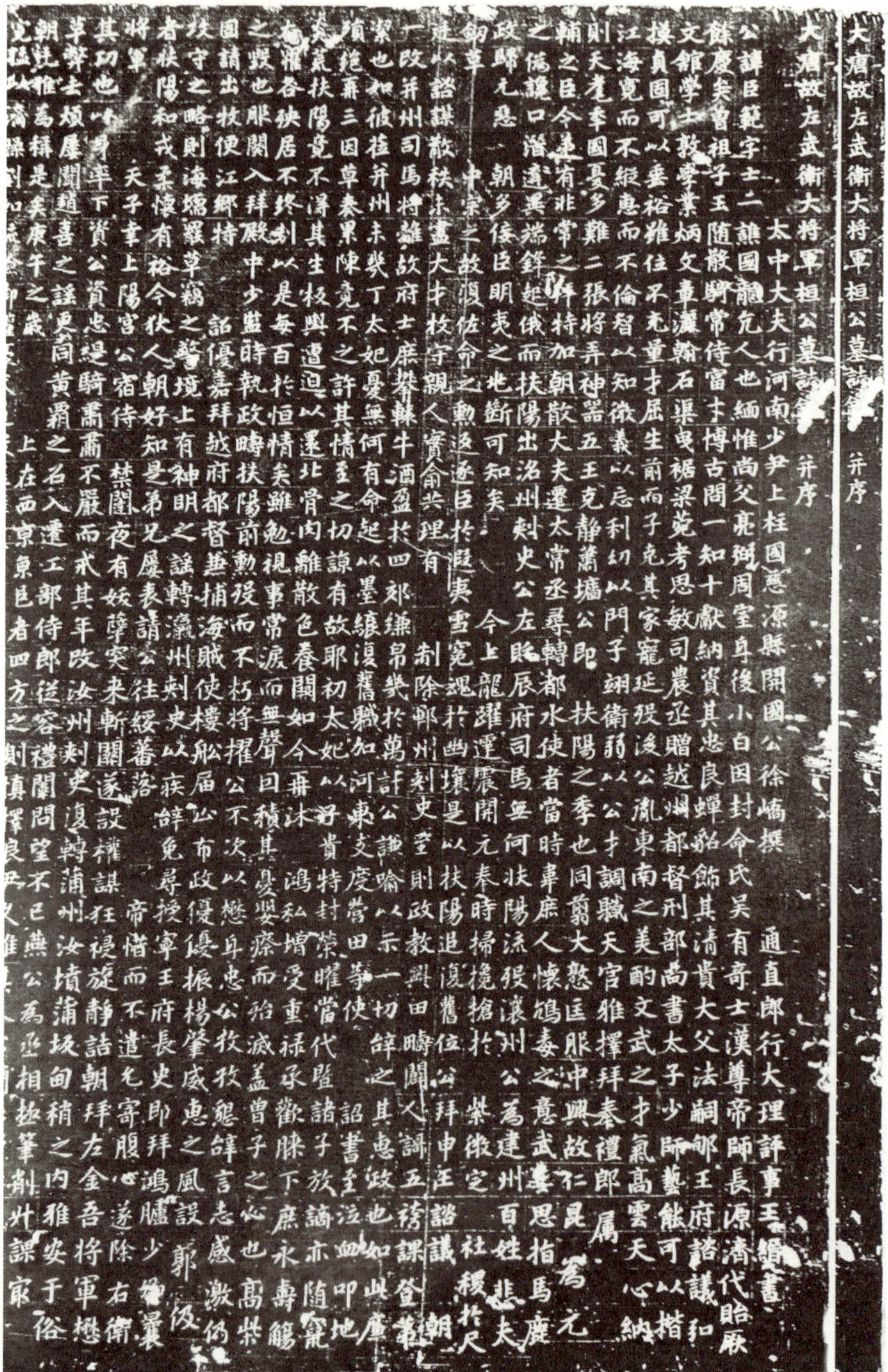

王缙书《桓臣范墓志》局部

徐峤撰开元廿四年刻，43行，行43字，洛阳师范学院河洛石刻艺术馆藏石

大唐故左武衞大将軍桓公墓誌銘并序

前面说安庆绪至德二年（757）让李猪儿手持大刀砍了胡爹安禄山，自己当皇帝；史思明和一众人其实不服庆绪，乾元二年（759）杀了安庆绪，也称帝；史思明给大儿子史朝义送樱桃的第二年，也就是上元二年（761）被大儿子杀了，因为史朝义不是太子，太子是他弟弟，要当皇帝，只能杀了老爹和太子，但是手下其实不服朝义。

■ 刘晏像

现在看来"禄山庆绪"也罢，"思明朝义"也罢，没有底线，不能服众，失败是迟早的事。

宝应元年这一年，作为安禄山、史思明的得力助手李怀仙，看看这个大燕王朝天子没有一个成器的，都拿不出手，自己总得有个归宿，人家谋士严庄都归顺唐帝国了，自己不能这样老不着调，当年河北大部归顺，十二月，李怀仙经过策划说，"放羊归顺"，错了，是"范阳归顺"，拼音老出错，诱杀了史朝义，投奔朝廷（也有说史朝义自杀的我不信）。

"安史之乱"结束了！

"安史之乱"结束了！

"安史之乱"结束了！

诗人杜甫听到安史之乱平定后立即写了《闻官军收河南河北》：

> 剑外忽传收蓟北，
>
> 初闻涕泪满衣裳。

却看妻子愁何在，

漫卷诗书喜欲狂。

白日放歌须纵酒，

青春作伴好还乡。

即从巴峡穿巫峡，

便下襄阳向洛阳。

正是由于颜真卿、郭子仪等的忠义，他们那钢铁打造的脊梁，支撑起大唐，所以面对安史之乱的唐王朝才不至于覆灭。

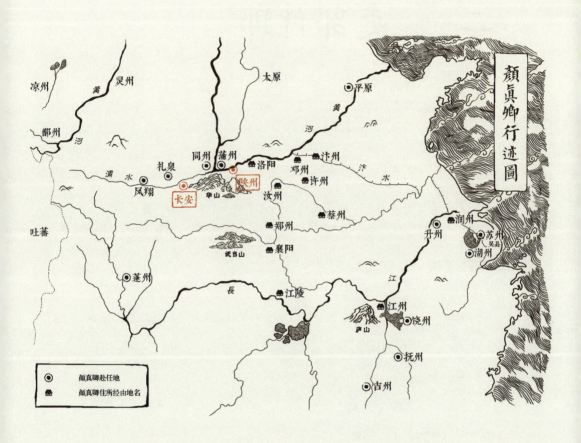

颜真卿行迹图

凉州　灵州　太原　平原
鄜州　黄　河
礼泉　同州　蒲州　洛阳　汴州
凤翔　长安　华山　陕州　汝州　邓州　许州
吐蕃　渭水　武当山　郑州　襄阳　蔡州
蓬州　长　江陵　长　江　升州　润州　苏州　吴县　湖州
江州　饶州　庐山
抚州
吉州

◉　　颜真卿赴任地
🏯　　颜真卿住所经由地名

长安 ——— 吴县 ——— 长安 ——— 平原郡 ——— 平原郡 广陵 ——— 襄阳 武当 凤翔 ———

长安 同州 蒲州 ——— 饶州 ——— 升州 ——— 长安 蓬州　**长安 陕州**
宝应元年（762）

二一 吏部侍郎'

武将山是九嵕山西面那最高的山，前年秋天我烂着脚，穿着拖鞋上去了。山上种了些松柏，葬着肃宗，它的眼前是梁山，就是乾陵，多少都有些感慨。

李豫是李亨的大公子，李亨这一点不错，长幼序，不用去为立储操太多的心，关于权力斗争，只要有宫廷的地方就有，这里却可以忽略不计。

说说李豫。

前面说，天宝十五载（756）六月，京师长安陷落，李豫没有跟爷爷跑到成都去，是随他爸爸、太子李亨跑到了灵武。李亨称帝，李豫被任命为天下兵马元帅，打到第二年，因为房琯将肃宗仅有的几万人马打没了，李豫借了回纥兵马，与郭子仪、李光弼，在至德二年（757）闰八月，一举收复长安。

香积寺大战值得铭记。关于香积寺，王维有诗：

不知香积寺，数里入云峰。

古木无人径，深山何处钟。

■ 李豫像

泉声咽危石，日色冷青松。

薄暮空潭曲，安禅制毒龙。

香积寺在樊川塬，北高南低，东高西低，唐军疲惫而来，不是好攻的，从渭水北边的凤翔到这里估计大军走了最少一天，看地图从西边过来，走西渭桥（便桥）基本是和香积寺在一个纬度上的。好了，在沣水东岸的香积寺（位于今陕西长安南）边上，唐军与叛军 10 万人决战，可能是不占有利地形，死伤厉害，唐军眼看就快败了。

突然狂风大作，李豫命中军将领李嗣业带领"陌刀队"，就是大刀队（不是现代意义的大刀），近距离贴身作战，打打杀杀，太厉害了！唐军与叛军从中午一直打到晚上十点左右，血光冲天，杀敌六万余人，叛军溃逃，大刀队力挽狂澜，唐军终于取得了胜利。叛军退入长安后，连夜逃跑，唐军得到战报，李豫立即下令入城，长安收复。

不多时，洛阳也收复了，通过两京的收复，天下兵马元帅李豫的威望大大提高了。肃宗回到长安，第一个就封李豫为楚王，还是这个儿子顶用，乾元元年（758）三月，又改封成王。五月十九日，看看天下也没有谁可以和这个儿子争了，就立为皇太子。同年十月五日，举行了册礼，确立了李豫为合法的皇位继承人。

李豫是一个有能力的人，上元末年，由于连年的战争与操劳，爷爷（太上皇玄宗）爸爸（肃宗）均患病了，而且病得不轻，李豫往来两宫侍疾，亲尝药膳，衣不解带，垂范孝道。《礼记·王制》："天子七日而殡，七月而葬。"玄宗肃宗都是上年四月驾崩的，现在停灵都超过了时间，战乱是没办法的事。

宝应二年（763）闰三月先葬了玄宗，再葬肃宗。这两个人的陵墓，我都去过，一个在蒲城金粟山上，一个在礼泉武将山上，相去 300 里，

■ 蒲城金粟山（泰陵）

五龙山余脉，海拔716米，"有碎石若金粟状"。山从西南
向东北伸展，呈环拱势，若龙踞，泰陵依山为陵，建于此

并且工程浩大，都在深山里，如果是以前，估计从长安城走过去到金粟
山要三四天，到武将山也要好几天，尤其武将山路不好走，我不明白，
李豫却只用一个月就做完了，这要动用多少人！

　　继续说颜真卿。因为都统领、户部尚书李峘死了，就是当时准备谋
杀宋州刺史刘展的那个李峘，当时刘展反逆，李峘败了，贬为袁州司马，
现在挂了。前面颜真卿被提拔为户部侍郎，举荐他的刘晏当时也就被提
拔为了户部尚书了，接了李峘的班。宝应二年（763）三月，也就是葬玄宗、
肃宗之前，颜真卿随刘晏一起改吏部，刘为尚书，颜为吏部侍郎，吏部
是六部之首，侍郎是正四品。基本又回到了正轨上。

　　颜真卿在这时做了一件不错的事。尚书省开考了，颜真卿参与其中。

　　朝邑（今大荔）人李郱（píng）学问好，文章质朴，颜真卿看上了，
就试了他的才学，真不错，就授了同官正尉。这个人是谁？说了你就知

道，不说你就不知道。这个人就是后来韩愈的儿女亲家，他儿子娶了韩愈的女儿。

好事年年有，今年特别多，新皇帝忙得差不多了，才想起应该改年号了，要不然大家还以为他老爹没死呢！于是七月十一日改广德，改不是白改，百官都要普调职位工资的。颜真卿加金紫光禄大夫（散官正三品），前面他应该是银青紫光禄大夫（散官从三品）又授了几个官衔，却没去成。这时候颜真卿给皇上提出让舅家的孙子殷亮当个官，原来是校书郎，现在去做了寿安县尉，实职。殷亮其实就是颜真卿的超级粉丝，也是颜真卿的跟班，后世最著名的就是他给颜真卿写了一个小传《颜鲁公行状》。

殷亮还与戴叔伦关系好，戴叔伦有《赠殷亮》：

日日河边见水流，伤春未已复悲秋。

山中旧宅无人住，来往风尘共白头。

礼泉武将山（建陵）　这是某年某月的一天，武将山对面都是金色的

■ 戴叔伦像

■ 尚书吏部告身之印

"来往风尘共白头"，可见殷亮、戴叔伦关系之深。

戴叔伦、殷亮是刘晏、颜真卿的晚辈，至德元载（756）岁暮，为避永王李璘兵乱，年约25岁的戴叔伦随亲族搭商船逃难到江西鄱阳。很有意思，有人是得意时走仕途，有人是家计窘迫，开始探寻仕途，戴叔伦就是没办法了才出仕。乾元元年（758），颜真卿贬为饶州刺史，就是管理鄱阳一带，戴叔伦与颜真卿可能就有联系了，大历元年（766），戴叔伦在吏部尚书充诸道盐铁使刘晏幕下任职，这有可能是颜真卿的举荐。

吐蕃没事又打来了，号称12万人，长安再次失守，并且占领了奉天，颜真卿与代宗李豫一起搬到陕县。本来仆固怀恩出手这不是问题，可是在安史之乱中立过功的仆固怀恩不满朝廷的待遇，拥兵自重，拒不入朝，为了扭转局面，颜真卿说他去给仆固怀恩说和一下，代宗觉得没必要。十二月老将郭子仪又打回西京，颜真卿与代宗回到长安城。

颜真卿又出事了。人说不能在一块石头上碰两次，可是颜真卿却没事老碰。与代宗回朝后，颜真卿又提出了让那个代宗先拜五陵九庙，再回宫。

■ 唐前期十陵分布图

唐代前期十陵墓：永康陵（李虎）、兴宁陵（李昺）、献陵（李渊）、昭陵（李世民）、乾陵（李治武则天）、定陵（李显）、桥陵（李旦）、泰陵（李隆基）、建陵（李亨）、元陵（李豫）

　　宰相现在是元载，元载觉得这是什么事，就说："公所见不错，但也太不合时宜了。"

　　颜真卿脾气一下就上来了："用舍在相公耳，言者何罪？然朝廷之事，岂堪相公再破除邪！"

　　弄得代宗没办法，同肃宗一样，也按照颜真卿说的做了，那你想想后果是什么，肯定是有机会了，颜真卿就被贬了。

二二 鲁郡开国公¹

去了仲山，看了贞陵的卡通马；去了嵯峨山，看了五千年的绿水青山。

忠于家学的颜真卿，耿直如此，所以代宗也就不和他计较了，也没办法计较，人家操的是李唐的心，又不是人家自己的事，所以代宗还是先上香去，拜祖先去，代宗明白元载也不是什么脚踏实地的人，这时候的目的是排挤颜真卿，所以他也就不吭气了，因为那样就不好制衡了。当下，代宗皇帝又请校检刑部尚书颜真卿去说服仆固怀恩，已经没有什么时效性了，前面颜真卿要去说服，代宗不知为什么没有答应，现在又想让颜真卿去，颜真卿觉得现在这个样子自己没有什么把握，但是仆固怀恩是汾阳王郭子仪的旧部，并且郭子仪待人宽厚仁和，有权威，所以头一抬，手向代宗一恭，一句话就辞给了郭子仪。颜真卿说："怀恩是郭子仪的旧故，让郭老讲明利害关系，他就没问题。"代宗真的就听了，看来颜真卿也是官场的老手了。

这一年，广德二年（764），每年都有大事，三月是颜真卿的天大的事，他被封为鲁郡开国公，这是正二品的。现在看，这就是颜真卿的最高爵位了，当然无法和带兵打仗的郭子仪比了，自己都觉得不好比，郭子仪封王了，这也就是因为有安史之乱，要不然异姓咋能被封王呢。没想到高峰来得那么突然，史书记载颜真卿一大家子都有进封的，连伯父颜元孙都追赠秘书监了。颜真卿家族此刻无上荣耀，这应该是历史上颜氏家族最风光的时刻了。

福祸相依。七月初，临淮武穆王李光弼病故（这个一定是王，论打仗，只比郭子仪强，不比郭子仪差）。光弼治军严整，号令指挥，部将没有敢于违抗的。他足智多谋，谋定而后战，常常能以少胜多，在平定安史之乱过程中，屡屡建功，出镇徐州，由于和宦官程元振、鱼朝恩等人不和，几年来不敢入朝，朝廷征召也不去。广德二年（764）七月十四日，因为得疟疾，在徐州很快去世了，比颜真卿大一点，当时有五十七岁了。八月一日，王维的弟弟王缙代替李光弼镇守徐州，十一月将李光弼葬在了富平，应该是国葬了，代宗为其辍朝三日，遣使吊恤其母，追赠太保，谥号"武穆"。出葬之日，命百官送葬至延平门外。

伤心了，当时的人都伤心，可是我是现在人，我太伤心了！听到这个名字就想哭，无论他是什么族，埋了一千多年都没事，现在搞开发，做什么庄里开发区，结果李光弼的墓就特别碍事，现在连颜真卿写的墓碑都找不见了。

■ 仲山风景

伤心也罢，高兴也罢，还是要告诉大家一个情况，史料记载，天宝十三载（754），全国人口大约有5280多万，而经过安史之乱到广德二年（764），全国人口只有1690多万。可以沉思一下，

■ 李光弼墓地

李光弼墓，富平县觅子乡别家村。找见这个地方，多亏了当地李光弼的一个后人，不然谁也找不见

什么叫生灵涂炭！无论是自然减员，还是正常的什么因素都不可能断崖式下跌，这只有一个问题——安史之乱，但是这还不是最要命的，最要命的是此次从安禄山发动政变，到唐朝灭亡，这个王朝一直是动荡的，不是安史之乱结束了，动乱就结束了，而是动乱开始，对于老百姓确实是苦难的历程。

广德二年（764）十一月份，郭子仪、郭晞父子破了仆固怀恩的侵犯，踏着尘土从泾阳率大军回到长安。

这有什么问题，历史巧合，有时让你不知所措。今天又去泾阳了，或许就是郭子仪待过的地方，我还在仲山下眯了一会，又去了嵯峨山，就是日本嵯峨山的原型，泾阳的嵯峨山，真的漂亮，黄帝铸鼎的地方。

现在是有大麻烦了，迎接郭凯旋的大会上，满朝文武坐不到一起，次序不知咋弄。迎接英雄的地方在开远门，可能对应现在的就是玉祥门西边，这是长安城的西北门。当时，安排座次的郭英乂为了巴结鱼朝恩，将鱼朝恩的座次排在了前面，超出了他应该的座次。郭英乂是个什么样

的人，是比较忠义的一个人，只是很骄傲，也不坏，道碑上写得清楚："躬赴兵难，志清国灾。推毂陇西，士卒云屯。拥旄陕东，群寇雷奔。五开幕府，七凿凶门。以寡击众，以亡易存。"自己的位置是自己一点一点拿命换来的，是一个打仗的能手，封定襄郡王，这是不得了的事。

从安史之乱到唐朝灭亡，皇帝的判断力和用人的能力差，不知道信任谁不信任谁，这样大臣在很大程度上要自保，所以就有了巴结，就有了忘恩负义。郭英义其实为什么巴结鱼朝恩，太明显不过了，代宗信任鱼朝恩，这是关键，因为你郭英义能被封王就有可能造反，李光弼不敢回到京师，郭子仪住在长安如履薄冰，为什么？因为能带兵打仗，有实力，所以代宗就会时时起心，皇帝多疑这是没有办法的事。

郭英义为了巴结鱼朝恩，将鱼朝恩的座次排在了两省尚书的前面，超出了他应该的排位。其实我们现在也常常出现这样的问题，不过现在和以前不一样，那时非常讲究礼仪，所以就不能有这个错误，其他的朝廷官员因为鱼的权威又不敢说什么。我孤陋寡闻，没听说其他人当时有什么意见，颜真卿坐不住了，直接立起来叫板，回去后气还没消，写了传世有名的《争座位帖》，当时主要是写礼法，还没顾得上字写得好坏，鱼朝恩明显超过了六部尚书，这也太嚣张了。笔者多次研究这个帖，他说郭英义"率意而指麾，不顾班秩之

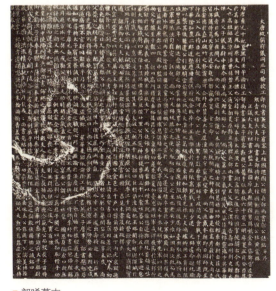

■ 郭晞墓志

郭晞为郭子仪第三子，墓志为黄裳撰，郑云逵楷书，39行，行42字

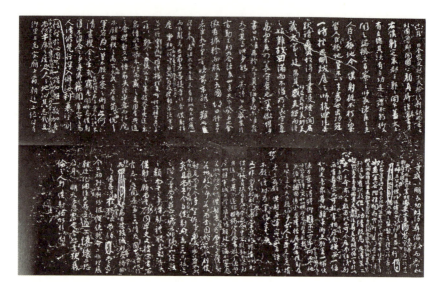

■ 争座位帖（局部）

又名《与郭仆射书》，刻帖藏西安碑林，有夹行小注和勾改痕迹，短行不计共六十八行，与《祭侄文稿》《祭伯父文稿》合称"平原三稿"，比《祭侄文稿》晚6年。米芾说："字字意相联属飞动，鬼形异状，得于意外，世之颜行第一书也。"

高下，不论文武之左右"，已经再明白不过，可是颜真卿为什么就没想想他为什么老得罪皇帝，为什么老也走不到核心层，这是他应该认真思考的吧。

现在，已经五十六岁的颜真卿，认为这不光是座位的问题，这是个大事，有人认为这个大事真不是事，相比郭英乂这个打了仗的郡王或许更了解朝廷的局势，只是颜真卿的《争座位帖》给我们留下了一个雄强的法书。

二三　与郭子仪

关于座位的问题，一直是一个难解的问题，因为关系到人，关系到的其实是每个人的利益问题，现在我们都不一定可以解决好，还说人家古人呢！只是颜真卿看到了问题的实质，那是朝纲不正的问题。

关于颜真卿和郭子仪的关系，应该给大家一个交待。

现在咱们说郭子仪。郭子仪生于万岁通天二年（697）比颜真卿大12岁，家在华县，离京城差不多200里地，算是京畿。现在的华县满城人都知道郭子仪，因为一个不大的城，立了几个门楼都与郭子仪有关，我曾经为了郭子仪和唐代的一位将军在华县街头游走。

郭子仪是年轻的时候以武举高中入仕。武举主要选拔将才，这在当时真不多见，因为一般都是通过文举得进士或明经入仕，武举早期的重要性不及文举，武举出身的地位也不及文举的进士，不过幸亏有这个武举，才给我们留下了郭子仪这样的大将。武举是武则天当皇帝时创制的，长安二年（702），由兵部主持武举考试，考试科目有马射、步射、平射、马枪、负重、摔跤等。对考生外相貌也有要求，要"躯干雄伟、可以为将帅者"。郭子仪参加了武举，以"异等"的成绩补任左卫长上（从九品下）这就出仕了（《郭家庙碑》碑阴有记载）。天宝年间当过振远军使、横塞军使等，我不知道这些军使的级别，想来应该也就是比前面的高一

恒阳嘉山

些，到天宝十三年（754）任天德军使兼任九原太守，这个应该是四品下的职位。天宝十四年（755）安史之乱开始，被任命为朔方节度使平叛，这个人和唐初的李靖一样牛，平息安史之乱，挽唐室之倾，确保唐王朝的统一，群众的安康，史书称他"再造王室，勋高一代"。郭子仪不但厥功至伟，而且忠厚，善于从政治角度观察、思考、处理问题，资兼文武，忠智俱备，故能在当时复杂的战场上立不世之功，在险恶的官场上得以全功保身。

郭子仪打仗是出了名的。在平息安史之乱中，先取得恒阳嘉山大捷，而后郭子仪指挥或参与指挥了攻克河北诸郡之战、收复两京之战、邺城之战等重大战役；安史之乱后，他用计退了吐蕃，又再次收复长安；收编仆固怀恩部，御吐蕃之侵说服回纥，再败吐蕃；威服叛将，平定河东，总之安史之乱中没有人可以和郭子仪比功劳。

郭子仪宽厚是出了名的。两个例子：郭子仪抵御吐蕃，宦官鱼朝恩派人挖掘其父坟，这也忒坏了，大臣都担心他举兵造反。郭子仪回来，

■ 颜真卿书《郭家庙碑》

李豫隶额，颜真卿撰并书，广德二年十一月立。碑 30 行，行 58 字。 此碑为郭子仪为父郭敬之所立，旧在西安府布政司署内，1950 年移入西安碑林。银钩铁画，龙跳虎卧，深得右军笔意

代宗将此事告诉他，他流泪道："我长期带兵，不能禁止士兵损坏百姓的坟墓，别人挖我父亲的坟墓，这是上天惩罚，不是有人和我过不去。"后来，鱼朝恩请郭子仪赴宴，宰相元载派人对他说鱼朝恩将对他不利，部下也要求跟随前往。郭子仪没有同意，只带十几个家僮前去。鱼朝恩问道："您的随从怎么这么少？"郭子仪把听到的话告诉了他。鱼朝恩感动得哭道："若非您是长者，能不起疑心吗？"其实鱼朝恩能有多大能耐，估计都是代宗的主意，都是试探郭子仪的。

能够善终是郭子仪伟大的地方，前期的封常清、哥舒翰等等打仗可以，和朝廷内的杨国忠等处不好关系不得善终。宋朝诗人徐钧写《郭子仪》：

身佩安危三十年，谏锋虽中节弥坚。

古今多少功名在，谁得如公五福全。

介绍了郭子仪，现在说他和颜真卿交往。

这一次广德二年（764）迎接郭子仪队伍里一定有颜真卿的，因为他都和别人"争座位"呢，这个时候，他是刑部尚书、鲁郡开国公，或许领导还让他陪着到下榻的安福寺去了（安福寺，没有查到确切地址，私下揣测应该离开远门不远）。

再说前面，至德二年（757）肃宗在凤翔任命郭子仪为兵部尚书主管军事，四月，颜真卿从武当来，已是宪部尚书，应该有见面之缘，因为郭子仪多数时间要去打仗，而不是守在凤翔，甚至他们就没见过。想想早期颜真卿的弟弟颜允臧，乾元元年还在郭子仪手下也干过，颜真卿

华县牌楼

应该去过郭子仪的大营，私下见过郭子仪。

再往前，天宝十五载（756）夏天，刚开始打仗时，由于郭子仪、李光弼部队在河北一带作战，士兵没有夏装，还穿着冬装作战，颜真卿那时候是户部侍郎、河北采访使，他弄了十五万布匹为三万士兵做夏衣，送到饶阳，却没弄成。

现在，应该是在这次迎接英雄的大会上，颜真卿平原旧部王延昌随郭子仪回来，介绍之，于是颜真卿和郭子仪谈得投机，郭子仪就提出来："清臣兄，我爸不在多年了，碑还没立呢，你写字好，现在真诚地请求你，给写一下。"颜真卿一口答应了："兄（不是仁兄），你就是我的偶像，我就是你的粉丝，你老爷子的事就是我老爷子的事，这是礼数，你放心，我回去就写。"所以不几日，就写好了《郭家庙碑》，立的地方不知道了，后来发现时，应该是陕西西安府布政司署内，现在的钟楼周围。

后来郭子仪去世，建中三年（782）礼仪使颜真卿向唐德宗建议，追封郭子仪等名将六十四人，并设庙享奠。

说了这些，其实就是说郭子仪是颜真卿的一个偶像，从儒家思想，从武功上，从打仗的能力上都是卓尔不群的。另外，安史之乱后，他们应该是经常见的，并且关系一直非常好。

二四　清贫的日子

秋天就是秋天，冬天就是冬天，一个季节一个变化，没有一个季节
是不变的。唐朝也一样，从鼎盛到苟延残喘，只用了一个冬天一个春天
的时间。

前面讲，颜真卿与郭子仪的关系是忠臣与英雄的关系。

永泰元年（765）韦陟去世了，就是安史之乱中，在凤翔曾经和张镐、
颜真卿一起审理左拾遗杜甫的那个韦陟。因为颜真卿对忠孝礼仪非常专
业，皇上让颜真卿审核一下韦陟的谥号，太常博士程皓定了一个"忠孝"，
较真的颜真卿觉得有些大了，说忠孝不两立"忠则以身许国，见危致命，
孝则晨昏色养，取乐庭闱，不合二行殊高，以成'忠孝'"。包括郭英
义在内的都不觉得有问题，最后就按程皓的定了，这个程还是岑参的好
朋友，而岑是颜真卿的朋友，这就更能证明颜真卿脊梁直、性格耿。

当了好长时间的官了，颜真卿的家庭却越来越清苦。

从宝应元年（762）回到京城，这几年的行政工作中，颜真卿确实
做出了不小的成绩，可是面对一大家子，就不同了。梅尧臣说："满径
蓬蒿老不华，举家食粥酒常赊。"描写的就是当下的颜真卿。

先是住的问题。

颜真卿比较清贫，买新宅子的可能性不大，要解决住的问题也不难，搬回祖宅，肯定是祖宅！可是祖宅在哪？前面第一章一开始就说了在长安城里，是曲江池东那个明清人认为的敦化坊吗？不知道，其实前面已经说得基本到位了，是朱雀大街西边朱雀门外

■ 都亭新驿朱记

第二坊！明清地图上朱雀门外第二坊名称空缺。为什么呢？前面已经说了颜真卿一直说自己是京兆长安人，这是其一；第二，宋敏求《长安志》各种明清刻本，自朱雀门东第五街升道坊以下，至朱雀门西第一街丰乐坊以上，包括敦化坊在内存在颠倒脱落现象。学者辛德勇指出《唐两京城坊考》"敦化坊"下内容为误植，本当列于"通化坊"条，即朱雀街西第二坊；第三，颜真卿的曾伯祖颜师古住朱雀门外通化坊，按理说一大家子应该在一起，颜真卿的舅舅家也在这里，好多江南入北的士族，比如殷开山、比如欧阳询、比如沈越宾等都在这一带居住，这里也被人叫"吴儿坊"，所以颜真卿家是住在通化坊的，就是朱雀门外的西边第二坊，不是曲江池东边的那个坊。终于不用再找颜真卿家的住址了，信好邮寄了，这里南来的北往的人多了，因为都亭驿就在他家隔壁。

杜甫有"安得广厦千万间，大庇天下寒士俱欢颜"，可以看见居然杜甫和颜真卿都要为住操心，这是战乱的结果吧。现在，在各大城市到底有多少人没有房，其实不是问题，安者有其居就行，不管是租还是买，只是唐代租房的情况好像没有记载，我不太了解不能随便说。

再说说吃的问题。

改革开放四十年，我们现在倒是不缺吃了。可是我记得小的时候，

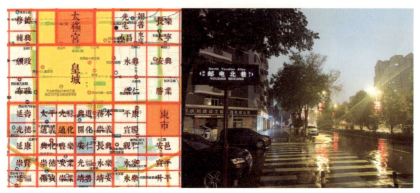

■ 通化坊　　　　　　　　　　■ 通化坊现在的大体路标

20世纪70年代，家里有吃不饱饿肚子的情况。唐长安城是一个盛产稻米的地方，我小时候就知道长安县盛产稻米。那时候一亩地稻米也打不多，估计也就三百斤左右，小麦也打三百斤左右，不像现在可以打到七八百斤。另外，蔬菜水果不可以想象，那时基本没有，历史也是一样的，要换思路！现在有好多人不知道节约粮食，像个土财东，这其实不知道财东家的情况，听长辈讲，原来的财东家那是非常节约的，不是暴发户，财东都是几代人努力的结果，现在媒体上宣传财东都不是好人，都不是艰苦奋斗的，可能教育偏差了。还是回到颜真卿家里。

一大家子，吃什么，这个不同以往，安史之乱才结束，现在百业待兴，战乱还没有停，大量田地荒芜，没有多少吃食，可怜，可怜一大家子常常喝粥！

喝粥！居然喝粥！

其实杜甫常常饿肚子的，所以比一比颜真卿还是不错的。

由于生计问题，颜真卿有借钱，并且不是一次了，常常借钱！

这个和鱼朝恩、元载真的没办法比，你看元载府邸恢宏奴仆百人，吃的是什么，抄元载家的时候居然抄八百石的胡椒，那可是唐朝上好的调味品，来自西域，一般人家不可能有这个，元载居然有八百石！

颜真卿这里举家食粥，还要向李光弼的弟弟李光进借米了，看看他写的欠条："拙于生事，举家食粥，来已数月，今又罄竭，只益忧煎，辄恃深情，故令投告，惠及少米，实济艰勤，仍恕干烦也。"

作为一个清高的男人，走到这一步，确实有些无地自容了，几个月食粥，现在连粥都吃不上了，内心肯定是非常痛苦的，他真的不知还能向谁去借了，鉴于家庭条件相对好的朋友，鉴于与李家的关系，只好向他开口了，这也蕴含着太多的心酸和无奈了。

还有更难做的呢！夫人病了，可怜了颜家的女人了，就是原来说的韦迪的女儿，颜真卿二十六岁娶的，大夫开了药方，有一味药"鹿脯"，这个可是名贵的药，咋办？用鹿脯，想来应该是治疗虚症的，没什么吃，肯定虚。

"都揭不开锅了，哪还有钱买这个，算了，还是李光进吧，毕竟都向他开口了，就不差这个。"颜真卿于是写道："要少鹿肉干脯，有新好者，望惠少许，幸甚幸甚。"

我怀疑颜真卿是不是早就知道李府新宰了鹿。不过确实有些让人心痛，堂堂一个台省大员，居然向人借钱过日子，你能想象现在一个正部级领导养活一大家子没钱的情况吗？我看过电影《焦裕禄》，好干部千古一样。看颜真卿写条子，口气却也还是坦坦荡荡，觉得好像这不是个什么事，只是轻轻一带，说我"拙于生事"，我就是管不好家，按道理，再没钱，三品大员也应该可以过好日子，估计按照他的性格，把钱都不知道散给哪个更需要的人了，其实相同的事，颜真卿做的不是第一次第二次，同样也不是最后一次。

前面说，这是个儒生，关于"忠"，还表现在做学生上。永泰元年（765）八月，师座孙逖去世四年了，也就是提携过他，还给他说过媒的那个孙逖，他弟弟要给他出文集，请颜真卿写个序，这个责无旁贷就做了。认

■ 李光进宅院图

真想一想，按照这几年别人求他写字，写文章，如果收点润笔费，估计他也不至于成这样，那可是超越王羲之的名笔。

清贫其实是正直的另一种说明，是忠贞的另一种解释。

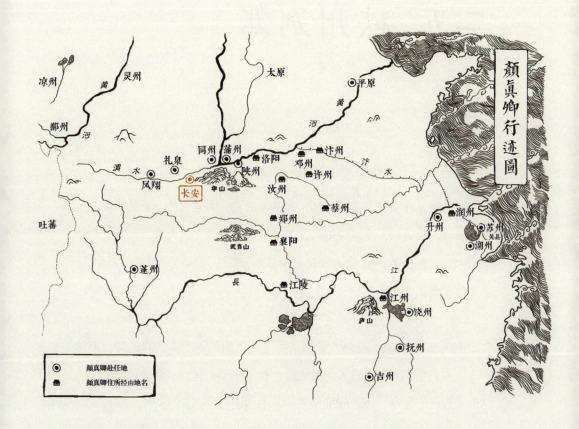

凉州　黄　灵州

鄜州　河

太原

平原

黄　河

同州　蒲州

礼泉

渭　水

凤翔

长安

华山

陕州

洛阳

邓州

汴州

汴　水

许州

汝州

蔡州

郑州

襄阳

武当山

长

江陵

江

江州

庐山

饶州

抚州

吉州

润州

苏州
吴县

湖州

升州

吐蕃

蓬州

颜真卿行迹图

◉　颜真卿赴任地

颜真卿住所经由地名

长安 ——— 吴县 ——— 长安 ——— 平原郡 ——— 平原郡 广陵 ——— 襄阳 武当 凤翔 ———

长安 同州 蒲州 ——— 饶州 ——— 升州 ——— 长安 蓬州 ——— 长安 陕州 ———

长安（蓝田）
宝应二年（763）

二五 硖州别驾

颜真卿身在京城，贵为三品，却举家食粥；书名在外，应接不暇，却不收钱。最近的，字写得好的，不卖钱的，穿补丁的大员，就是于胡子于右任老先生了。哦，两人横跨一千多年，思想、行动、地位确实很像，甚至籍贯都在长安京畿。

宝应二年（763）正月，史朝义手下的将领们跑的跑，降的降；有史书上说，史朝义孤家寡人走投无路，找了一个树林，"自挂东南枝"结束了自己的生命，东边战乱结束了，西边还有危机，这一年上半年，吐蕃看到关内空虚，迅速攻陷河（治今甘肃临夏东北）、兰、岷（治今岷县）、廓（治今青海化隆西）。十月，吐蕃一度占领长安，好不容易，代宗在鱼朝恩、郭英乂的保护下逃往陕州。

代宗这个时候想起了背弃的郭子仪。

郭子仪虽屡立战功，混乱的时期，代宗老疑心怕他造反，宦官再诬陷一下，邺城之战后就被解职，闲居在家，光杆一人。临时接到皇帝诏令，郭子仪在城内才找了 20 个人，到蓝田，遇元帅都虞侯臧希让得兵近千人，到商州（今陕西商县），一路收兵，共得四千人，用奇计，连骗带吓一口气打败吐蕃，收复长安。

十一月，郭子仪入城。

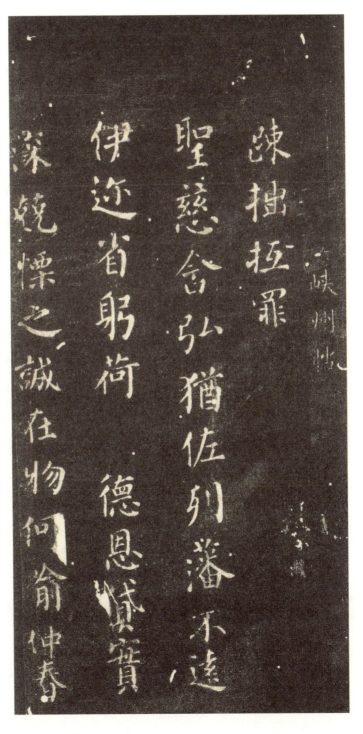

颜真卿书《硤州贴》

《硤州帖》又名《疏拙帖》，书于永泰二年，行书。12行，118字，米芾《宝章待访录》首次著录

十二月，代宗回到长安，百废待兴。

陪着代宗回来的颜真卿又止不住自己的想法了，没办法，谁叫颜真卿是个儒教徒，道教徒呢？颜真卿建议要先谒陵庙。元载骂骂咧咧的，颜真卿指出你那是破坏朝廷纲纪，不过代宗听颜真卿的了，先谒陵庙。

元载上位挺快的，上元二年（761）还是户部侍郎，当时与李辅国走得挺近，没多久就是中书令（宰相）、同平章事。宝应元年（762）先是让刘晏接了自己的度支转运使，十月在代宗的暗示下，元载参与了杀死李辅国，刘晏又升，十二月颜真卿接刘晏的户部侍郎，大家都能明白刘晏与元载的关系，应该比较好的。

唐朝当宰相的一般都不善终，元载可能处于独断专行的目的，怕朝臣论奏他的问题，于是就制定了一个政策，制止发生什么不利于他的事。这个政策就是：谁有什么事，先告诉自己的上级，再由上级告诉宰相元载，元载觉得可以了，再奏。这样做就没人敢直接参元载的本了，因为不利于元载奏本一定是元载先看到，想想那个结果。

其实，代宗也看不下去。颜真卿凛然，针对这个事，直接就写奏章《论百官论事疏》给代宗，听说皇帝您原来在陕州时，奏事者不限贵贱，做得像尧舜一样。"今陛下欲自屏耳目，使不聪明，则天下何述焉"：

"天下之士，方钳口结舌，陛下后见无人奏事，必谓朝廷无事可论，岂知惧不敢进耳，此即林甫、国忠复起矣。凡百臣庶以为危殆之期，又翘足而至也，如今日之事旷古未有，虽李林甫、杨国忠尚犹不敢公然如此。今陛下不早觉悟，渐成孤立，后纵悔之无及矣，……从此人人不敢奏事，则陛下闻见只在三数人耳。"

现在陛下不早觉悟，渐成孤立，后悔也不及于是！这个折子传出来后朝廷内外影响很大。可是这个东西到不了代宗那里的，因为看折子的是元载，所以想一想就明白了，下来颜真卿咋办。不过颜真卿也太不得法了吧，人家元载已经是这样的了，你就应该想点办法动点脑子，绕过元载才能将折子递到代宗手上，达到你上谏的目的，这样白白和元载闹翻，不会有什么好果子的，这样只能证明颜真卿确实刚正。

元载心想你居然和我作对，不想想你咋上来的，我和刘晏关系好，刘晏推荐了你，你居然不向着我，在这里捣乱。永泰二年（765）二月，颜真卿以刑部尚书的身份代替太常寺卿主持祭祀，祭器有坏的，不曾整治，摆放得也不合规矩，就奏给朝廷了。我想颜真卿之所以被皇帝要求去做主持祭祀的事情，是大家都知道颜真卿曾经三番五次劝说皇帝守礼守法，皇帝觉得他比较懂礼法。现在颜真卿说"祭器不曾整治，摆放得也不合规矩"，扣个帽子这是诽谤天子、诽谤时政，元载抓住时机说："颜真卿竟敢胡说，诽谤时政。"这时代宗还没想收拾元载，前面又由于祭祀的问题，代宗一直记在心上，于是就按照元载的意思贬了颜真卿，"贬刑部尚书颜真卿为硖州员外别驾，以不附元载，栽陷之于罪也。"先是贬为硖州别驾，还没走又改为吉州别驾。代宗可能觉得有些过了，从朝廷里的一个刑部尚书，正三品大员，直接贬到偏远地方的不入流的官，这也太狠了！"贬硖州别驾，代宗为罚过其罪，寻换吉州别驾"，硖州别驾和吉州别驾有什么不一样，一个在湖北宜昌，一个在江西吉安，先是近处，再是远处，不过不一样的。这个代宗明白，元载当时肯定在气头上，所以先答应了元载，硖州，这是下州，过了两天，改为吉州，这是上州，不一样的，硖州别驾从五品上，吉州别驾从四品下。

即使这样，这也是颜真卿有史以来最苦楚的一次，没咋说什么就被弄成这样了，还有公理吗！元载真的比杨国忠、李辅国哈（坏）多了。不过颜真卿明白这次被贬是迟早的事，他在《守政帖》中写道："政可守，不可不守。吾去岁中言事得罪，又不能逆道苟时，为千古罪人也。虽贬

■ 清代蓝关古道上的清代题词

蓝关古道北起咸阳，南极荆楚，过灞桥，经蓝田城南火烧寨村上岣山、登七盘，经乱石岔、蟒蛇湾、鸡头关、风门子、六郎关、下十二筝坡到古蓝桥，再由蓝桥经新店子、牧护关入商洛、出武关到达秦岭东南各地。历史上既是防卫来自东南威胁的最后一道关隘。

居远方，终身不齿。绪汝等当须谓吾之存心，不可不守也。"这一年颜真卿五十八岁了，应该是第三次贬黜京城了。

第一次，肃宗至德二载（757）四十九岁十一月为宰相崔圆所忌，贬为冯翊太守；

第二次，乾元三年（760）五十二岁任刑部侍郎，八月，因率群臣上表问候太上皇李隆基，被李辅国诬，出贬蓬州长史；

第三次就是现在，永泰二年（765）五十八岁，摄祭太庙，以祭器不修言之于朝，元载以诽谤时政罪，贬真卿为硖州别驾。

看看蓝田的灞水，这就是后来韩愈说的"雪拥蓝关"的那个路。这次一出来就是好多年，肯定是惹恼了代宗皇帝，要不，元载其实也没办法的。

二六 悼祭左伯桃'

　　吉州，其实就是大家熟悉的庐陵郡，现在的江西吉安，嗣圣元年（684）
2月，继位两个月的中宗李显被武则天废为庐陵王，应的就是这里的名，
这个地方还不错，所以还是应该感谢代宗的。

　　因果轮回。

　　在他被贬的同时，永泰二年（765）二月，颜真卿给康没野波做了
一件事。他给康的父亲阿义屈达干写了神道碑，这个康没野波就是他在
平原做太守弃城而逃时，放
他一马，没有追赶他的那个
将军，当时康没野波在史思
明的手下，是一个得力干将，
是史思明的先锋，颜真卿明
白这是一个非常之人，对自
己有非常之恩。其实我想如
果有正义和非正义，那么唐
军就是正义的。

　　这让我想起汉朝的一个
案子，汉武帝时的巫蛊之祸。

■ 庐陵郡

武帝征和二年（前91）丞相公孙贺父子被人告发用巫术蛊咒武帝，宠臣江充陷害太子刘据参与，刘据自杀，刘据的妻妾和三子一女都被处死，小孙子刘病已出生数月，襁褓中，太小，逃过一劫，却也被收在监狱。

巫蛊之祸后，京城廷尉监邴吉负责处理刘据案子，邴吉心知肚明，这是冤案，太子是被诬陷的，就找了忠厚的女囚胡组、郭征卿喂哺曾皇孙，照顾可怜的刘病已。

多灾多难。后元二年（前87），武帝病重，有看天象望气的，说长安监狱里有天子气，武帝大怒，立即派人要将监狱中的人全部处死。使者夜晚到来，邴吉冒死关起大门，说："普通人都不能无辜被杀，何况皇上的亲曾孙在这里！"大义凛然，拒不执行皇帝的旨意。到了天亮，使者无奈回去回复，武帝此时清醒了，说："天使之也。"于是大赦天下，曾皇孙刘病已得救了，邴吉赶紧将刘病已送到祖母史良娣那里。多年以后，刘病已（刘询）称帝，是为汉宣帝。

■ 汉长安城遗址
多年来这里没有人烟

自古忠义是一样的，邴吉与康没野波是一样的，这就是儒家精神的体现。

后来，康没野波还是弃暗投明，至德二载（757）随父亲阿义屈达干投靠唐，估计康放颜真卿也和父亲的教导有关，所以，这就是因果的关系。

永泰二年（766）二月，离开京城时，颜真卿还给爷爷（颜显甫）写了碑，这年羡门子已经五十八了，比较悲观，觉得可能回不来了，就赶紧做了这个事，碑应该就立在了今三兆村一带了，为什么是那里？不多说，我只说事实，颜真卿家族的墓地就在那里，包括颜真卿的，这个不需要论证，你问那里的村民就知道了。

颜真卿从蓝田一路向东南，六月路过左伯桃墓，这个墓是哪个左伯桃墓不知道，全中国版图里到底有多少左伯桃墓不知道，因为有多少左伯桃粉丝，就有可能有多少左伯桃墓。《元丰九域志》记载有三个左伯桃墓，朱关田先生认为是江陵的左伯桃墓，溧水左伯桃墓。我私下以为应该是任何一个村子里的左伯桃墓，因为按照风俗有可能是哪个村庙也不一定。好吧，就是江陵的左伯桃墓，就是荆州的左伯桃墓。可是左伯桃是个干什么的呢？为什么让颜真卿，一个近六十岁的人，这样感触。

小时候看过明朝冯梦龙的小说集《喻世明言》，第七卷有《羊角哀舍命全交》，只是当时看的角度不一样，现在看却也有另外的思考。

春秋时期，西羌积石山（我国西部当时羌族居住区，积石山在甘肃、青海交界处，女娲补天剩下的石头堆积起的山，后人把它叫"积石山"），有一个叫左伯桃的，父母早亡，能耐比较大，有济世之才，快五十岁了，

■ 积石山

不得志，听说楚元王求贤若渴，于是告别乡邻，到楚国去，时值严冬，左伯桃走了一天，饥寒交迫，看见有茅屋就前去求宿，里面一个书生，四十多岁，知道了来意，便欢迎他进去。屋里床上地下堆满了书，书生就是羊角（念"jue"）哀，也是自小死了父母，好读书，二人相见恨晚，结拜为兄弟，一起去楚国，晓行夜宿，干粮快吃完了，又下大雪，离楚国还远，干粮不能满足两人需要，于是左伯桃牺牲自己，成全羊角哀。他脱了衣服，叫羊把自己的衣服穿上，"相公，你来把这干粮带上，赶紧去找楚元王，天下之大，总有你我兄弟的安身之所，总有可以吃饱肚子的地方，总有可以实现报复的朝堂，快去求取功名。"羊角哀把干粮带走，然后左伯桃就死了。羊角哀到了楚国，能够发挥才能，得到了楚元王的赏识，楚元王得知羊角哀之所以能够来到楚国只因为左伯桃，所以，按照上卿的礼节安葬了左伯桃。左伯桃却托梦给羊角哀说："谢谢老兄的恩德，我得以厚葬。我的坟靠近荆轲的坟，那个无事生非的鬼，老来打架。我们约好了当月十五日决战，你不来我可能就胜不了。"到了那天，羊角哀带兵马来到左伯桃墓前，并制作了三个桐木偶，然后自杀，舍命去帮助左伯桃，杀了荆轲的魂魄。

故事讲完了，你有什么想法？不知这时的颜真卿感慨什么，是感慨康没野波对自己好呢，还是其他。其实颜真卿不是第一次悼念左伯桃了，至德二载（757），就到过同州的左伯桃墓，所以前面说有多少左伯桃粉丝就有多少左伯桃墓，这在当时就是结拜兄弟的图腾，颜真卿应该也是有结拜兄弟的，所以他非常重视左伯桃，史书记载他曾经给左伯桃墓写过诗，如果留下来，那一定比《裴将军》诗更好，因为这个是哀情，

■ 左伯桃、羊角哀墓

背手为云覆手雨，纷纷轻薄何须数？君看管鲍贫时交，此道今人弃如土。

可惜没留下来。

周邦彦有句：

> 古交久沦丧，末世尤反覆。
>
> 谷风歌焚轮，黄鸟譬伐木。
>
> 永怀羊与左，重义逾血属。

《颜氏家训·兄弟篇》

夫有人民而后有夫妇，有夫妇而后有父子，有父子而后有兄弟，一家之亲，此三而已矣。自兹以往，至于九族，皆本于三亲焉，故于人伦为重者也，不可不笃。

兄弟者，分形连气之人也。方其幼也，父母左提右挈，前襟后裾，食则同案，衣则传服，学则连业，游则共方，虽有悖乱之人，不能不相爱也。及其壮也，各妻其妻，各子其子，虽有笃厚之人，不能不少衰也。娣姒之比兄弟，则疏薄矣。今使疏薄之人，而节量亲厚之恩，犹方底而圆盖，必不合矣。惟友悌深至，不为旁人之所移者免夫！

《颜氏家训·涉务篇》

士君子之处世，贵能有益于物耳，不徒高谈虚论，左琴右书，以费人君禄位也！国之用材，大较不过六事：一则朝廷之臣，取其鉴达治体，经纶博雅；二则文史之臣，取其著述宪章，不忘前古；三则军旅之臣，取其断决有谋，强干习事；四则藩屏之臣，取其明练风俗，清白爱民；五则使命之臣，取其识变从宜，不辱君命；六则兴造之臣，取其程功节费，开略有术：此则皆勤学守行者所能办也。人性有长短，岂责具美于六涂哉？但当皆晓指趣，能守一职，便无愧耳。

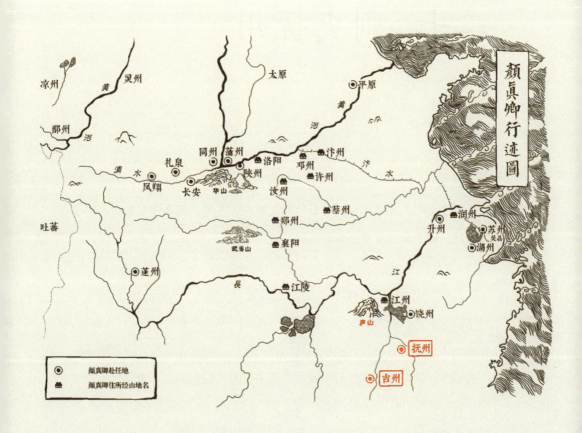

长安───── 吴县───── 长安───── 平原郡─── 平原郡 广陵──── 襄阳 武当 凤翔─────

长安 同州 蒲州───── 饶州──── 升州──── 长安 蓬州──── 长安 陕州──── 长安 蓝田─────

（庐山）**吉州 抚州**

永泰二年[大历元年]（766）

二七 刺史抚州

　　到了吉州，地名吉祥，可以颐养天年。几年里，颜真卿常常出入佛道寺院，对于仕途有了全新的认识，怡然自乐。

　　人有时候对自己要有认识，因为你改变不了别人。从安史之乱以来，皇帝惊魂未定，诚惶诚恐，国家乱得和马蜂窝一样，从玄宗、肃宗到代宗，你能出生入死带兵打仗，但皇帝就怕你不听话，就怕你造反，昏庸到杀了高仙芝，逼死封常清；没事就收了郭子仪的兵权；就有了李光弼不敢回长安；就有了仆固怀恩一家打仗死了几十口人，朝廷还是不信任人家。朝廷从玄宗皇帝开始只信宦官，因为宦官没有后代没有家室，以效忠皇帝为荣，可是宦官弄权，从高力士、鱼朝恩到耽误军情、导致长安第二次失陷的元凶程元振，宦官在这个过程中真的作用不好。

　　"长安乱象次第开，一节更比一节高"，既然这样，就只能改变自己。

　　自己可以改变认识，从而影响思考和行动。一切都是否极泰来，颜真卿也是近六十岁了，写写字，找找原来自己写的文章，原来考上进士也是靠的诗文，雁塔上也是留过名字的人。再学学李白，就是成不了李白，也向陶渊明的心靠拢一下。

　　从荆州左伯桃墓往江州，已经是七月了，颜真卿带着殷亮、韦桓尼、贾镒等一起到庐山的东林寺、西林寺转转。

■ 张少悌书《高力士墓志》

墓志为青石质，长 113 厘米、宽 79 厘米，45 行，行 34 字左右，行书。潘炎撰，张少悌书

　　说说西林寺、东林寺。这两个寺在佛教的地位还是很高的，它们在一起，位于江西省庐山西麓，北距九江市 16 公里。东晋太和元年（366），光禄卿浔阳陶先给慧永法师修建了西林寺，就是后来让苏轼给墙上写了首诗的西林寺，《题西林壁》的那个西林寺。太元八年（383），慧远大师不远万里来庐山与慧永法师潜修。"咦，这地方不错，清静。不胡跑了，就住这了"，慧远就移居西林。太

■ 慧远法师

元九年（384），桓伊任江州刺史，慧永大师拉了个托，提议为慧远建东林寺，桓伊就办了，太元十一年（386），东林寺建成。慧远从此居东林寺，主持东林寺 30 余年，集聚沙门上千人，中外学僧 123 人又是结白莲社，又是翻译佛经、同修净土大业，成为净土宗创始人。

我们可以想象颜真卿带着学生和晚辈来到东林寺、西林寺，看着这个有近四百年历史的寺院，看着"聪明泉"是不是有新的认识，或许因为被贬心情不好，或许心如止水。颜真卿在这里心思多是在佛教上面的，与同愔法师、熙怡法师研讨得深入。《庐山东林寺律德熙怡大师碑铭》记载："常与故太师鲁国公颜真卿……为参禅之侣，幽键洞发，宏言两得。"其实颜真卿还是没有走出被贬的

■ 慧永法师典故

阴影，他在《东林寺题名》的石头上写着："唐永泰丙午岁，真卿以罪佐吉州。夏六月壬戌，与殷亮、韦桓尼、贾镒同次于东林寺，时，同愔，熙怡二公，惠秀正义二律师暨杨鹈在焉。"

要不咱也站到那里，看看瀑布吧，李白不是都来过，写了首诗：

日照香炉生紫烟，遥看瀑布挂前川。

飞流直下三千尺，疑是银河落九天。

不过当时颜真卿的心情可能和二百年后苏东坡的心情一样：

庐山烟雨浙江潮，未到千般恨不消。

到得还来别无事，庐山烟雨浙江潮。

西林寺

■ 东林寺

到了吉州，见御史韩涉、刺史梁乘这两个也都是好人，都是朋友的朋友，所以好相处，本来一起游靖居寺，结果就自己游了，不过挺好。从礼泉县当县尉开始，几十年就没有过这么自在的，现在终于不用忙了，这是因祸得福。写写字，还有求字的，大历二年写了《唐京兆鲜于仲通碑》。

说着说着到了大历三年（768），五月，皇上可能觉得应该再用用颜真卿，要不有点浪费人才，颜真卿居然被任命到抚州做刺史。这是中州，正四品上。人生观变了，就不好激励了，到了抚州喜欢修道，喜欢云游，喜欢到处题字，先是在崇仁县发现了华盖山王郭二真君坛，这里的"王"是王方平的侄子，王方平就是麻姑仙坛记里的，郭是"王之族"，都是神仙，不知道咋论的，总之考证了，这个是正月十五的事。三月又到晋代女道士魏华存之仙观，并且到华姑仙坛，而且跪下磕头看见了太漂亮的仙子。

这个还不算完，原来吉州的大和尚靖居寺智清现在主持谢灵运翻经台，靖居寺不是颜真卿去过几次吗，这里翻经台建筑有问题，所以，颜真卿就一起帮助修理殿宇，到四月初八完工，颜真卿还写了《谢康乐翻经台记》。前前后后几年，人变了，心态也变了，这一时期应该是我们的颜真卿起伏最小的时候，所做的一切能感觉到这个善良的心，作为政治家也有可能变成杨国忠等人的样子，可是没有，只是变得更平和了。

多说一句，当时做这些工作，包括放生、包括给寺庙写字，也是地方工作的内容，是安抚群众的一个好办法。

这几年，人生同路，陪伴得越来越少，日见亲人离去，日见老友离去，先是弟弟，也就一个弟弟，其他都比颜真卿大，弟弟颜允臧也去世了，好友岑参也去世了，岑参比弟弟还小，才五十五就不在了。

这几年，颜真卿估计没事就不出去，因为这几年写了好多东西，这是要时间的。给兄弟写了允南碑、允臧碑、乔卿碑、幼舆碑；给舅舅殷践猷也写了碑；还写了魏夫人仙坛记，华夫人仙坛记；另外，还写了马伏波语碑、臧怀恪碑、宋璟碑（这个碑大）等等大大小小三十个多个碑或墓志或记述等作品。

■ 抚州地图

■ 颜真卿书《鲜于氏离堆记》残石拓片

762年5月，鲜于家族将颜书刻于离堆山摩崖上。字大三寸，正书，44行，行18字

又一个意想不到出现了，是什么，夹个馍吃一口，再给大家讲。

二八　与王维交'

　　人生有时是多彩的，也有可能是黑白的，比如王维的后半生。昨天说了要夹个馍，就是夹王维，说佛道，说到唐朝的佛道，王维是躲不开的，王维和颜真卿是同时代人，连上进青年颜真卿都向往佛道了。

　　先说说王维。

　　王维，字摩诘，号摩诘居士。这个字和号有说法，摩诘是维摩诘，梵语 vimalakīrti 的省称，意思是"净名"或"无垢尘"。《维摩经》中说维摩诘是毗耶离城中的大乘居士，和释迦牟尼一个时期的，善于应机化导。曾经向释迦佛派来问讯的舍利弗、文殊师利等宣扬大乘教义，为佛典中现身说法，所以你自己可以想想，这个王维自视之高，或自己向往之高。

　　王维生于武则天长安元年（701），和李白一样大，是不是惊奇，大文人都跑到一个时间段了。王姓生在山西，这就没问题，就如同韦姓生于长安，杨姓产于华阴，李姓都在陇西一样，王维出生在蒲州（今山西省永济市），安史之乱后，颜真卿在那里做过刺史。这个人小时候就聪明，十五岁时去京城应试，由于他能写一手好诗，工于书画，有音乐天赋，所以少年王维一至京城便受到王公贵族的宠爱，当时的文艺领袖岐王李范那里常常可以看见王维，"岐王宅里寻常见"。这个时候，和

■ 王维像

（701—761）河东蒲州（今山西运城）人，字摩诘，号摩诘居士。参禅悟理，学庄信道，精通诗书画音乐，有"诗佛"之称。苏轼：诗中有画，画中有诗。作者崇拜的人

■ 王维诗书影

颜真卿有可能认识，也有可能不认识，颜真卿太小了。

长安城发生了一件事，有人弄到一幅奏乐图，但不知为何题名。王维见后说："这是《霓裳羽衣曲》的第三叠第一拍。"请来乐师演奏，果然分毫不差，这个故事在长安传开，影响很大，估计颜真卿一定知道，玉真公主也知道。

好了，王维在长安城中要取得进士需要三步走。

第一就是冒籍。所谓冒籍就是冒充户口所在。王维原籍在山西，现在要在长安参加考试。唐朝制度，明经进士考生必须在原籍初试，拿到资格证，就是解文、乡贡进士才可以到京参加尚书省考试，由于各州县标准不一、差异大，冒籍就成为作弊手段，这个和现在高考移民一样。王维通过一定的关系参加了长安的初试并中了第一名，就和现在河南考生跑到北京参加高考是一样的。

来看看王维这首当时在京兆府得第一的排律，《赋得清如玉壶冰》：

玉壶何用好，偏许素冰居。未共销丹日，还同照绮疏。

抱明中不隐，含净外疑虚。气似庭霜积，光言砌月馀。

晓凌飞鹊镜，宵映聚萤书。若向夫君比，清心尚不如。

京兆府试题出自鲍照《代白头吟》："直如青丝绳，清如玉壶冰。"

少年得志！这一年王维十九岁，你十九在干什么？作者十九还在上高中，汗流下来了。

第二就是行卷。行卷就是把自己平时写的文章诗词整理好，通过一定的途径让主考大人先看看，因为主考大人除了阅卷外，有权参考举子平日的作品和才誉决定取舍。行卷主要是进士科，明经等科则不须行卷。这是因为安史之乱前，进士科录取人数太少，登第太难，准备独特的题材从事行卷，是应举者的重要活动。行卷的内容，贵精而不贵多，少者一卷，诗数首，赋几篇，解文不可直接向主试官行卷，而须经显达者之推荐，向谁行卷，也是学问，要考虑对方的身份、地位、政治面貌。行卷的内容一般多者连篇累牍，如杜牧行诗一卷，一百五十篇；皮日休以《皮子文薮》十卷二百篇作为行卷；王维却是"下势"（关中方言，下功夫），经过岐王的策划，王维跑到玉真公主家去，白衣飘飘惊艳了一曲《郁轮袍》，玉真公主那是一个爱，直接就把王维纳了！后面的事就没有意外了。玉真公主是唐玄宗、金仙公主同母妹，那是才女，与岐王一样是当时大唐文艺界的领袖。

第三就是参加考试了。经过两试，今天的王维考得了进士的第一名。

头名！也只能是他了，人长得帅，文章又特别好，上天的宠爱，这就是状元，开元九年（721），王维状元及第。这个时候颜真卿百分之百知道王维了，因为他还在长安城，还小。如果哥哥带着他去会会王维

是有可能的。前面讲这年，颜真卿离开了长安城，爸爸去世后，妈妈带着一大家子住在朱雀门西通化坊舅舅殷践猷家，这一年舅舅也不在了，颜妈妈又带着一大家子跑到吴县去了。

因为众所周知的原因，刚中状元，破天荒就有了官职，太乐丞！大唐音乐家协会主席！不过新官王维，音乐、舞蹈没教几天，因属下伶人舞黄狮子而被贬为济州司仓参军。黄狮子舞是专供皇帝享用的，伶人私自舞弄那可是大不敬，王维被贬官。

开元二十二年（734）正月，颜真卿参加进士科的考试。开元二十三年（735），王维回到京城当右拾遗，这是个八品的谏官，这个时候颜真卿与状元贾至等才登第，玩得正嗨，颜真卿开元二十四年（736）被授予朝散郎，这时作为朝臣应该可以天天见面的，见过是一定的。

安史之乱爆发前，王维大部分时间都在京城，官至给事中，颜真卿是天宝十二载（753）才出的长安，又是同僚，所以和颜真卿坐下来吃个饭正常，比如他俩都和高适关系好，都和徐峤关系好（流传下来的有徐峤写的墓志文，他俩分别写的字），但关系应该一般，因为性格不一样。

■《五王醉归图》岐王李范、薛王李业出游饮酒

　　天宝十四年（755）爆发了安史之乱。在战乱中王维被叛军捕获，被迫当了伪官。而这在战乱平息后却成了严重的政治问题，他被交付有司审讯。按理投效叛军当斩，幸其在乱中曾写过思慕天子的诗，加上当时任刑部（宪部）侍郎的弟弟王缙（曾跟随皇帝出逃）的求情，恳请将其官职等换其兄性命，王维才得免于难，仅受贬官处分。这一时间段，应该与颜同朝为官天天见面。至于后来颜真卿不停地受元载等打击改信佛道，这只是求得内心的平静，和王维、王缙一样了。吟首诗吧：

　　　　独坐幽篁里，弹琴复长啸。

　　　　深林人不知，明月来相照。

　　另外，关于王缙与颜真卿。安史之乱时，王缙任太原少尹，协助李光弼守太原，颇有功绩和谋略，被舆论所推重，升任宪（刑）部侍郎，这个时候颜真卿应该是另眼看王缙的，因为他在平原做得一般，自己都感到不好。王缙晚年，权臣元载专权骄横，他身为宰相，不但不敢与之进行斗争，反而事事附和，起了很坏的作用，虽与颜真卿有同殿为臣经历，

■ 徐峤撰颜真卿书《王琳墓志》

徐峤是王琳的丈夫，开元廿九年王琳卒于润州，徐峤悲
痛欲绝，亲志其铭。此时徐峤五十多岁，颜三十余岁

估计颜真卿也不和他有太多往来。大历十二年（777），代宗终于下决心让吴凑逮捕元载和王缙，元载被诛，念王缙年事已高，免他一死，贬到栝州（今浙江丽水），后来被召归，为太子宾客，直到去世，年82岁。

大历六年（771）元结写了个东西，让颜真卿抄写，颜真卿抄了。

二九　麻姑山与中兴颂

唐朝人喜欢胖，出土的唐俑都是胖子，有朋友做唐三彩，其中卖得好的就有胖胖笨笨的唐仕女，有亲和力。当然有亲和力是好事，比如颜真卿有亲和力，元结就找上门了。

前面讲，元结请颜真卿，颜刺史书写个东西，这就是颜真卿后来写得最大尺幅的作品《大唐中兴颂》。

元结厉害，是唐代的道家学者、文学家，比颜真卿小 10 岁。前面讲过一个元结幽默的段子，当时让颜真卿骂了一顿。元结其实是北魏拓跋氏后人，受传统儒家思想影响少，邋里邋遢的，行为有时怪诞，在洞庭一带为官时，个性强，名气大了。元结爱喝酒，就酿了好多米酒，估计就是现在的清酒一类，好喝！将酒放置到洞庭湖的各个地方，没事了，就载酒湖上，痛饮。酒没有了，就靠岸，靠巴陵山，伸手石鱼就可取酒，伸手君山可舀酒。你可以构想船慢慢地触动波涛，来来往往不断地添酒，不停地饮酒，太舒服了，有张志和的风采，估计让颜真卿也羡慕，元结自己还写了一首诗，咱们看看，这个诗就是《石鱼湖上醉歌》：

石渔湖，似洞庭，夏水欲满君山青。

山为樽，水为沼，酒徒历历坐洲岛。

■《大唐中兴颂》摩崖

左向读，21行，行20字。真力弥满，字实撑格，给人一种向外的膨胀感，充实茂朴，气势
恢弘，字里行间有金戈铁马之气，拳拳报国之志，《集古录》云：气书字尤奇伟而文辞古雅

> 长风连日作大浪，不能废人运酒舫。
>
> 我持长瓢坐巴丘，酌饮四座以散愁。

是不是太有意思了，我都想去和元结喝酒了。

有人说，那元结与元载是什么关系，是不是亲戚，咱们顺带也说一下元载。这个时候是大历年间，元载是宰相。这个人是凤翔岐山人，出身寒微，母亲带着元载嫁给元景升，改姓元氏。前面已经讲了，肃宗时，当过户部侍郎、度支使及诸道转运使，掌管国家财政。后勾结宦官李辅国，升任宰相，代宗即位后仍为宰相。大历五年（770），与代宗密谋杀掉自己的政敌宦官鱼朝恩。鱼朝恩就是前面讲的郭英乂在安福寺谄媚的宦官鱼朝恩，也是暗地挖郭子仪祖坟的那个哈怂，由于太过骄奢，引起朝野上下不满，终于在大历十二年（777）被代宗诛杀。元载为政贪纵，生活奢侈，所以元结与元载两个不是一路人，也没什么关系。

回到主题，写字是咋回事。

先说说麻姑山。麻姑山在抚州城西约十余里，山峦秀丽，奇特壮观，有飞瀑"玉练双飞"等。据《云笈七签》卷二十七《洞天福地》记载，麻姑山为道教三十六小洞天的"第二十八洞天"，名叫"丹霞洞天"，也是道教七十二福地之一。作为一个资深的道教徒，颜真卿不可能不去。在此之前，大历三年（768）年近花甲的颜真卿赴任抚州刺史，就多次登游麻姑山，对这里优美而神秘的气象所感染。大历六年（771），先是颜真卿闰三月罢官，罢官就和现在的换届一样，到届了就要换地方的，唐朝的制度，在州三年一秩。反正没事，在走之前就又去了麻姑山，四月份，当62岁的颜真卿再次登上麻姑山，游览仙坛时，手就痒痒了，书兴大发，挥笔写下了记述

■ 颜真卿书《逍遥楼》

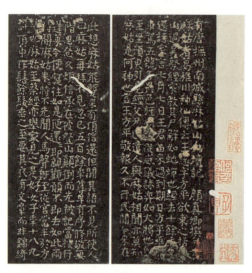

■ 颜真卿书《麻姑山仙坛记》小字

■ 颜真卿书《麻姑山仙坛记》大字

麻姑山仙女和仙人王平方在麻姑山蔡经家里相会的故事《有唐抚州南城县麻姑山仙坛记》(简称《麻姑山仙坛记》)。全文九百余字,笔力刚健浑厚,开阔雄壮,布局充实,大气磅礴,我以为是他最好的楷书。学者金开诚在论颜真卿书法的专著中写道:"颜真卿后期的楷书代表作大字《麻姑山仙坛记》,是足以代表整个颜氏楷书的典型之作"。不过我曾在他的小字麻姑前流连,2018年北京嘉德公司拍卖有安思远藏的小字麻姑仙坛记本共三本,都不错。

这就到五月了,颜真卿的好朋友元结十年前撰写了个文章,这个文章不一般,写到了点子上,讲政治,是赞颂唐王朝的,元结就请颜真卿书丹这篇

■ 麻姑山风景（鲁公祠）　　　　　　　　■ 陕西历史博物馆门前的石鱼

文章，刻到了浯溪，刻到了崖壁上、石头上。

元结的文章是在安史之乱基本结束的上元二年（761）秋八月写的，和杜甫《闻官军收河南河北》一样。而与杜甫不同的是元结曾经带领军队平叛，也经历了离乱之苦，理所当然地对战乱平息表达了欢欣鼓舞之情。那个激动，感到"地辟天开，蠲除妖灾，瑞庆大来"，当时乘兴写下了这篇颂文，可能一直都找不到合适的人写，不是看不上就是人家不给写，总之现在请颜真卿书丹，颜真卿欣然受命，从撰文到刻碑，过去了整整十年光阴，碑文后署"大历六年（771）夏六月刻"，所谓"歌颂大业，刻之金石"就是这样。浯溪位于湖南省永州市祁阳县，离城南大约4里路，依傍湘江。颜真卿书写的《大唐中兴颂》，占了很大的一个崖壁，高宽都在四米五左右，从左向右念，共有263字，气势恢宏。

这几年，任上颜真卿还做了两件大事：一个是与秀才左辅元、姜如璧等编辑完成了《韵海镜源》，这是当校书郎以来的心愿，现在总算完成了，此书继承家学，是一部集文字与音韵之大成的巨著，共五百卷。《唐会要》云："大历十二年（777）十一月二十五日，刑部尚书颜真卿撰《韵海镜源》三百六十卷，表献之。诏付集贤院。"估计是后来又修改了，这个大书它是类书，也是一部韵书、字书。该书首创类书按韵编排之体例，为后世韵府类书之鼻祖。清代学人黄奭（shì）《汉学堂经解》"自有声韵以来，其撰述该备，未有如颜公此书者也"；

还有一个就是先后编辑了自己的诗文集，吉州的《庐陵集》（十卷），抚州的《临川集》（十卷），都不错。

又该启程了，颜真卿的下一个工作单位是在中央，还是在地方，咱游览了虎丘后说。

《颜氏家训·涉务篇》

　　士君子之处世，贵能有益于物耳，不徒高谈虚论，左琴右书，以费人君禄位也！国之用材，大较不过六事：一则朝廷之臣，取其鉴达治体，经纶博雅；二则文史之臣，取其著述宪章，不忘前古；三则军旅之臣，取其断决有谋，强干习事；四则藩屏之臣，取其明练风俗，清白爱民；五则使命之臣，取其识变从宜，不辱君命；六则兴造之臣，取其程功节费，开略有术：此则皆勤学守行者所能办也。人性有长短，岂责具美于六涂哉？但当皆晓指趣，能守一职，便无愧耳。

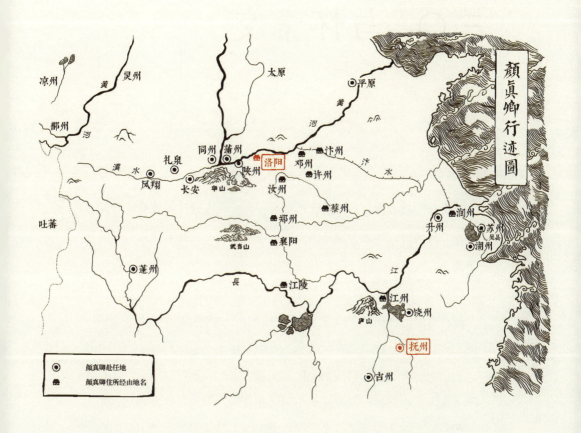

凉州　灵州　黄河　太原　平原　黄河　同州　蒲州　洛阳　陕州　许州　汴水　润州　苏州　吴县　湖州　升州　礼泉　长安　华山　汝州　郑州　蔡州　邓州　许州　吴州　凤翔　武当山　襄阳　江　庐山　江州　饶州　抚州　吐蕃　蓬州　长　江陵　吉州

顏眞卿行迹圖

- ◉ 顏真卿赴任地
- 器 顏真卿住所经由地名

长安 ——— 吴县 ——— 长安 ——— 平原郡 ——— 平原郡 广陵 ——— 襄阳 武当 凤翔 ———

长安 同州 蒲州 ——— 饶州 ——— 升州 ——— 长安 蓬州 ——— 长安 陕州 ——— 长安 蓝田 ———

长安 吉州 ——— **抚州** (洛阳)
大历三年（768）

三〇 与怀素交'

　　"虎丘"的名称，多年前就已听说，从来没去过，据传春秋时吴王夫差葬其父阖闾到这里，葬后三天有白虎盘踞其上，故名虎丘，颜真卿去了虎丘。

　　颜真卿最近几年都在地方上，不是很忙，不过也要打卡"学习强国"。不过和你我一样，颜真卿喜欢山水，大历六年十一月颜真卿跑到江南的祖宅祖坟上，将从颜含到颜协七代的列祖列宗的坟墓都修缮了，并立了一个《颜含大宗碑》，这就是认祖归宗的意思。作为其他人不知道如何做，但于颜真卿来说这是一个必然，因为这不同于其他，孝道是他的立

■ 虎丘

传「剑池」为颜真卿书，「虎丘」为明代复刻

■ 怀素自叙帖
共126行，698字。书于大历十二年。藏台湾故宫博物院。怀素自述写草书的经历，他草书的代表作

身，从姑母去世到母亲去世到兄弟几个去世。大历四年（769）四月，当颜真卿的弟弟颜允臧归葬万年后，颜真卿给三哥富平县尉颜乔卿、五哥哥举明经的颜真长、六哥哥府兵曹颜幼舆、弟弟颜允臧一起进行了法事，并给每个人都立了碑，颜真卿都是真诚尽心的，在唐代颜真卿的这个举动一定要受到表彰的。大历五年又给舅舅殷践猷也立了碑，到了这个年纪，颜真卿在慢慢地老去，自己都感到力不从心了。

大历七年（772）九月游到洛阳时，天气正好，怀素小和尚跑来了。

介绍一下怀素，开元二十五年（737）生，俗姓钱，字藏真，永州零陵（今湖南零陵）人，"怀素家长沙"，书法家，以"狂草"名世。

怀素是个奇人，十岁时"忽发出家之意"，父母无法阻挡，就出家了。寺院穷，买不起纸，只好在寺院的墙壁上、衣服上、器皿上、芭蕉叶上，练习书法，为了练字，还制作了一块漆盘。颜真卿小的时候也穷，只能在墙上写，所以说当时的条件真的不是你我想象的。

怀素年轻时，写字"不得法"，还处于正统书法的门外。乾元二年（759），怀素弱冠之年，李白已经名满天下，慕名前往李白处求诗。两个人性情相近，一起喝酒泡吧，一起舞剑，一起唱歌，李白说年轻人有个性，就

怀素像

我看见了一个狂放的和尚

给怀素写了《草书歌行》。大历元年（766），怀素又与杜甫交往，写了杜甫的《秋兴八首》，秋兴，就是"借秋天的景物抒怀"之意，而怀素的内心这时也处于彷徨阶段，几年里，怀素又是去广州向徐浩学笔法，又是与王邕等在衡阳同舟共游山水，又是陪着张谓回朝，可是写字没什么长进。

终于，逮到一个人，这人叫邬肜。邬肜，厉害！金吾兵曹，他是张旭的学生，字写得好，书法名气大。赵明诚《金石录》记载，邬肜有《金刚经》《尊胜经》以及《唐西河太守刘寂德政颂》书法作品传世。

怀素入京后拜会邬肜，一论班辈，咦，居然是表哥哥，那就不是外省人了，拜倒为师，邬肜把张芝临池之妙、张旭的草书神鬼莫测以及王献之的书法，都一一讲解给了怀素。离别之时，邬肜又将什么是"如凌冬枯树，寒寂劲硬，不置枝叶"，什么是"孤篷自振，惊沙自飞"，一点一点都教给了怀素，怀素那个惊喜，那个意外，不胜言表，学到真传，自此得道。

大历六年，怀素妈妈病重，于是腊月初回长沙探视，以侍汤药。怀素觐亲以后，即重返京师。大历七年（772）九月左右，怀素返回故乡，绕道东都洛阳南下时，历史在这里就又是一个浓墨重彩——拜会颜真卿。

怀素跑去说：颜哥哥，你看我写得有你好么？颜真卿说，乖乖的，

张怂（关中话，太骄傲），叫我大人，你是生人，是僧人。你才入门呢，不过假以时日真不知道，可能我真没你写得好（也不差，颜真卿也是张旭的学生，和邬彤一样），我这"资质略弱"，你不错，当时师傅在时如果成天守到师傅那里，伺候他，好好学，就好了。其实怀素从时间上没有机会拜张旭为师，张旭公元750年前后已经过世了，怀素还小，十几岁的毛孩子正在叛逆期，所以这是颜真卿提携后辈的意思，这也是佳话一段。

大历七年（772）六十四岁的颜真卿正月十五跑到金陵蒋山寺，或许喝多了想写字，就想起了李白，就写了李白的《志公像赞》，一个写志公，一个书志公。还有一幅吴道子给画的像。这个志公，就是宝公，是梁武帝的国师，传说是朱姓妇人从鹰巢中抱出，抚养长大，"手足皆鸟爪。"张僧繇为宝志禅师画像，宝志感激他就现出十二面观音妙相，结果吓到了他，我理解志公就是观世音菩萨。有人总结志公言论：

百岁无智小儿，小儿有智百岁。佛与众生不二，众生与佛无殊。大智不异

■ 李白的《志公像赞》

邬彤楷书墓志

邬彤，钱塘人，怀素表哥也是怀素的老师，师从张旭。2009年春，孟津县朝阳镇出土侯知什墓志，22行，行22字

于愚。何须向外求宝。身田自有明珠。正道邪道不二。了知凡圣同途。迷悟本无差别。涅盘生死一如。究竟攀缘空寂。惟求意想清虚。无有一法可得，翛然自入无余。

他身体异形，又有佛教高论，所以现在，有这么多人崇拜，这么多人敬仰。李白是李白，颜真卿是颜真卿，在一个空间里重合了，李白与颜真卿惺惺相惜了。

好了，总得去上任的，走吧走吧，总要一路前行，下一站不是中央，这个中央现在是元载的"史蒂方"，咋还是外语，昆仑奴插嘴，"是地方"，湖州刺史，那看来元载没有对颜真卿再有贬的心，或许此时正与代宗斗智斗勇，分不了神，分不了身。颜真卿这个九月到洛阳，九月接到的这个任命，就又举家上任去了。

大历八年（773）正月，颜真卿到任了，调来了老相好当副手，你可以猜猜是谁。

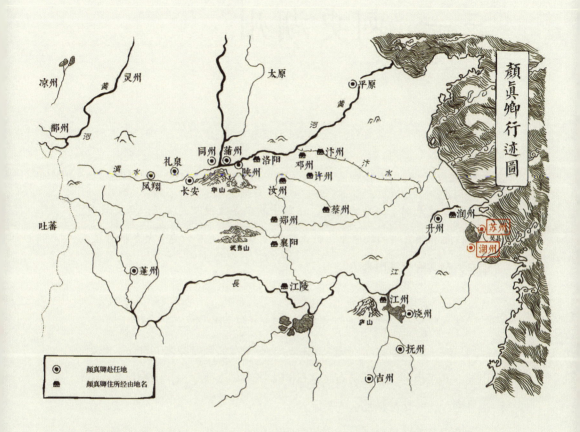

凉州　　黄　灵州　　　　　太原
鄜州　　　河　　　　　　平原
　　　　　　　　　　　　　黄
　　　　渭水　礼泉　同州　蒲州　　汴州　　汴
吐蕃　　　　　凤翔　长安　华山　陕州　洛阳　邓州　许州　　水
　　　　　　　　　　　　　汝州　蔡州
　　　　　　　　　　郑州　　　　　　　　润州
　　　　　　　武当山　襄阳　　　　　升州　苏州
　　　　蓬州　　　　　　　　江　　　　　吴县
　　　　　长　江陵　　　　　　　　　　湖州
　　　　　　　　　　　江州
　　　　　　　　庐山　饶州
　　　　　　　　　抚州
　　　　　　　　吉州

颜真卿行迹图

◉　颜真卿赴任地
嵒　颜真卿住所经由地名

长安 ——— 吴县 ——— 长安 ——— 平原郡 ——— 平原郡 广陵 ——— 襄阳 武当 凤翔 ———

长安 同州 蒲州 ——— 饶州 ——— 升州 ——— 长安 蓬州 ——— 长安 陕州 ——— 长安 蓝田

长安 吉州 ——— 抚州 ——— **上元县 苏州** ——— **湖州**
　　　　　　　　大历六年（771）　　大历七年（772）

三一　刺史湖州

副手就是副手，来的是谁，在副手的世界里他就是主角。历史就是历史，没有颜真卿的故事里，当正职都没意思，还不如抱个大龙猫舒服，现在，颜真卿从洛阳来了。

从元结说起。大历七年（772）初，元结到京师长安，好长时间都没到京城了，看看这个安史之乱后的长安慢慢又恢复原来的样子，东市也罢，西市也罢，这都又有了往日的生机。"盛德之兴，山高日升，万福是膺"，一切都是那么的美好。

看来皇朝还是皇朝，"天将昌唐"！安禄山、史思明咋可能运转这一架大的机器！李隆基当时自己认为唐王朝这架机器尽善尽美了，就躺在以前的成绩山上，哪想到自己根本看不上的胡儿揭竿而起，地动山摇！将唐王朝的根基撬了起来，老百姓死伤无数，满朝文武七零八落，多少女人受辱，山河上下满目疮痍。

"忆昔开元全盛日，小邑犹藏万家室。稻米流脂粟米白，公私仓廪俱丰实。"

"岂闻一绢直万钱，有田种谷今流血。洛阳宫殿烧焚尽，宗庙新除狐兔穴。"

现在，看着慢慢恢复的生活，元结还是高兴的，"大唐中兴！"

元结回到长安，"上深礼重，方加位秩"，皇上非常重视他，加官晋爵。"中使临问者相望"朝廷上下官吏们都排着队去看望他，亲戚朋友就不用说了，估计天天有人请，天天有饭局，天天有酒局，结果估计喝多了，也可能兴奋过度了，就得脑溢血，也可能还是其他原因，总之，倒在永崇坊的旅馆，也就是现在西安后村一带。我昨天走那里过，还停留了一下，想一千多年前，元结曾经倒在了那里，那个树下，那个旅馆。

无论倒在哪里，当年的四月份，元结过世了，享年五十四岁。颜真卿知道元结去世应该是在九月以后，当时他刚接到湖州刺史的任命，在去湖州的路上。颜大人感慨万千，一个能人，一个忠义友情的浪荡子，突然就不在了。于是在一个驿站停留了几天，十一月，颜真卿就撰书了《唐御史中丞本管经略使元君表墓碑铭并序》（简称《元结墓表》），署名是湖州刺史。《麻姑仙坛记》和《元结墓表》因为书写的时间上比较近，前者是大历六年，后者是大历七年，所以两者的相似度比较大，只是一个为道，一个为友。

湖州，湖州。

王昌龄有诗《太湖秋夕》：

■ 西安后村
一千多年前，元结曾在永崇坊（后村一带）的旅馆住过，此处离大雁塔近

水宿烟雨寒，洞庭霜落微。

月明移舟去，夜静梦魂归。

暗觉海风度，萧萧闻雁飞。

潇潇烟雨还是明月，颜真卿的湖州，吴兴郡。

今天说到湖州，颜真卿开始如何领导地方，干什么，主抓什么。

湖州这个地方还是不错的，那是永王李璘都虎视眈眈的地方。

看来只要颜真卿不回京师，不回长安，不回中央，不影响元载一类，也还是不错的。

现在的颜真卿也65岁了，休闲了一段时间，应该是大历八年（773）正月到了湖州。颜真卿倚老卖老，将原来的老关系、安史之乱和他一起打了胜仗的李萼调来，此前李萼是富阳丞，调来给他当副手。安史之乱后，朝廷在地方设置了军事防御使，由刺史兼任，设一个副使管理军事，李萼就是当的这个副使。"公以时相未忘旧怨，乃加勤于政，而以杭州富阳丞李萼为本州防御副使。"还调来了权器、杨昱等，算是颜真卿湖州任上的领导班子，这个班子应该是颜真卿有史以来最和谐的班子了，一个和谐的班子可遇不可求，颜真卿估计也是费了一些周折的，因为你又不是大权在握的宰相、王子，想如何就如何。

既然都安排好了，心就闲了，颜真卿带着一众人于是先跑到龙兴寺。这个龙兴寺在柳家寺的地界，柳家寺在哪，已经不可考了，应该就是在太湖边上的什么地方。到龙兴寺居然没游山山水水，就是为了见一个僧人，僧人有诗"履声知客贵，云影悟身闲"，这或许是颜真卿到湖州以后，准备大干时的一种放松，就如同你要干某件事了，结果先去喝了一场酒，给自己也给别人说下来要好好干活。

和谐的班子效率是高的。

班子搭起来了，开干！浙江这个地方，从唐朝到现在都是个好地方，尤其现在更是好地方，全国人民学习，那里的人不光勤奋还聪明，现在的各项经济与社会指标都在全国的前列。湖州是隋仁寿二年（602）因为在太湖周围而设置的，地处北亚热带季风气候区，季风显著，四季分明；雨热同季，降水比较充沛，空气湿润；地形起伏高差大，垂直气候较明显。说白了就是天生长庄稼的地方。安史之乱后土地荒芜的多，能种庄稼的少，各地粮食都不够吃。农业是立州之本，这是真理，有得吃才是硬道理，不允许看去满目疮痍。颜真卿看准了这个，决定开荒！决定开荒！决定开荒！重要的事情说三遍。

李萼这个人有能力，那就多担待一点，所以不光把军事的防御交给了，将开垦荒地的事也交给了他，"委以垦草辟田之务于萼"。防御副

■ 元结墓表（局部）

又名《容州都督元结碑》，碑原在河南鲁山县城北青岭元结墓前，青石，高1.9米，宽0.95米，厚0.28米，四面刻，楷书，正背两面各17行，两侧4行，行字数33—35不等，全文1383字

使管开垦，这是不是颜真卿的长官思维！没办法，同患难的兄弟，还是信任！李萼一点也不做作，说干就干。

这不，没过多久，成绩就出来了，尤其是乌程县成绩突出。乌程县是秦王嬴政二十五年（前222）设置的，县名是从城里善酿酒的乌申、程林两家字号得来。现在的乌程县令是李清，也是玄宗的后代，是哪一支我不知道，玄宗三十个儿子，不知道是哪一个，不过肯定不是曾娶杨玉环的那个李清（后改名李琄）。县令李清按照李萼的部署，带领全县一众大力开垦荒地，使荒废的土地恢复成良田，有三百顷，三百顷是多少？我没有概念，不过一定打了不少粮食，同时桑蚕等产业也发展起来。李清被称为尧天，意思是像尧一样为民做善事，他还接纳了六百多户流落到此的外来人口。

这个时期，在颜真卿的经营下，湖州有数万人从事种桑，畜养；大量避乱至湖州的难民开始扎根湖州生产生活、安居乐业；整个湖州地区社会发展、经济建设越来越好，人民越来越幸福。

由于刺史颜真卿顶层设计好，制定的政策好；李萼、李清等经营管理得好，吸引人才力度大；湖州物产丰富，人杰地灵的声望在江湖上越来越高，有识之士纷纷投奔湖州，短时间内，安置了江湖上的才子、隐士"浮客二千余人"，像现在的深圳。

这里面有一个你想不到的人，就夹杂在这些人中间出现了，这个人历史上有首词名满天下。

《颜氏家训·养生篇》

神仙之事，未可全诬；但性命在天，或难钟值。人生居世，触途牵挚；幼少之日，既有供养之勤；成立之年，便增妻孥之累。衣食资须，公私驱役；而望遁迹山林，超然尘滓，千万不遇一尔。加以金玉之费，炉器所须，益非贫士所办。学如牛毛，成如麟角。华山之下，白骨如莽，何有可遂之理？考之内教，纵使得仙，终当有死，不能出世，不愿汝曹专精于此。若其爱养神明，调护气息，慎节起卧，均适寒暄，禁忌食饮，将饵药物，遂其所禀，不为夭折者，吾无间然。诸药饵法，不废世务也。庚肩吾常服槐实，年七十馀，目看细字，须发犹黑。邺中朝士，有单服杏仁、枸杞、黄精、白术、车前得益者甚多，不能一一说尔。吾尝患齿，摇动欲落，饮食热冷，皆苦疼痛。见《抱朴子》牢齿之法，早朝叩齿三百下为良；行之数日，即便平愈，今恒持之。此辈小术，无损于事，亦可修也。凡欲饵药，陶隐居《太清方》中总录甚备，但须精审，不可轻脱。近有王爱州在邺学服松脂不得节度，肠塞而死，为药所误者其多。

三二 与张志和好

西塞山前白鹭飞，桃花流水鳜鱼肥。

青箬笠，绿蓑衣，斜风细雨不须归。

对，就是创制《渔歌子》词的张志和来到了湖州。

今天说颜真卿与张志和。

张志和，生于开元二十年（732），字子同，初名龟龄，祖籍金华，祁门人，小颜真卿20多岁，也该算是晚辈了。张志和号"玄真子"，颜真卿小名"羡门子"，所以和颜真卿一样是信奉道教的！张志和灵，三岁就能读书，六岁就做文章，天才，十六岁就登第，同龄人大多还什么都不知道呢，甚至还没进学，"别人家的孩子"已经登第。张志和先后任翰林待诏、左金吾卫录事参军、南浦县尉等职。因为他聪敏，看透了宦海和人生无常，在母亲和妻子相继故去后辞官，挂冠离家，老子不弄了，浪迹江湖，独钓山水。

肃宗欣赏他，曾赐给他奴、婢各一人，称"渔童"和"樵青"，张志和就带着奴婢隐居于太湖，隐居苕溪与霅（zhà）溪之间。

扁舟垂纶，浮于三江，泛在五湖，打鱼打鱼，喝酒喝酒，渔樵为乐。

颜真卿给张志和接风，张志和画了个巨幅山水图。

■ 洞庭湖

　　大历九年（774）八月，张志和慕颜真卿名，又喜爱吴兴清远的山山水水，于是放舟专程到湖州拜谒。颜真卿知道张志和擅诗擅画，尤好画山水，便邀李萼、陆羽等众名士60余人在湖州刺史厅聚会接风。一群酒友，你想想喝得如何，张志和半醉半醒，随鼓瑟之乐，即席泼墨，作下山水图卷《(太湖) 洞庭三山》。画毕，又将在座60余人的爵里（官爵和乡里）、纪年、名字、第行（家族内同辈人的排行）一一书于图下。颜真卿当场赋有《观玄真子置酒张乐舞破阵画洞庭三山歌》诗，可惜没有流传下来。不过颜真卿对这次聚会即兴画图，有一段生动描绘：

　　性好画山水，皆因酒酣乘兴，击鼓吹笛，或闭目，或背面，舞笔飞墨，应节而成……俄挥洒横播而纤纩霏拂，乱枪而攒毫雷驰。须臾之间，千变万化，仿佛而隐见，天水微茫而照合。观者如堵，轰然愕眙。

　　给张志和换个船吧，这又是一个佳话。就在上次聚会，颜真卿慈悲，看见玄真子船太破旧，就提出换个好船给他，"烟波钓徒"太高兴了："倘惠渔舟，愿以为浮家泛宅，野夫之幸矣。"假如你给我好的渔舟，我愿意就生活在这船上，四海为家，当一个打渔的野人！湖州刺史颜大人特殊待遇张志和，唐朝的风气，高士呀！名满天下的高士！连皇帝都羡慕的高士！颜真卿就给张志和置办了，张志和立下浮家泛宅、沿泝江湖，往来苕霅的归宿誓言，于是里浪迹苕霅，吴江。

县令李清不光按照颜刺史的要求，像安置二千浮客一样安置了张志和，还给张修造了渔舍草堂。张志和给李清赠画以表谢意，他送给李清一幅《武城图》，这是他在湖州地区唯一送给私人的画。李县令是山东武城人，前面说了是皇族的后代，张志和当时和其他人一样都受到李清热情无比、无微不至的款待。颜真卿因有如此得力的部下，曾感慨道："夫知邑莫若州、知宰莫若守、知而不言、无乃过乎。"表达了对李清为天下、为苍生收罗人才，安顿生灵的钦佩之情。

颜真卿与玄真子在太湖上喝酒写字画画，不是一天两天，常常张志和醉了才能画出好东西，颜真卿看了后兴奋，于是和门生皎然等就在船上又开始作诗、唱歌、跳舞，太幸福了。

西塞山是吴王夫差时期吴国与越国相邻的边塞，历代文人都喜欢寻找张志和隐居的西塞山，溪山就是西塞山，天气晴朗，沙水上的鸟代表着不谙人世苦难的生灵在蓝天上自由飞翔，一派生机盎然。张志和真挚

■ 西塞山

地抒发了对吴兴山水清远的感受，编织着天人合一的美妙图锦，感动了一千多年，无论后世有多远，渔歌子都是绝句，而这一切是颜真卿做的，是张志和唱的。

南宋丞相叶梦得有《八声甘州词》写道："问浮家泛宅自玄真，去后有谁来，漫烟波千顷，云峰倒影，空翠成堆。可是溪山无主，佳处且徘徊，暮雨卷晴野，落照天开。"这是梦得退休后寻访张志和旧居的闲词，类似的、后世的关于张志和的传说数不胜数。

张志和在苕雪间游钓，乐而忘返。其间不时和颜真卿及茶圣陆羽等江东名士诗酒交往，他和颜真卿成为了挚友。颜真卿为作《落玄真子舴艋舟歌》。张志和陶醉于清远的苕雪山水之中，忘情至致，作下闻名于后世的《渔父词》五首，其中一首：

> 青草湖中月正圆，巴陵渔火棹歌连。
>
> 钓车子，橛头船，乐在风波不用仙。

大历十一年（776），张志和在他寄身乐道的苕雪中溺水而亡，实现了作为野夫的理想。颜真卿悲痛万分，为之撰《浪迹先生玄真子碑铭》，极言张志和文学、书画造诣和不求仕宦、放浪于山水的孤洁性情，并刻石立碑，以志怀念。他在碑铭中说：（志和）立性孤峻，不可得而亲疏，率诚淡然，人莫窥其喜愠。视轩裳如草芥，屏嗜饮若泥沙……忽焉去我，思德滋深。碑文的最后，颜真卿感叹：张志和若能一心辅明主，一定是个好官，又岂会葬身于苕雪烟波！但张志和毕竟是"甘贱贫"之士，志趣在于"泛湖海，同光尘；宅渔舟，垂钓纶"，并且"率诚淡然"地与颜真卿这样的忠义之士和陆羽这样的山野奇人相交。颜真卿是唐室的忠臣，骨子里是一个儒家政治家，纵与张志和至交，想必还不能完全悟到挚友张志和的性情志趣，所以在铭文中喟叹："莫可测也。"倒是李德

■ 渔家傲图

这是一幅渔父图，表现的就是渔歌子。张志和《渔歌子》曲调宋时已失，但渔家依然要歌唱，于是《渔家傲》取代《渔歌子》

裕说"志和隐而有名，显而无事，不穷不达，严光之比云"还是中肯些。张志和"立性孤峻""率诚淡然"，身在苕雪烟波间，趣在文学书画中，所以才有与颜真卿、陆羽等挚友相知的一段历史佳话。颜真卿与张志和是最原始的两个当事人，因了颜真卿，所以我们今天能看见关于张志和隐居在湖州西塞山、隐居大江大湖到逝世的第一手文字资料。

青山绿水间，留下诸多名士。湖州任上颜真卿不能光喝酒，这里也出产上等的好茶。

颜真卿还要下基层检查茶叶的种植，并且因茶认识了一个人，这人是谁？

先吃烤肉喝酽茶。

三三　与陆羽游

> 我吃了长安城的烤肉，不错！颜真卿喝了湖州的春茶，也不错。
> 今天颜真卿要下去检查工作了。

　　我们的太湖地区季风显著，光温同步，雨热同季，降水充沛是种植茶叶的好区域。从大历五年（770）开始，湖州地区每年要给朝廷上贡茶叶。地方领导人一般过完年的大事，就是主贡茶之事，"刺史常以立春后四十五日入山，暨谷雨还"。大历八年（773）正月颜真卿来到这里，立即去督导此事，立春后四十五日就是春分，从春分开始到谷雨是三十天，刺史的任务就是收茶。看来颜真卿也太幸福了，不但可以喝到最新鲜的最好的茶，还可以体验到采茶的乐趣，耶！耶！耶！耶耶！

　　太湖的顾渚，吴王夫差的都城顾渚地区，现在是产茶的重要地区。

　　说到茶，有一个人必须要介绍，就是陆羽。

　　陆羽（733—804），字鸿渐，比张志和小一岁，复州竟陵（今湖北天门）人，一名疾，字季疵，号竟陵子、桑苎翁、东冈子，又号"茶山御史"，是唐代著名的茶人，被后人尊为"茶圣"，祀为"茶神"。

　　第一个认识到陆羽不凡的是李齐物。唐宗室子弟李齐物，出身大郑王房，是李虎李神通的后人，这个人行政上厉害，在地方当政，曾连续

■ 顾渚的茶山

几年考核评比第一。天宝五年（746）李齐物被贬到竟陵时，陆羽还是个戏子，表演茶艺时，被李齐物发现，认为陆羽是个人才，让他改邪归正。陆羽从此弃伶为读书人，到"火门山邹夫子墅"读书。

第二个认识到陆羽文才的是崔国辅。天宝十一年（752），崔国辅谪任竟陵司马时，陆羽已学成，名气已开，文冠一邑。据记载，崔国辅到竟陵以后，与陆羽"游处凡三年""谑谈永日"，并把他们唱和的诗还汇刊成集。

第三个认识到陆羽能力的就是颜真卿。前面说颜真卿爱到民间走访，李萼，还有曾经的宰相张镐都是他从民间发现的；传言颜真卿为人好，结果江湖上的才子、隐士，"浮客二千余人"，包括张志和都跑到湖州，并且得到安置。

现在他去督导采茶，同样地遇到了圣人，颜真卿大历八年（773）见到陆羽。另外，颜真卿开始到湖州第一年，春天见到和尚皎然，相见恨晚，应该刚好也见到陆羽，相见有情，陆羽与皎然是基友，他自己说"与吴兴释皎然为缁素忘年之交"。当时，陆羽和皎然都住在庙里（陆羽初

居妙喜寺，后居苕溪草堂，即皎然的别业）。皎然在《兰亭石桥柱赞》
的序文中说，当年（773）春天，卢幼平奉诏祭会稽山，邀陆羽等同往
山阴（今浙江绍兴），发现古卧石一块，经陆羽鉴定，系"晋永和中兰
亭废桥柱"，说明皎然与陆羽其实一直在一起，陆羽有鉴定才能，这个

还没听说过。

颜真卿和陆羽十分交厚，他们完成了历史上最大的一次文学的私人聚会。这个比兰亭雅集参与性强，因为兰亭是酒漂到你那里，你做首诗。联句是一首诗由两人或多人共同创作，每人一句或数句，除了第一个人出句，其他人联句，要承接前面诗句的思路，还要表达自己的想法，汉武帝《柏梁台诗》是最早的联句。联句诗为朋友间宴饮时游戏之作，随机性强，但容易起高潮、有经典句。颜真卿喜欢这样的聚会，每有聚会陆羽、皎然也都到，这两个也喜欢这种聚会。颜真卿历史上最大的一次私人聚会，或许就是登岘山那次了，加上颜真卿一共30个人联句做了一首诗，题目是《登岘山观李左相石樽联句》，后来还有多次的联句雅集。

颜真卿爱上饮茶一定是陆羽的功劳，陆羽写出《茶经》一定与颜真

元代赵原《陆羽烹茶图》

山中茅屋是誰家　兀坐閒吟到日斜　俗客不來山鳥散　呼童汲水煮新茶

趙丹林

卿有关系。《茶经》成书是在建中元年（780）以后，此前陆羽只是喜欢茶，也调查，可是少有写的动机，见了颜真卿就不一样了，颜太守上进，六十多了，还忙这忙那，居然还要重编《韵海镜源》五百卷，那可不是一点字数，而陆羽与李萼、法海等一起都是这个小组的成员，所以感动了陆羽这个出身卑微又有上进心的人。后来，陆羽闭门著书，又迁居青塘别业，不杂非类，与名僧高士谈宴终日，终成《茶经》。

颜真卿信任陆羽。颜真卿不把陆羽当成宾客，每有聚会陆羽为群彦之首。杼山上的三癸亭，是颜真卿为迎接浙西观察判官袁高而筑。袁高巡查湖州，视察了放生池，视察了妙喜寺，还视察了三癸亭。颜真卿当时建亭子，征求亭子的名称，陆羽陆处士想到了点子上说"以癸丑岁，冬十月癸卯朔，二十一日癸亥建，因名之曰'三癸亭'。"这个好，想

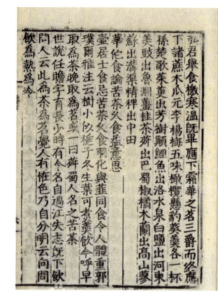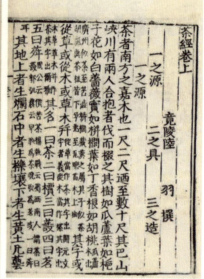

■ 《茶经》书影

到了颜真卿的心里，"《正韵》癸者，归也。于时为冬，方在北，五行属水，五运属火。《史记·律书》癸之为言，揆也。言万物可揆度也。"袁高见到了亭子，也就明白颜真卿想回京城去了。在《题杼山癸亭得暮字》诗中，颜真卿说"欻构三癸亭，实为陆生故"。

颜真卿对陆羽非常敬重。陆羽擅长方舆地理，对湖州的方舆地理、掌故逸事研究透彻，了如指掌，著有《吴兴图经》《杼山记》等。颜真卿《杼山妙喜寺碑铭》中对杼山地理、历史、典故的记载，都源自陆羽的《杼山记》，他还特地在碑记中点明："处士竟陵子陆羽《杼山记》所载如此。"大历十二年（777）仲夏，颜真卿任满，接到朝廷让他回京的诏书。在动身前，又听从陆羽的建议，上弁山修复项王庙，像多年前重塑东方朔画赞一样重新树起倒地的"项王庙碑"。并书《项王庙碑阴述》记述这件事，同时感念陆羽。颜真卿不但指出"西楚霸王当秦之末，与叔梁避仇于吴中。盖今之湖州也……其神灵事迹，具见竟陵子陆

■ 三癸亭

羽所载图经"，而且说明重树《项王庙碑》本是"竟陵是谂"，他是应了陆羽的请求上弁山树碑的。因为他这时已接到朝廷之命，要上京赴任刑部尚书，行程在即，时间不多了。

总之，陆羽与颜真卿关系非常好。如果说李齐物被贬竟陵，认识陆羽，使其弃伶读书。那么颜真卿在湖州做学问的态度影响了陆羽，所以才有了《茶经》，不然散漫惯了的人，不好做学问的，因此才有了你知道的陆羽。

三四　与法海游

陆羽用史家作传的口吻描述："茶者，南方之嘉木也。"自此开始了对茶的全面系统的研究。他所去的湖州不远有杭州，杭州有龙井，有许仙，有白娘子，还有法海。

前面提到了法海，现在就说颜真卿与法海。

一说法海，就想到白娘子与许仙，就想到拆散别人家庭的那个和尚。冯梦龙是高手，短篇小说集《警世通言》里有一篇《白娘子永镇雷锋塔》，故事中有位得道高僧——法海禅师，那可是正义的化身。清代以后，无论是鲁迅作品还是其他戏曲，都骂法海，就成爱情故事了。可是西湖边发生的爱情和镇江的法海禅师，杭州西湖边上的雷峰塔与江苏镇江的金山寺都有什么关系呢。

今天只说法海，历史上有三位。第一个是《六祖坛经》的记录者，

■ 明版《警世通言》

是广东曲江（韶关）人，我们称为曲江法海，是张九龄的乡党。曲江法海初次见到六祖慧能拜问大学问："佛是什么？""心是什么？""我是什么？"

六祖说，"心即是佛，佛即是我，即心即佛"。

慧能的这个答复，曲江法海开心见性，立即顿悟，于是决定留下学习，处处留心，就将六祖平时议论文章收集起来，"集录六祖大鉴（慧能）禅师于韶州大梵寺说法之内容，而成《法宝坛经》，记载六祖之语要、出世因缘等，理趣甚深，盛行于世，为后来禅宗之宗经"。曲江法海生卒年、生平皆不详。六祖慧能生于贞观十二年（638），卒于玄宗先天二年（713），曲江法海也应该是和他差不多的时间段，或小一点，不过也没办法等到大历年（770）前后，时间上应该不是这位曲江法海禅师。

第二个是南京人张文允，称为金陵法海。这是皎然的朋友，《报应传序》"右若沙门法海，字文允，俗姓张氏，朱方人也。"《高僧传》卷六《唐吴兴法海传》："释法海，字文允，姓张氏，丹阳人。"由于朱方、丹阳都隶属于金陵，也就是现在的南京，明代吴郡人陈谦写的《讷庵随笔》中说："余考法海，金陵人，见颜鲁公《湖州乌程县杼山妙喜寺碑》。"杨秉杷《杂录》："缪雪庄（谟）有《题法海禅师像传》。"他们指的法海是中盛唐之交的金陵和尚。抗战前出版的《人名大词典》中"法海"条目写道："法海，丹阳张氏子，字文允。少出家于鹤林寺，该通外学，圆入一性，擅独悟之名，剖不决之义。……天宝中，预扬州法慎律师讲肆，与昙一、灵一等同推为颜冉。复与杼山画公为忘年交。"由以上的材料可知法海其人，俗名张文允，丹阳人，是唐玄宗天宝年间的一个名僧，精通佛理，年少时出家于润州鹤林寺，擅长修建佛寺。李华的《润州鹤林寺径山大师碑铭》中也说，法海是径山大师（俗姓马，名元素，延陵人）的同门师弟，他们都是南京牛头山（今南京市郊牛首

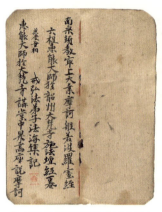
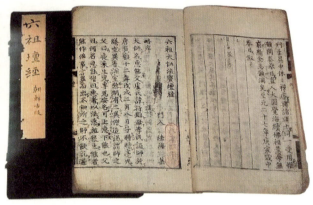

大英图书馆藏《坛经》（S.5475号，缝缋装，敦煌遗书写本）

元代高丽刊本《六祖坛经》

山）威法师的传法弟子，这一辈的僧名都带个"法"字。

第三个是唐朝宰相裴休的儿子，金山寺法海。裴休于长庆年间（821—824）考中进士，大中六年（852），裴休升任中书门下平章事（宰相），在相位五年。柳公权书《大达法师玄秘塔碑》便是裴休撰文。裴休家世奉佛，他本人也笃信佛教，对佛教颇有研究。据《金山寺志》等有关资料记载，法海就是裴休的儿子裴文德，俗名裴头陀，少年时被他父亲裴休送入佛门，取号法海。法海出家后，领父命先去湖南沩山修行，接着又远赴江西庐山参佛，最后到镇江氏俘山的泽心寺修禅。法海开江南一大佛教寺院，对佛教作出了很大贡献，被奉为金山寺的"开山裴祖"。这个裴头陀时间上晚一点的，和颜真卿对不上，不过这个法海应该就是《白蛇传》里法海的原型，冯梦龙描写的正直的法海，龚琳娜《法海不懂爱》的法海。

明白了吧，和颜真卿一起的，只能是张师傅法海，金陵的法海而不是其他人。

金山寺有一副对联写得好："适从云水窟来，山色可人，两袖犹沾巫峡雨；更向海天深处，邮程催我，扁舟又趁浙江潮。"你来了，还带着人间情爱，现在向法源去，即使再渺小，也是法界的弄潮儿。

这个张师傅金陵法海都和颜真卿干什么了。

第一，《妙喜寺碑》记载参与《韵海境源》修订的人不少，但是记载参与的第一个人就是金陵法海，从夏天到冬天，第二年春天才完工，所谓法界的弄潮儿，第一等的还是学问，包括文字音韵，能让颜真卿肯定，并且参与了《韵海境源》的修订，碑文上又刻到第一的位置，那一定是有真才实学的。

第二，应该参与了游玩的联句，只是找不到，因为这一时期颜真卿喜欢联句，作为僧人文人不可能不会联句。方方在她的散文里也曾经提到了联句，她也喜欢联句，看来文人都喜欢文字游戏！

从时间上看，还有观点认为曲江法海就是金陵法海，因为，一个时代有一个时代的代表，法海是一个时代的代表，记录了六祖的言行，从而成为我们的经典《六祖坛经》，如果曲江法海那是一个高寿的人，这个可能性就存在，只是有关其他的问题，比如哪里人，这个完全可以再找证明，我这里还没有证据证明这个。

读一段《六组坛经》吧："时，大师至宝林，韶州韦刺史与官僚入山，请师出，于城中大梵寺讲堂，为众开缘说法。师升座次，刺史官僚三十余人、儒宗学士三十余人、僧尼道俗一千余人，同时作礼，愿闻法要。大师告众曰：'善知识！菩提自性，本来清净，但用此心，直了成佛。善知识！且听惠能行由，得法事意。'"明白明白！

好了，"本来清净，但用此心"，谢灵运的子孙又如何呢？

■ 柳公权玄秘塔碑

多年以后，会昌元年（841）金山寺法海裴头陀父亲裴休撰，柳公权楷，
28行，行54字，现存于西安碑林，字结体紧密，筋骨外露，阳刚十足

三五 与皎然游

法海是中国的一个传奇，从善良到邪恶，法海没变，只是人们的认识变了。

今天讲颜真卿与谢灵运的子孙。

谢灵运的哪一个子孙，就是伟大的皎然。

皎然，字清昼，大约生于开元八年（720），约卒于贞元二十一年（805），吴兴（今浙江湖州）人，在文学、佛学等方面有造诣，《高僧传》有传，是个诗人，情调闲适，语言简淡。皎然还有论诗的《诗式》问世，同时与陆羽一起开创中国的茶文化。

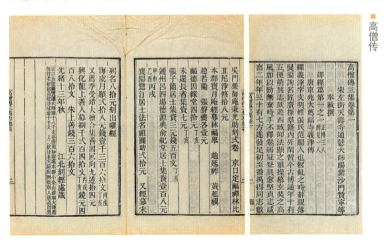

高僧传

■ 皎然像

这个人在历史的世俗中已经被淹没

咱们先梳理一下，我发现这个皎然和颜真卿是前世谢灵运和颜延之的轮回，虽然我不信，却有相像的。

皎然是谢灵运的十世子孙，颜真卿是颜含的第十三代孙，颜延之是颜含的曾孙，谢灵运与颜延之同时代人，大小差一岁，都是当时文学上有建树的人，并称"颜谢"。谢灵运和颜延之都是经历战乱的人，一辈子关系都好。

关于颜真卿与皎然最初的遇见。开元二十七年（739），皎然就在长安和颜真卿玩过。开元二十六年，颜真卿母亲去世，颜真卿这时丁忧中。皎然去参加科考，知道张老师的大名，就去拜访过，因为给张老师写过诗。哪个张老师？就是颜真卿的书法老师张旭，他说"长安酒榜第一名"，错了，他没说过这，他是说"长安酒榜醉后书"，意思差不多！你可以脑补一下，颜真卿和皎然当时相遇，只是因为生疏，所以谈得不多。

后来各忙各的，颜真卿一路从礼泉县尉到平原太守，安史之乱后，颜真卿又几次起伏。皎然移居吴兴东溪，大历四年（769）春在白蘋洲建苕溪草堂，从此定居下来，其间漫游过不少名山古寺，后来就住持杼山妙喜寺。

再见皎然已经出家了，在这个湖州，颜真卿在这里当老大，窃以为，前世的好朋友今世又在一起了，你说能不高兴吗？那一定是畅饮欢聚。

有人说湖州诗会前后几十人，颜真卿多数请皎然首席（陆羽也做过首席），颜真卿只要有诗，皎然必有奉和，不知道留下的皎然奉和诗是不是比颜真卿原诗还多，可以去查一下，总之关系好。与颜真卿的好还体现在，是颜真卿湖州联句的最大响应者与主要诗人。大历年中53首湖州联句中，皎然参与了20首。

另外，皎然是《韵海镜源》主持者之一。颜真卿到湖州后，皎然自始至终参与、组织、主持编纂《韵海镜源》，皎然在《春日陪颜使君真卿、皇甫曾西亭重会韵海诸生》诗中，也将自己与"韵海诸生"作了区别，他是"陪颜使君真卿、皇甫曾西亭重会韵海诸生"的，可见皎然处于和颜真卿同样的位置，并非"韵海诸生"一分子。诗首联："为重南台客，朝朝会鲁儒。""南台客"即"韵海诸生"，"鲁儒"是颜真卿。皎然以杼山"地主"、妙喜寺"房东"和颜真卿挚友的身份，主持并支持了众文士助颜真卿编纂了《韵海镜源》。大历九年秋，在又一次欢聚于杼山三癸亭的活动中，颜真卿作《赠僧皎然》五言排律诗："秋意西山多，别岑萦左次。缮亭历三癸，趾趾邻什寺……卫法大臣过，佐游群英萃。龙池护清澈，虎节到深邃。徒想嵊顶期，于今没遗季。"

皎然开创茶文化、茶道，颜真卿是参与者。

一提茶业之祖，你就会说陆羽，被称为茶神、茶圣、茶仙、茶祖。但我认为茶业、茶学与茶文化、茶道是不同的，这是两个概念，皎然与陆羽都喜欢茶，都研究茶，如果硬要分他们的不同，那茶业、茶学之祖应该是陆羽，茶文化、茶道之祖应该就是茶僧皎然。无论是陆羽，还是皎然，关于茶，颜真卿都是参与者。

皎然以茶为诗，树立茶文化。

以茶代酒。竹山联句是作于唐大历九年（774）三月，当时，颜真卿、陆羽、皎然等人席间饮茶赋诗，每人依次两句，相连成篇。连句共有18人参加，得诗36句，内容为歌颂长兴的田园风物。其中有句"境幽神自王，道在器犹藏（詹事司旦河南房益）。昼歠（chuò）山僧茗，宵传野客觞（河东柳淡）"，说得很清楚，当时席间喝的是茶。皎然又有《九日与陆处士羽饮茶》茶诗："九日山僧院，东篱菊也黄；俗人多泛酒，谁解助茶香。"诗中提倡以茶代酒的茗饮风气，俗人尚酒，而识茶香的皎然似乎独得品茶三昧。虽然是写给陆羽的，因为当时几人都在现场，颜真卿也是赞扬的。

饮茶可以除病祛疾。《晦夜李侍御萼宅集招潘述、汤衡、海上人饮茶赋》："晦夜不生月，琴轩犹未开。城东隐者在，淇上逸僧来。茗爱传花饮，诗看卷素裁。风流高此会，晓景屡徘徊。"将描写了隐士逸僧品茶吟诗的闲雅情趣。还有皎然诗中推崇饮茶，强调饮茶功效，可以除病祛疾，涤荡忧虑等等。关于茶能祛病，这不用论述，本来就是中药。

探索茗饮艺术境界。《饮茶歌诮崔石使君》诗云："越人遗我剡溪茗，采得金芽爨（cuàn）金鼎。素瓷雪色飘沫香，何似诸仙琼蕊浆。一饮涤昏寐，情思爽朗满天地；再饮清我神，忽如飞雨洒轻尘；三饮便得道，何须苦心破烦恼。此物清高世莫知，世人饮酒多自欺。愁看毕卓瓮间夜，笑向陶潜篱下时。崔侯啜之意不已，狂歌一曲惊人耳。孰知茶道全尔真，唯有丹丘得如此。"此诗是皎然与朋友崔刺史一起品越州茶时的即兴之作，诗中盛赞剡溪茶（产于今浙江嵊县）清郁隽永的香气，甘露琼浆般的滋味，并生动描绘了一饮、再饮、三饮的感受，与卢仝《饮茶歌》有异曲同工之妙，全诗亦在倡导以茶代酒，探讨茗饮艺术境界。皎然在茶诗中探索品

■ 当代建的苕溪草堂

近年修建的追思皎然大师的苕溪草堂

■ 杼山

■ 剡溪茶园

茗意境的鲜明艺术风格，对唐代中晚期的咏茶诗歌的创作，产生了潜移默化的积极影响。在湖州以颜真卿为首多次聚会、品茗，其实都是艺术创造的过程。

皎然的诗与理论。他的诗歌清机逸响、闲淡自如、富于深厚意境和情味，他的诗论专著——《诗式》与《诗议》，其中以《诗式》贡献最大，《诗式》共5卷。皎然是《韵海镜源》主持者之一，那是字书与韵书，这对《诗式》是有很大影响的，不排除颜真卿曾与皎然探讨《诗式》。

大历十二年（777），颜真卿还与云游到湖州的著名道士吴筠亲密往来，吴筠要离去，颜真卿与皎然在州衙子城（项羽所筑项王城）上的清风楼设宴送别。颜真卿先有《清风楼送吴炼师筠归林屋洞》诗（佚）；皎然则有《奉同颜使君真卿清风楼赋得洞庭歌送吴炼师归林屋洞》诗，诗中记述了这件事。

颜真卿离开湖州后，皎然在《奉贺颜使君真卿二十八郎隔绝自河北远归》一诗中充满了对挚友的思念与祝福，所以说，这一切只能是前世的约定。

三六 颜颇归来'

没想到 2020 年的最后三天，小提琴家傅聪不在了，八十多了，他是《傅雷家书》里的儿子。今天也说一个孩子，一个儿子。

应该回天子脚下了，我都没吃饭呢，想赶着写颜真卿回长安，这么大年纪了还在外漂泊。

湖州真是好地方，大历九年，颜真卿终于完成了旷世作品《韵海镜源》的编纂。

■《傅雷家书》书影
影响几代人的书
傅雷写给儿子傅聪的书

前面说，27 岁的颜真卿当上了校书郎就开始着手编纂《韵海镜源》，当平原太守时又组织撰写，现在经过这么多年，终于成了。四十年了，你可以想象颜真卿有多激动，现在颜叔叔已经是颜爷爷了，有生之年完成了一个壮举，值得祝贺！

"功劳安可问，且有忝官累。"

此时，代宗在怀疑中慢慢执政。大历十年（775）正月七日，郭子仪曾入朝拜见代宗，他其实有一事要给皇上说，"尝请任命州县官一人"，

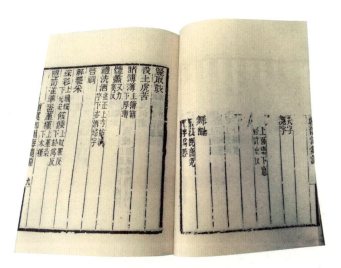

■ 清代黄氏逸书考《韵海镜源》

可是朝廷上却不搭理。郭令公的门人们就不高兴了，说："以郭公之勋德，奏一人为属吏都不得，宰相真不识大体！"郭令公郭子仪听到了赶紧制止说道："自安史之乱以来，藩镇武臣多飞扬跋扈，凡有所求，朝廷不得不屈从之，此无他，疑之也。"而现在我所奏请任命官吏这个事，皇上认为不可行而置之，这是不以武臣看待我，是对我的巨大信任。你们应当向我祝贺才对，有什么奇怪呢！听到的都说郭令公高！高！高！皆服。

这一年大历十年，先是我们的神人张志和，写了《渔歌子》的张志和，本来好好地与颜真卿去平望驿，喝酒喝多了，居然在水面上铺了个席子，然后坐到上面，继续喝酒，没想到出事了，溺水而死，这不知是该悲伤呢，还是该悲伤呢！

"登桥试长望，望极与天平。际海蒹葭色，终朝凫雁声。"

《太平广记》说是驾鹤西游去了。颜真卿非常惆怅，给他的好友张志和写了《浪迹先生玄真子张志和碑铭》，这个人走完了他四十三年的人生，仙游去了，人生其实这一趟旅行看你要什么，我觉得活得高兴、

《太平广记》

文言纪实小说集，李昉等撰，全书 500 卷，内容为汉代至宋初的纪实故事及道经、释藏杂著，属于类书

舒服比活得长重要。

心情要好！心情要好！心情要好！

所以，每天除了政事，颜刺史就是游玩作对，又到法华寺去与皎然、李华写了诗："披云得灵境，拂石临芳洲。积翠遥空碧，含风广泽秋。"

意外总是那么突然！

这比写小说感人多了！小说也不敢这样设定情节——颜颇归来了！

大家和我一起想一下，颜颇是谁？

颜颇是谁，颜颇是谁？

颜颇是谁？

颜真卿的大儿子！

颜颇归来了。第十章说得天宝十五载（756）渔阳的平卢游奕使鲜卑族将领刘正臣受到安禄山的胁迫与其一起造反，可是却藏着反安禄山的心，想归顺朝廷。颜真卿得知后，立即派判官贾载带着军资和自己当时唯一的孩子颜颇去找刘正臣，将孩子作为与刘正臣互信的筹码。后来安史之乱中史思明叛军在一次作战失败后退回平卢，将刘正臣杀了，颜颇就再也不知下落了。当时颜颇也就是十来岁，现在归来了归来了！去年的《颜杲卿碑》上关于颜颇还写的是："死于逆胡之难，赠五品太子洗马！"颜真卿与韦氏早就死心了，好吧，刷刷多长时间了，现在是大历十年（775），775 减 756，前后十九年！十九年！王宝钏、薛平贵也才十八年，生离死别就这样被轻描淡写。

再从当时讲起，有人说，幼童颜颇，年龄虽然小，却明大义，善体父意。我觉得现在说这些多是空的，一个小孩子懂什么，只懂父母的想法，哪懂那么多道理，毅然随军入质到燕山渔阳，可谓忠孝两全。

刘客奴（归顺于唐、帝赐名曰正臣，故史书上刘正臣就是刘客奴），果然守信率军来投，听说颜真卿的平原已经失守，便从海上转到唐的管辖地。然后平卢游奕使刘正臣、先锋董秦、安东都护府王玄志想悄么声息地攻打安禄山的根据地范阳，不料消息走漏，行动不密，在途中遭到安禄山的伏击，一败涂地，全军覆没。由于当时刘正臣原打算再回渔阳出发地，未及带走颜颇，十岁的颜颇从此流浪北方，杳无踪迹……多方打听得到的消息都是"死难"，夫人韦氏抑郁成疾。现在居然回来了，朝廷立即任命为郑王府司马。

我一直觉得，这是个奇迹，然而有很多不可知。

第一个就是当时安禄山、史思明居然没有去找孩子，居然不知道颜颇是人质，居然不知道这是颜真卿的孩子。说明刘正臣部队，从上到下，里里外外将军士兵等都保守这个秘密，做得都好，刘正臣是一个不错的将军。

第二个是兵荒马乱，安史之乱死了几千万人，一个孩子居然逃过了一劫，这么多年，咋生活的没有交代，孩子居然活下来了。

第三个是颜真卿在安史之乱后职位变动得还是非常大的，在全国各地乱跑，一会儿是尚书，一会儿是刺史，一会儿又到中央，一会儿是长史，一会儿是太守，折腾了这么多年，颜颇居然能找到，这咋算都是奇迹。

不过，还有第四点，颜颇、颜真卿应该面貌变化都很大，他们咋知道对方就是自己的亲人。现在十九年过去了，孩子有二十九岁了，咋确定这个孩子是颜真卿的，孩子那么小就丢失了，咋知道颜真卿现在湖州，这些史书上都没有交代，只是说颜颇归来！我们还是应该相信古人的智慧，或许孩子带着颜真卿家传的信物，或许孩子有胎记，这样就有了有力的说服，不管怎样颜颇归来了！颜真卿一大家子激动，估计韦老太太太高兴了，人生简直没有目标了！颜真卿的一大堆好朋友也替颜真卿高兴。这不，皎然也手舞足蹈，有诗祝贺《奉贺颜使君真卿二十八郎隔绝自河北远归》：

相失值氛烟，才应掌上年。久离惊貌长，多难喜身全。

比信尚书重，如威太守怜。满庭看玉树，更有一枝连。

史书记载，颜颇因在外流浪十几年，因饥寒交迫、过度忧伤等原因，身体极其虚弱，不久病逝于司马任上。这个是有可能的，颜颇一直想着家，心里提着这个气，一直坚持、坚持，终于见到了父母，了了心愿，人生无憾。不过活要见人，死要见尸这是古训，总算对颜真卿有个交代。

既然湖州的事都差不多了，天命下来又是什么，没想到前面说的话又实现了。

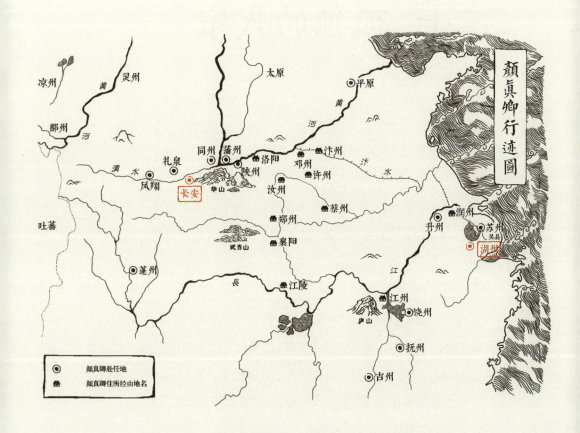

凉州　　　黄　　灵州　　　　　　太原　　　　平原

　　　鄯州　　　　　　　　　河　　　黄
　　　　　　　　　　河　　　　　　　　　許州
　　　　　　　　同州　蒲州　　　　汴水
　　　　　　渭水　礼泉　　　洛阳　鄧州
　吐蕃　　　凤翔　　长安　陜州　　　許州
　　　　　　　　　　华山　　汝州
　　　　　　　　　　　　　　　蔡州
　　　　　　　　　　　　郑州　　　　　　润州
　　　　　　蓬州　　　　　襄阳　　升州　苏州
　　　　　　　　　武当山　　　　　　　吴县
　　　　　　　　　　　　　　　　　　　湖州

颜真卿行迹图

　　　　　　　　长　　　江陵　　　　江
　　　　　　　　　　　　　　　　庐山　江州
　　　　　　　　　　　　　　　　　　饶州
　　　　　　　　　　　　　　　　抚州
　　　　　　　　　　　　　　吉州

◉	颜真卿赴任地
盥	颜真卿住所经由地名

长安——吴县——长安——平原郡——平原郡 广陵——襄阳 武当 凤翔——

长安 同州 蒲州——饶州——升州——长安 蓬州——长安 陜州——长安 蓝田

长安 吉州——抚州——上元县 苏州——（金陵 宋州 洛阳 长安）**湖州 长安**
　　　　　　　　　　　　　　　　　　大历七年（772）

三七 孤独的代宗'

有时候你真不知道，历史是个复读机，唐朝宰相的命运一直被厄运复读，当宰相没有好下场！唐朝的宰相基本都没有好的结局，这是一个规律。

现在，你们猜到了，发生了一个大事，大历十二年（777）三月，呵呵呵呵，代宗终于找到办法了，将这个眼中钉、肉中刺法办，直接将元载赐死，让他自己上吊；还有那个王维的弟弟，宰相王缙下狱了。

此时或许王缙的《古离别》更能说明当时他的心情：

> 下阶欲离别，相对映兰丛。
> 含辞未及吐，泪落兰丛中。
> 高堂静秋日，罗衣飘暮风。
> 谁能待明月，回首见床空。

代宗其实是一个宽厚的人，可是现在，是一个什么时期，安史之乱后，颜真卿被贬是有原因的，不是平白无故就被贬的，而原因是作为高高在上的皇帝，需要超凡的政治智慧和鉴别一切对错的能力，明显这一点只要是人就很难达到的。贬颜真卿也是代宗的想法，他需要对他的权威性进行广告，即使他做得不对。安史之乱后代宗对大臣们其实谁也不信，他开始信宦官李辅国。

李辅国原来是肃宗李亨的心腹。宝应元年（762）四月，肃宗病重，张皇后召见李豫准备废黜。宦官李辅国、程元振得知皇后的图谋，派兵到凌霄门，准备保护李豫。后又领兵软禁李系、张皇后等，肃宗崩逝。随后，程元振等迎李豫于九仙门，见群臣，行监国之礼，五月十八日，李豫即位，所以代宗不信任李辅国是不可能

■唐代宗像

的。代宗当政后，李辅国权倾朝野，宰相及朝中大臣想见皇帝都须经过李辅国的安排，皇帝的诏书也需要李辅国的署名才能施行，群臣不敢提出不同意见，宗室贵人对李辅国也以"五郎"尊之。代宗觉得这有些不妥，但李辅国狂妄，曾对代宗说："大家（皇帝的俗称）但内里坐，外事听老奴处置。"代宗更不快，表面尊为"尚父"，可是内心却说，你是皇上，还是我是皇上？于是，私下派人深夜就把李辅国杀了。

下来代宗信鱼朝恩。广德元年（763），吐蕃兵进犯泾州，代宗出逃陕州（今河南三门峡西），禁军离散，鱼朝恩率驻陕州军及神策军奉迎保驾，得到皇上信任。此后干预政事，慑服百官，不把皇帝放在眼里，不把郭子仪放在眼里，贪贿勒索，迫害无辜。大历五年（770），宰相元载密奏请杀鱼朝恩，并以重金贿赂鱼朝恩亲信周皓、皇甫温二人，暗中观察此人。寒食节宴会结束后，鱼朝恩准备回家之际，代宗挽留下，周皓将之擒获，缢杀在内侍省。

再下来代宗信任元载。前面已经讲过元载出身寒微，自幼嗜学好读，博览群书。天宝元年（742），唐玄宗策试，元载高中进士，授为邠州新平（今陕西彬州市）县尉，宝应元年（762），肃宗病重，宦官李辅国专权，与元载好，遂元载为宰相。代宗继位后，李辅国因有拥立之功，时常称赞元载于御前。元载也善于揣摩上意，颇受恩宠，升任中书侍郎、同平章事。

元载拜相后，推荐刘晏接任度支转运使，刘晏推荐颜真卿接了他职位。大历五年（770），元载奏明皇帝，第五琦因是鱼朝恩党羽，获罪被贬，元载遂兼任度支使。自此，志得意满，独揽大权，后来，元载与王缙上奏皇帝，建议以河中府为中都，春初还京，以躲避吐蕃侵扰。本以为会得到批准，便提前规划宫殿，建造私宅。代宗闻知，非常憎恶，搁置起来，此时就有了分歧。元载独揽朝政，贪财纳贿，裙带之风盛行。代宗对元载所为非常清楚，还想保全他，让他善始善终，于是单独召见加以劝诫，元载却不思改过。

刘晏石雕像

代宗对元载现在已经厌恶，决定收回权力。大历十二年（777）三月二十八日，代宗命令大将军吴凑收捕元载和王缙，将元载的儿子、亲信下狱，命吏部尚书刘晏、御史大夫李涵、散骑常侍萧昕等一同审讯，元载服罪，被赐自尽。元载的妻子王氏以及儿子元伯和、元仲武、元季能全部赐死。元载的家产也被抄没，仅胡椒便被抄出八百石，那是贡物，元载居然有这么多！灭了元载，那同党也灭了，包括王缙，现在就被贬栝州（今浙江丽水），当个栝州刺史。

代宗的朝廷要有人的，朝廷这个机器必须有齿轮的，不能停摆了。立即先任命太常卿杨绾为相，正在宴宾客的郭子仪听说此事，太高

■ 杨绾像

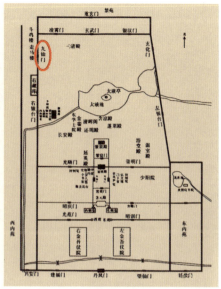

■ 大明宫西北九仙门

兴了，直接把宴席的声乐减去五分之四，提前结束。

杨绾上任，手上要有牌，赶紧给代宗建议将颜真卿调回。于是朝廷将我们逍遥自在，且游山玩水的羡门子立即调回京城。这是不是一个非常好的事情，并不知道，我觉得在湖州挺好的，可是三月，却已经让颜真卿不能做对子写联句，不能游山水了。杨绾举荐颜真卿为刑部尚书，这可是不错的任命，作为传统的儒家思想的代表，颜真卿也知道叶落归根，三癸亭没白建，一把年纪了，总算可以回到故乡长安了。

颜真卿就是在走之前还有一个心事未了，前面提到重树项王碑。按照欧阳询《艺文类聚》记载湖州项王庙立的是《吴兴楚王神庙碑》，可能碑倒了，颜真卿就重新立起。

"生当作人杰，死亦为鬼雄，至今思项羽，不肯过江东。"

颜真卿认为楚霸王是一个非常有气节的人，自己对项羽是崇敬的，"西楚霸王……灭秦而宰制天下"。颜真卿在碑上还写下了元载被诛，"奸臣伏法"，或许他还想传递一个信息，他要回长安城了"恩命追真卿上都"。

■ 杨绾墓志
长63厘米，宽61厘米，25行，行26字，韦肇撰，卫密隶书

■ 第五琦墓志
近年出土于西安，34行，行36字，韩秀荣隶书

　　长安确实远，颜真卿要一边拜访自己多年的亲戚朋友，一边赶路，从平望、苏州、丹阳、江州，还过洛阳，入潼关，过华阴，经灞河，上长乐坡，风尘中看见了长安城。终于，终于大历十二年（777）八月到了长安城，又当上了刑部尚书，离上一次永泰元年（765）当刑部尚书，已经有十二年了，终于又回来了。

　　不过又一个斗争序幕拉开了，迎接颜真卿的艰难险阻才开始。

三八　刑部尚书

　　樱桃下来了，今年的樱桃还不错。樱桃在唐代是珍稀的水果，多吃易上火，王维有诗《敕赐百官樱桃》：

　　　　芙蓉阙下会千官，紫禁朱樱出上阑。

　　　　才是寝园春荐后，非关御苑鸟衔残。

　　　　归鞍竞带青丝笼，中使频倾赤玉盘。

　　　　饱食不须愁内热，大官还有蔗浆寒。

　　颜真卿在湖州的时候，写了《柳恽西亭记》，这是现在湖州地区或江南他唯一的碑刻了，前一阶段浙江大学炒得非常热，还开了专题研讨会，就此事进行了研讨，其实这个碑是个残碑，针对浙江来说可能意义大，因为颜真卿的碑，浙江以前没有发现过。李清修这个亭子是为了纪念梁吴兴太守柳恽，柳恽是诗人也是音乐家，还曾当过吴兴太守，这和喜欢诗歌、喜欢音乐的颜真卿是志趣相投的，颜真卿又喜欢景观建设，前面建三癸亭，现在又给西亭写文章。

　　还是在湖州。李阳冰，李叔叔来了，李白的叔叔。李白是这样描述他这个叔叔的："高歌振林木，大笑喧雷霆。落笔洒篆文，崩云使人惊。吐辞又炳焕，五色落华星。秀句满江国，高才艳天庭。"

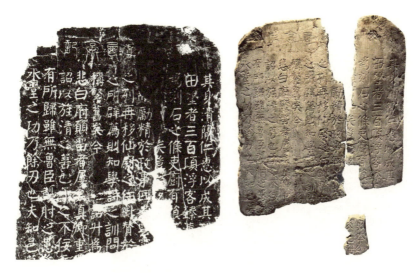

■ 颜真卿书《西亭记》（拓片和残碑）

李阳冰，生于玄宗开元年间，字少温，京兆云阳人，又说谯郡（治今安徽亳州）人，出自赵郡李氏南祖。先当缙云令、当涂令，后官至国子监丞、集贤院学士，世称少监。李阳冰兄弟五人皆富文词、工篆书，阳冰工书法，尤精小篆，先学李斯《峄山碑》，以瘦劲取胜，自己说："斯翁之后，直至小生，曹喜、蔡邕不足也。"他所书写的篆书，"劲利豪爽，风行而集，识者谓之仓颉后身"。前面说到，代宗宝应元年（762）十一月，李白一病不起。在病榻上将自己的诗文草稿交给族叔李阳冰，请他编辑作序，李阳冰接了这个任务，整理诗稿并作《草堂集序》。唐朝当时，论书法谁都知道李阳冰是高人，张怀瓘直接就说那是神品第一位的，所以你想想李阳冰来了，颜真卿咋办，赶紧叫上好基友皎然一起去给李阳冰摆个场子，不醉不归。皎然直接写了一首诗：

汉日中郎妙，周王太史才。云书捧日去，鹤版下天来。

草见吴洲发，花思御苑开。羊公惜风景，欲别几迟回。

现在，颜真卿上任了，是刑部尚书，正三品的职位。

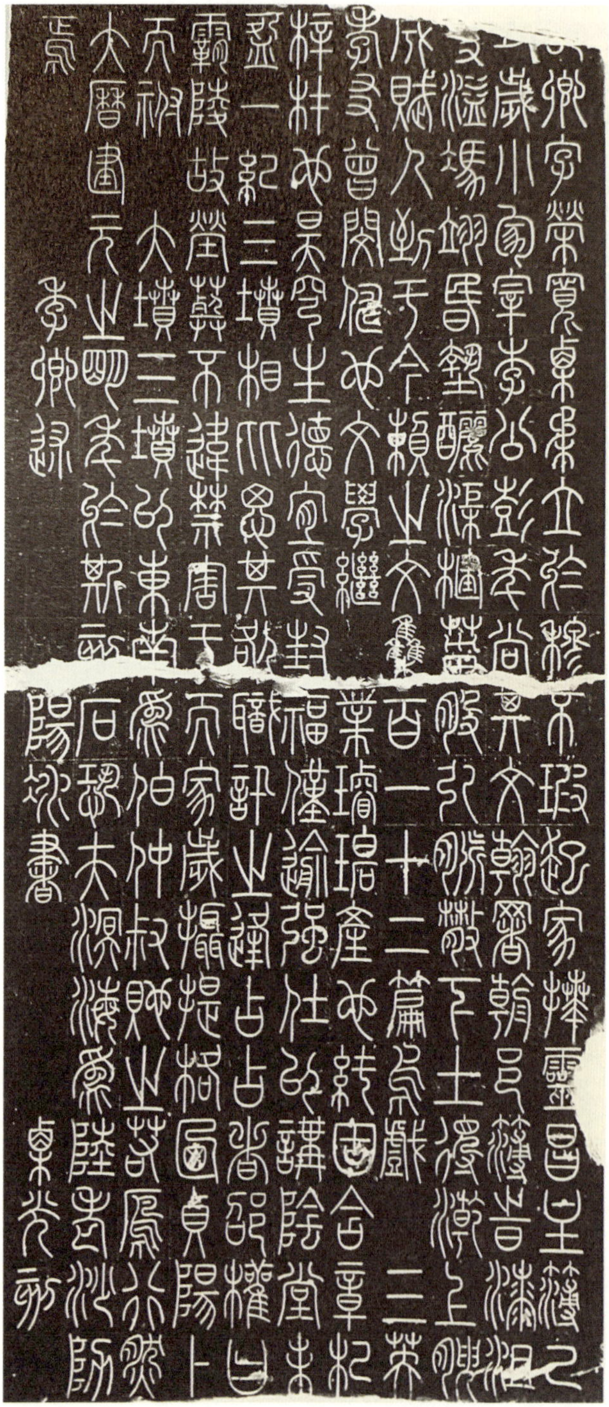

■ 李阳冰书《三坟记》

西安碑林藏石，篆书 11 行，行 19 字

此时，是相对清明的时期，宰相是杨绾，这人好。

杨绾，字公权，华州华阴（今陕西华阴）人，杨绾的爷爷杨温玉，当过武则天时的国子祭酒，他爸爸杨侃当过醴泉令。华阴杨氏那是大家族，汉朝的四知先生杨震，隋朝的杨素、杨坚都是华阴杨氏。杨绾早年以聪慧闻名，中举后授太子正字，正字是和校书郎差不多的差事，比校书郎低一阶。天宝十三年（754），参与玄宗亲自主持的考试，成绩是第一名，升任右拾遗，这应该是玄宗主持的最后一次考试了。安史之乱爆发之后，杨绾直接前往灵武投奔肃宗，随后历任起居舍人、中书舍人、礼部侍郎等，一直是一个明白事理又不较真的人，代宗李豫铲除元载后，急需有能力的人上位，拜杨绾为宰相，或许是年龄大，或许是不愿意在宰相位上烤火，不多久，便因中风离职休养，代宗多次遣使探望，旋即病逝。这都不知是为什么，好不容易有一个不错的人当宰相，举荐颜真卿，却也不能长久，不到一年就去世了。

举荐颜真卿老先生的还有个人，另一个宰相常衮。常衮，字夷甫，河内郡温县（今河南温县）人，三原县县丞常无为之子，生于唐玄宗开元十七年（729），比颜真卿小二十岁。天宝十四年（755），状元登第，比杨绾晚一年，也是第一名，牛气。常登第后先授了太子正字，和杨绾太像了，后来才授补阙起居郎，永泰元年（765），授中书舍人，广德元年（763），授右补阙，充翰林学士，迁考功员外郎，大历九年（774），升礼部侍郎。连续三年，主持科考，处事谨慎、墨守成规。大历十二年（777），正式拜相，杨绾病后，独揽朝政，"性情直孤洁，不妄交游"后册封河内郡公。

正是因为杨绾、常衮这样正直的人，才有了颜真卿的这一次的复归朝廷。看来皇帝不是不知道什么是好什么是坏，只是需要一个阶段一个阶段来把控一个方向，所有的臣子只是皇帝的映射与棋子，当时觉得元载是个人才可以治国，可以理财政。其实元载还是有能力的，是不可多得的人才，安史之乱后，国家财力不好，如果没有元载这样的，经济复苏就比较慢。战乱后期，中央地方都没钱，老百姓没钱，颜真卿在中央做三品大员时还不是要向别人讨要粮食。这是历史不是面团，所以好与不好都是取舍，古代找几个政治上成熟的，思想上保守的好找，可是找一个懂经济懂财税，不见得好

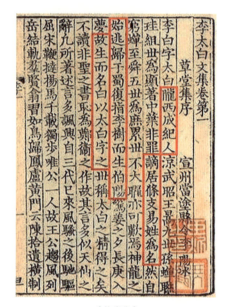

■《草堂集》

找，前面说第五琦是好手，可是也不是他想出的财税法，是别人想出来，但是他明白去做了，这就成他的财税之法了。关于皇帝用不用谁，现在不同于后代，现在还是代宗的天下，到此时，皇帝还是为所欲为的，不满意了就随时可以处理掉臣子，杀元载就是这样，你再厉害，对我来说，

■ 礼泉九嵕山（昭陵）
唐太宗李世民昭陵位于礼泉县烟霞镇九嵕山，海拔 1188 米，这幅图是从南向北看

就是一只蚂蚁，碾死你太容易了。苏东坡说"寄
蜉蝣于天地，渺沧海之一粟"就是这意思。

■ 吏部尚书印

前面说颜真卿编纂了一部书叫《韵海镜源》，
当时好多人都参与了，写了五百卷，后来在湖
州又删改最后定为三百六十卷。今年，大历
十二年十一月回到长安的颜真卿将它献给皇上，皇上高兴就收了，并把
它藏于集贤殿和秘阁。估计藏得太深，所以后来什么人一把火就把它烧
了，于是失传了。

颜真卿从外地回来了，那就好！

都七十了，还干什么。大历十三年正月就三次上表给皇帝说，我太
老了，还是把位置给年轻人吧，我想退休。结果皇帝想，才把你弄回来，
你就不干了，那不行，你不干谁干？于是就不批准，还给他转任吏部。

二月里又去昭陵谒拜，想想三十六年前刚当礼泉县尉时，意气风发，
历历在目，现在已经七十了，《使瑶台寺有怀圆寂上人》：

> 上人居此寺，不出三十年。
>
> 万法元无著，一心唯趣禅。
>
> 忽纡尘外轸，远访区中缘。
>
> 及尔不复见，支提犹岌然。

"及尔不复见，支提犹岌然。"

前次，正月颜真卿要退休，领导没批准，可能还有目的。

三九 主代宗葬礼'

不让颜真卿退休，这可能是班子建设上不好摆布，这不，三月又改任颜真卿为吏部尚书，这个权利比刑部大，一年里走了杨绾，却来了柳公权，是的，柳老师降生了。

这几年，颜真卿在书法上有成就，先写了《太保昭武公李抱玉碑》，这是李光弼的部下，至德二年赐姓李，封凉国郡公，文字是提携颜真卿的杨绾写的，所以这个碑于情于理是应该写的，改吏部尚书以后，还写了《宋璟碑碑侧记》说明立碑的意义。

代宗可能操得心太多，干了十几年，身心疲惫，这个烂摊子，千疮百孔，是我我也受不了。

大历十四年（779），五月初二，宫中传出代宗生病的消息。这一病

■ 宋璟碑（局部）

位于邢台市桥西区，碑高4.08米，宽1.6米，四面刻字，楷体，三千字，述宋璟"历仕三朝，刚直不阿"的荣耀事迹

不轻，不到十天，代宗就无法上朝了。五月二十日，下令太子监国，当天晚上，代宗就在紫宸内殿驾崩了。五十三岁的李豫死了，说起来比他爸爸多活了一年，他爸爸肃宗李亨五十二岁去世的。

从天宝十四载（755）安史之乱开始，当时李豫28岁，做天下兵马大元帅，疆场杀敌，不容易，

■ 宋璟像

克服艰难险阻，重重矛盾，收复两京；登基后，除李辅国，吐蕃内犯，打败吐蕃；结束了安史之乱，完成了肃宗未竟之事，荡平余孽，可以告慰祖宗；重新让国家走上正轨，黎民百姓脱离战火的苦痛。后来，又改革漕运、盐价、粮价等，实行了养民生息，安定社会，发展生产，"以养民为先"的财政方针，做出不少成绩。《新唐书》："代宗之时，馀孽犹在，平乱守成，盖亦中材之主也！"评价不低。

或许这是代宗弥留之际写的诗，确实代表了他的心情：

片云天共远，永夜月同孤

颜真卿作为"颜先生"，这一年主要的任务就是安葬代宗。

先一个皇帝驾崩，后一个皇帝即位，葬礼是新皇帝即位的一个非常非常重要的环节，如何平稳过渡，如何主持都有讲究的。前面太宗等即位时，因为有人提出丧礼（凶礼）不可由臣子提出，每次交接的时候总有一些蹊跷。颜真卿是一个儒家功夫深厚的人，所以此次丧礼重任就交给了他。

代宗弥留之际，颜真卿火速被任命为礼仪使。前面已经说过，都虞

■ 富平檀山（元陵）
唐代宗李豫元陵位于富平县西北15公里檀山，海拔851米，与周围落差不大

侯管崇嗣作为一个副将，却先于主帅上马不讲礼节，颜真卿要弹劾；安史之乱，收复长安后，回到长安城，看见太庙已毁，要肃宗筑坛哭三天，要讲礼节；广德二年（764年）迎接郭子仪，郭英乂编错位置，与郭英乂争座位，辨别是非，都是一钉一板，按礼法办事，毫不含糊。代宗自己不是平稳过渡过去的皇帝，这个千疮百孔的社稷江山，无论如何还是要交给自己选定的人。所以代宗驾崩、新皇帝继位，能够不能够平稳过渡事关重大，而礼仪使作为主持这个事情最重要的人物责任更大，代宗必须选择一个自己放心的人。于是在中书舍人崔祐甫的推荐下，五月十二日，颜真卿出任礼仪使。

好了，颜真卿认真完成了作为礼仪使的使命。"自玄宗以来，此《礼仪注》废缺，临时徐创，实资博古，练达古今之旨"，皇帝丧事在儒家是《周礼》"五礼"的第二礼"凶礼"，所以从唐初关于皇帝的丧事记录就是空缺的，礼仪使颜真卿参照《礼经》制定了详细的礼仪程序，深寓尊重皇权，遏抑藩镇，维护国家统一，其所制定的代宗丧葬礼仪成为我们现在能看见的唯一唐朝的皇帝丧葬的文件。

关于代宗下葬问题。

之所以我对这个上心，是因为想看看到底皇帝下葬要怎样的不同。

这个礼仪繁琐：第一步，小殓；第二步，小殓祭奠；第三步，大殓；第四步，殡；第五步，大殓祭奠；第六步，设铭；第七步，悬重；第八步，殡；第九步，将葬筮宅；第十步，启殡朝庙；第十一步，祖奠；第十二步，挽歌（灵柩移到陵区唱的歌）；第十三步，葬仪，大体上就是这个程序。

还有一点就是新皇帝在这个过程中如何即位，颜真卿在《元陵注》中"嗣皇帝""皇帝"的称谓变化，可以推定德宗即位是在殡葬之前，大殓之际举行的，就是前面讲的第三步到第四步的中间，这也是颜真卿被委以礼仪使的重要职责之一，不光要按照礼仪安葬代宗，还要按照礼仪让太子李适平稳上位，当上皇帝。颜真卿做到了这些，心放下了，为了礼仪规范与总结得失，他将这个过程全部记了下来。

新皇帝开始面临天下了！

颜真卿由于现在是礼仪使，就非常注重这方面，对前朝的礼仪做法进行了梳理，觉得有些做法不对，就提出了意见，比如几朝几代不停地给先皇帝加封谥号，这是形式主义，表面看是越来越尊重，其实一点不

■ 大明宫紫宸殿原址

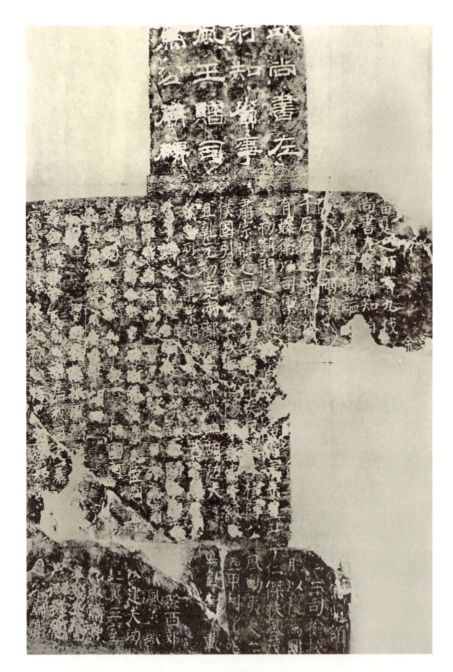

■ 马璘新庙碑

大历十四年六月立，程浩撰，颜真卿书，韩秀实隶额，首见欧阳修《集古录》，后湮，光绪
十七年（1891）出土于西安藩署，已残为五石，约存 400 字。1947 年移存西安碑林

严肃，不是一个好现象。颜真卿建议改为原来的最初的，那样简单隆重，比如李世民原来谥号是"太宗文皇帝"，现在谥号已经加成"太宗文武大圣大广孝皇帝"，都看不出来到底是什么了，还是改回去好，就还是"太宗文皇帝"，朝廷上都同意了，但有官员认为都已经改了，再改回去，不是更麻烦，知道的说是删繁就简，不知道还以为宫廷里、朝廷里矛盾多，所以就不了了之了。

这一年他还写了好几个碑，是个高产书法家，先写了《马璘新庙碑》。他和韩择木搭过班子，和他家族关系好，这是没办法的事，韩老爷子不在了，可以让他孩子写，所以就有了《马璘新庙碑》，碑额是韩择木大儿子韩秀实写的。

给曾祖父颜勤礼写了《颜勤礼碑》，这是个名品，现在是国宝级文物，当然这个碑还有传奇。宋朝就不知下落了，一直到民国才又找见，民国十一年（1922）却不是在田间地头，而是在长安城藩廨库堂后面的地下挖地基时找见的。碑已断裂，没有碑额和铭文，其他完好，这个我到碑林博物馆去过，原碑是非常精致的。另外还写了《张敬因碑》，北宋时已经残损。《华严帖》《章仇公夫人魏氏墓志》《千金陂碑》《唐兴寺主碑》《韦璟碑》《朱巨川告身》等等。

现在，杨炎当上了宰相，这可不得了！杨炎原来是元载的部下，被贬出朝廷到地方为官去了，如今又回来了，朝廷上又出现了血雨腥风。

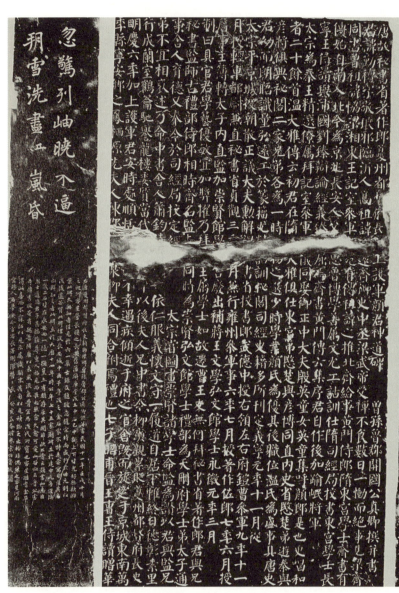

■ 颜真卿书《颜勤礼碑》（局部）

颜真卿为曾祖父颜勤礼撰并书的神道碑，为其晚年楷书代表作。大历十四年立，后遗，四面刻字，现
存三面，碑阳19行，碑阴20行，每行38字，碑侧有5行，每行37字。民国十一年（1922）十月西安
出土，现存于西安碑林。用笔横细竖粗，藏头护尾，方圆并用；结体大方，拙中见巧，气息浑厚，雄强

四〇 杨志坚离婚案

汉朝重礼重孝，实行"举孝廉"制，现在以为都是走后门了，其实那时人讲诚信，延至唐朝，当杨绾提出停止以背诵为主的科举制度，恢复"举孝廉"，有很多人拥护。"举孝廉"讲的就是礼的问题，现在颜真卿主持礼仪大事。

前面颜真卿当抚州刺史时，出了一件"朱买臣"的事。

朱买臣是谁？

朱买臣（？—前115），字翁子，会稽郡吴县人，就是今天江苏省苏州市人，西汉一个大臣。

汉文帝时，朱买臣家里苦，靠卖柴为生，但好学。四十岁还是非常落魄，靠砍柴换粮食维持生计。汉景帝前元三年（前154），吴王刘濞诛晁错为名，联合各诸侯拥兵造反，领衔七国之乱。狼烟四起，这天下也太乱了，朱买臣就和妻子逃离战乱，跑到大洲源（新安江的一条支流），在人烟稀少的深山里，搭个茅棚住了下来。开始夫妻俩到山上砍柴，挑到山下去卖，用以维持生计，这也没有什么。可是，朱买臣挑柴不忘学习，肩上担柴，嘴里背诗文，有人笑他书痴，脑子有病，妻子听到了觉得难堪，劝他挑柴时不要背了。可朱买臣不听劝告，反而越背越响，如唱山歌，弄得人都来看热闹，妻子感到羞愧，算了算了，不过了，请求与朱买臣离婚。朱买臣笑着对她说："你别看我是个穷鬼，我五十岁要大富大贵，你跟我吃苦已有二十多年，现在我已经是四十多岁的人，再等我几年，等到我富贵的时候好好报答你。"妻子愤恨地说："像你这样的人，最后只能饿死在山沟里，哪来的富贵？"

朱买臣再三劝说妻子，妻子越想越气，大哭大闹，朱买臣没有办法亦只好同意离婚，写了休书，递到妻子手里，妻子毫不留恋，离家而去。

同样在抚州，颜真卿的辖区，居然也有一个像朱买臣一样的人，娶朱买臣一样的妻子，大历三年（768），山里有个叫杨志坚的学生，家境贫寒，勤奋好读，善诗，"遍览九经，篇咏之间，风骚可撷"，可是和朱买臣一样穷啊。

穷，其实在古代就是男方的问题，比如好吃懒做。从形式上看朱买臣、杨志坚在朴素的古代，一般家庭就是认为好吃懒做！读书不是一般家庭可以承受的，人不学不知义，那也要有物质条件，能够"孝顺亲长、

■ 南京颜鲁公祠

廉能正直"，一定是有物质基础的，所以确切地说，读书是贵族的事。"举孝廉"制度在隋以前长期存在，因为能读书的一定是有钱有时间的，能在乡里表现的，那就一定不是平民的事情，"举孝廉"就是一个高贵的制度。

因为经济的发展物质的充沛，平民读书的慢慢多了起来，于是隋代顺应潮流，开科举，但是现在也不排除好吃懒做，冒名好读书。好了，杨志坚的妻子跟了他好多年，看看没出息的丈夫铁了心，就要求离婚。

唐朝大有外族的思维，其实风气还是不错的，你看看武则天、太平公主、韦皇后等，妇女地位之高，不是后来朝代可比的。那时候虽说男女有别，但真的差别不是那么大，所以妇女提出离婚是正常的，是可以离婚的。其实唐以前的风气更好，汉景帝都可以娶王娡，既是平民出身，又是离婚妇女，最终贵为皇后。宋以后，女人离婚那是不可想象的。

妻子提出离婚，杨志坚内心是不同意的，想了想，然后写了一首酸溜溜的诗，表示同意：

> 平生志业在琴诗，头上如今有二丝。
>
> 渔父尚知溪谷暗，山妻不信出身迟。
>
> 荆钗任意撩新鬓，明镜从他别画眉。
>
> 今日便同行路客，相逢即是下山时。

是不是，可以从诗中读出无奈与失落，更多的是对自己能力的坚信，对妻子离去的不理解。

前面说朱买臣离婚了，朱买臣离婚后如何呢？

到了汉武帝当政，朱买臣经朋友介绍到会稽郡当一名差役。一天，凑巧在街上遇到同县人中大夫严助，严助向汉武帝推荐了朱买臣。汉武帝求贤若渴，立即召见朱买臣，朱买臣大谈《春秋》《楚辞》，汉武帝

『举案齐眉』图

一高兴，封朱买臣为中大夫，与严助一样。元鼎五年（前112），东越
王余善反复无常，屡次不听朝廷命令。朱买臣献策说："以前东越王居
住守护在泉山之上，地势险要，一人守险，千人都攻不上去。如今我听
说东越王迁徙南行换了地方，此地距离泉山五百里，在大泽中。现在如
果派兵过海，直接攻击泉山，陈设舟船、排列士兵围攻，席卷南行，就
可以攻破消灭东越国了。"汉武帝非常高兴，好好好，这个办法不错，
采纳朱买臣的作战计划，封他为会稽郡太守。

皇帝对朱买臣说："荣华富贵不返乡，就如锦衣夜行，你打算怎么
办呀？"朱买臣磕个头说，谢谢、叩头谢恩。朱买臣回到会稽郡，会稽
的官员听说太守将到，征召百姓修整道路。朱买臣到会稽郡（郡治在今
苏州市）上任后，看见他的前妻及丈夫在修路，就停下车，叫后面的车
子载上他们，送到太守府，并安置在园中，供给食物。过了一个月，他
的妻子上吊而死。朱买臣给她丈夫银两，让他安葬。

同样，杨志坚的妻子出了家门，杨妻去到官府要求判离婚并要求改
嫁。颜真卿坐在堂上审案，认为杨妻这不对。从现在来讲，这个女人没
问题，可是当时不一样，尤其按照颜真卿这个杠头的礼法，这绝对是一
件不可饶恕的，于是判定杨妻"恶辱乡间，败伤风俗"，勒令打二十棍子，
判决离婚。然后，赏赐给杨志坚布、绢各二十匹，米二十石，并且叫出
来做事，当了一个幕职。按照历史的记载，抚州从此几十年没有离婚案，
这个在抚州颜鲁公祠里的堂记中有记载。

颜真卿必须准予人家改嫁，这是唐代的法律。关于杨志坚离婚，其
实就是两个人志向不和的问题。但在古代女人这样却不行、行不通，这
是农耕社会需要平稳和守正。按照颜真卿的想法，你们应该向梁鸿、孟
光学习，他们就是隐居霸陵山，"举案齐眉"的主人公。

■ 汉文帝霸陵山

西安市灞桥区白鹿原北坡。毕沅所立刻的汉文帝霸陵
碑址应是不确切的，随着考古的发掘会有新的发现

说说杨志坚，生活于大历年间，诗人，主要活动于江西临川，与邓通、陈周毛、黄发起、危全讽、危仔昌、张顶、元德昭一起并称"临川八大家"。

《颜氏家训·勉学篇》

自古明王圣帝，犹须勤学，况凡庶乎！此事遍于经史，吾亦不能郑重，聊举近世切要，以启寤汝耳。士大夫之弟，数岁已上，莫不被教，多者或至《礼》《传》，少者不失《诗》《论》。及至冠婚，体性梢定，因此天机，倍须训诱。有志向者，遂能磨砺，以就素业；无履立者，自兹堕慢，便为凡人。人生在世，会当有业，农民则计量耕稼，商贾别讨论货贿，工巧则致精器用，伎艺则沉思法术，武夫则惯习弓马，文士则讲议经书。多见士大夫耻涉农商，羞务工伎，射则不能穿札，笔则才记姓名，饱食醉酒，忽忽无事，以此销日，以此终年。或因家世余绪，得一阶半级，便自为足，全忘修学，及有吉凶大事，议论得失，蒙然张口，如坐云雾，公私宴集，谈古赋诗，塞默低头，欠伸而已。有识旁观，代其入地。何惜数年勤学，长受一生愧辱哉！

四一　议定婚嫁礼仪

　　夫妻之间的离婚，从古至今都不好解决，因什么离婚，谁提出离婚，这真的是个千古问题，尤其现代中国，妇女顶多半个天，可能提出的多是女方，这是一个匹配的问题，而古代这是一个礼和义的问题。

　　今天讲婚嫁的礼仪。

　　"昔周公治定制礼，垂裕后昆，命媒氏之职，以会男女"。"婚姻之礼，人伦攸尚"关于婚嫁的事，眼下就有人结婚嫁女。一个是李洞清嫁女，一个是皇上嫁女，礼仪使颜真卿都要管，"婚姻之道，莫先于仁义"。

　　先说李洞清嫁女。

　　这可不是一般人，李洞清是"国父"郭子仪的女婿，郭子仪能看上的人应该问题不大，都知道郭子仪要求严格。李洞清现在任殿中少监，这是建中元年（780）十一月的事。李洞清的女儿就是郭子仪的外孙女。

　　李洞清嫁女的时候"别设毡帐，择地而置"，这是旧有的风俗，少数民族的遗风。结婚行礼就在毡帐，不知家里谁告到颜真卿那里，颜就知道了，认为作为朝廷的官员这

■ 中书省之印

■ 唐代舆辇

样是不对，那是少数民族的东西，自己是礼仪使，深知这事不合礼仪，
所以就将李洞清的事举送御史台。这可不是就洋相了，李洞清就这样被
贬了。从史书来看，李洞清一生最高职位就是这个殿中少监。殿中少监，
唐代殿中省的次官，从四品上，主要分掌皇帝膳食、医药、冕服、宫廷
祭祀张设、汤沐、灯烛、洒扫以及马匹、舆辇等事务。郭子仪是颜真卿
的偶像，可是遇到郭家人有问题却不放过，看来确实是爱憎分明，不过
史书也写了，李洞清是受卢杞等的陷害，这就不得而知了，或许颜真卿
只是被人利用了。

　　关于毡帐，陆畅有《云安公主下降奉诏作催妆诗》："云安公主贵，
出嫁五侯家。天母亲调粉，日兄怜赐花。催铺百子帐，待障七香车。借
问妆成未？东方欲晓霞。"这里"百子帐"指的是毡帐。

　　好了，虽然李洞清被贬了，可当年颜真卿还是被边缘化了。八月
二十二日因为颜真卿老是找朝廷的不是，有人就建议将他提拔成了太子

少师，这也是一个从二品旳官衔，看着好像比吏部尚书高了那么一点点。颜真卿是想唐帝国迅速地有所转变，可是朝廷上老有心怀叵测的人，所以，加冠的目的是去掉他的吏部尚书的官职的实权，与别设毡房有关系吗？不知道。

　　一个是皇帝嫁女。

　　嫁谁呀，我也不知道，不知道就敢说。

　　建中元年的十二月，领导让颜真卿和几个王爷一起商定公主、郡主出嫁的礼仪。

　　先废了毡帐习俗。前面说李洞清嫁女废毡帐，皇帝嫁女也一样，"皇女下降，颜真卿为礼仪使，如俗传障车、却扇、花烛之礼，颜皆遵用不废，独言毡帐本塞外穹庐遗制，请皆不设"。透露出了唐朝皇室嫁女仪式中盛行百子帐也一样都废了。

　　皇帝嫁女还有问题，谁拜谁？

　　我估计这事以前有问题，比如唐初是如何的？应该隋唐初期是有制度，但是那个制度可能有问题，比如太平公主嫁了，舅姑要向她行礼，这是不是讲不通，当时却是那样执行的。这一切估计新来的领导以前也遇到过，他姐姐妹妹要嫁，而此前是谁拜谁老成问题。

　　先看看古代婚嫁的情况。

　　周《礼记·昏义》，就是结婚要有六个步骤，规定六礼，即：纳采、问名、纳吉、纳征、请期、亲迎。此后历代大体沿袭这一礼制，唐代更是尊周礼，颜真卿就是坚定的执行者。

　　首先是纳采。男方欲与女方结亲，请媒人往女方家提亲，再正式向女家纳"采择之礼"，也就是俗话说的父母之命，媒妁之言。

　　下来是问名。男方遣媒人到女家询问女方姓名，生辰八字。取回庚帖后，卜吉合八字，卜吉凶。庚帖里的花活可就多了，得"可以"，那就进入下一个环节：纳吉。男方问名、合八字后，将卜婚的吉兆通知女方，并送礼表示要订婚的礼仪，下正式婚书。

■ 百子帐图

□□以男二十而冠女十五而笄自此
氏所釋毛詩所用家語之說
以後可以嫁娶至男三十女二十是正昬姻之時與家語異也
昬禮者。將合二姓之好。上以事宗廟。而下以繼後世也。故君子重之。是以昬禮。納采。問名。納吉。納徵。請期。皆主人筵几於廟。而拜迎於門外。入揖讓而升。聽命於廟。所以敬慎重正昬禮也。
聽命謂主人聽使者所傳壻家之命○昬者一本作昬禮者婚禮用昬故經典多止作昬字合如字徐音闇好呼報反采七在反采擇也期徐音情又如字筵音延使色吏反傳直專反
【疏】昬禮至禮也○正義曰此一節總明昬禮之義而拜迎於門外揖讓而升自從始至終也○納采者謂采擇之禮故昬禮云下達納采用鴈也必用鴈者白虎通云鴈取其隨時而南北不失節也又是隨陽之鳥妻從夫之義也問名者問其女之所生母之姓名故昬禮云謂誰氏言女之母何姓氏也此二禮一使而兼行之○納吉者謂男家既卜得吉與女氏也○納徵者納聘財也徵成也先納聘財而后昬成春秋則謂之納幣其庶人則緇帛五兩卿大夫則玄纁玄三纁二加以儷皮及諸侯加以大璋天

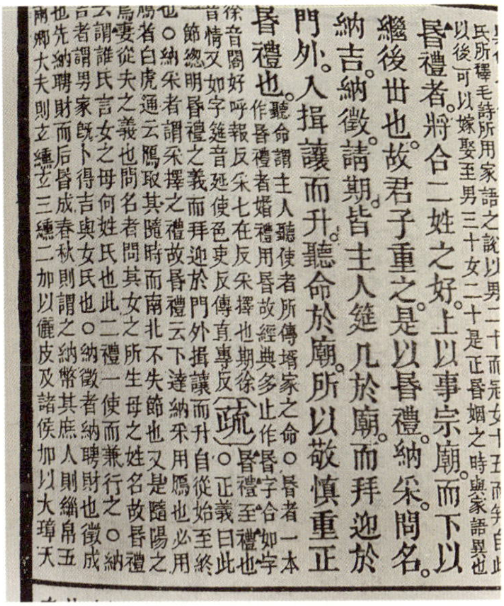

《礼记·昏义》书影

然后就是纳征。通俗一点，就是送聘礼，时代不同各地方价码都不太一样的，古代有等级规定庶人、大夫不同。

请期。男方定了婚日，“不敢自专”，执谦词问女方可否。

亲迎。简而言之就是新郎亲自迎娶新娘回家的礼仪。新郎亲迎，古代是要御车至女家，傧相赞引拜其岳父母以及诸亲，行礼节，然后迎新娘出来上车，新郎御轮三周，到了男方家要拜公婆，可是大唐的公主郡主脾气都大，所以就不好弄，居然公婆要拜公主郡主。

还有一个礼节。要归结于当时封建社会的礼教制度，按照唐朝的律例规定，如果男子所娶的是公主，那么丈夫要为妻子服斩衰之礼三年，说白了娶了公主郡主守丧三年，守丧也不能近女色，娶了和没娶没什么差别，所以一般情况下，没有人会愿意迎娶唐朝的公主。

建中元年十一月十六日，颜真卿和宗正卿李琬，汉中王李瑀，光禄卿李涵，这几个都是王爷，研究了半天，"详定公主郡主县主出降觌（dì）见之仪。条件闻奏，将以化行天下，用正国风"。最后，还是有成绩的，就是以后下嫁"郡县主见舅姑"。

咋拜？"明日早，舅坐于堂东阶上，西向。姑南向。妇执笲，（竹器元表纁里）盛以枣栗。升自西阶，东面再拜，跪奠于舅席前。舅举之，赞者彻以东，妇退。"拜姑基本同拜舅，拜婿之伯叔兄弟姊妹也差不多，这个好，颜真卿的礼仪还是有道理的，这样就有序了。

这一年，颜真卿给李诵当了太子少师。前面说的刘晏自杀了。刘晏经历了玄宗、肃宗、代宗、德宗四朝，长期担任财务要职，管理财政达几十年，效率高，成绩好，奸相杨炎陷害他，家中所抄财物唯书两车，米麦数石而已。举荐颜真卿当礼仪使的崔祐甫也去世了，是不是预示朝廷以后的事不好做了。

太常寺太祝空缺，这是礼部的事，颜真卿是礼仪使，就竭力举荐茶友陆羽出任。陆羽却不就，真是高士的作风，现在有人想学，抵不住诱惑，心达不到。其实，此前有人让他出任"太子文学"，六品职位，他也没去。现在给他一个"掌管纳神主于太庙之九室，而奉享荐禘祫之仪"的太祝职位，你家茶圣就能干吗？呵呵呵，所以陆羽还是在家里喝喝茶，看看书法，写写诗，多好，伤那个钩心斗角的心干什么。

四二　与韩择木家族'

每个人都有朋友，每个人都有非朋友，国家一样，个人也一样。

　　韩择木，京兆长安人，有说江苏扬州，望出昌黎（河北通州），生卒年不详。约生于武则天长寿年间（692—694）。出身国子监太学士，活动于玄宗、肃宗年间。官至右散骑常侍、礼部尚书、太子少保、集贤院学士副知院事，永泰二年致仕退隐田园，卒于大历六年（771）后，享年八十余岁。曾为右散骑常侍，故人称"韩常侍"，曾先后担任太子、诸王侍书达十余年之久。韩择木曾与颜真卿交游，并与徐浩在集贤院共事，与史惟则也有往来。韩择木是"文起八代之衰"的韩愈的叔父，他精研书法，楷书继承黄庭曹娥，多有心得；隶书师承蔡邕，有"蔡邕中兴"之誉。《述书赋》说："韩常侍则八分中兴，伯喈（蔡邕）如在，光和之美，古今迭代。昭刻石而成名，类神都之冠盖。"韩择木有三个儿子分别是秀实、秀荣、秀弼，也都出仕并为书法家。

　　颜真卿与韩择木在开元二十二年（734）到至德二年（757）之间有认识的机会。

　　开元二十二年（734）颜真卿进士及第，登甲科，在京师开始天天拜码头，拜名士或许就认识了韩择木。开元二十四年（736）河中府立赵良器撰文韩择木隶书的《裴宽碑》，同年颜真卿当上校书郎，韩择木是侍书，工作相近，在此之前京城上层都知道韩择木，韩已经书写多方碑刻，他和太宗时期的虞世南、冯承素都是以书名世，所以认识是很正常的。

天宝元年（742），颜真卿回到长安，十月，被任命为醴泉县尉。天宝五载（746）三月，迁长安县尉。此前跑去向张旭学习写字，当时，韩择木的书名已经很大，并且是皇家的侍书者，天宝元年（742）三月二日，台州有韩择木隶书崔尚《桐柏观碑》（玄宗正书题额），见署翰林院学士，庆王府属，颜真卿应该知道或认识。韩择木曾先后担任太子、诸王侍书达十余年之久，是皇室的一位资深专职的书法教师。

天宝九载（750）长安立韩择木隶书韦述撰《韦凑碑》，如果按照一定原则推理，这个时候颜真卿最少已经知道韩择木了。韦述和韦迪是亲兄弟，韦迪是颜真卿的岳丈，韦述是颜的叔丈，按照年龄韦迪韦述和韩择木应该大小差不多，所以颜真卿此时应该是高看韩择木的，并且应该是按照长辈对待的，这个时候应该认识韩择木。

天宝十一载（752）韩择木是太子及诸王侍书，应该已经认识；天宝十二载（753）颜真卿出任平原太守，或许在玄宗送行的宴席上就认识了。大约稍后一年，韩择木出任鲁郡太守，此时应该是互相认识的，都在崤山以东，离得不是太远，但是没有发现他们见面的记载。

颜真卿与韩择木，至德二年（757）肯定认识了，并且关系好。
那一年颜真卿与韩择木第一次有记载的是安史之乱发生后，颜真卿从平原郡回到朝廷，韩择木也从鲁郡回到朝廷，他们在肃宗朝尚书省搭班子，颜真卿是刑部（宪部）尚书，韩择木是刑部侍郎兼御史中丞，也就是刑部的正副长官。只是不久颜真卿很快就被贬冯翊太守。这次任上颜真卿与韩择木合作应该是愉快的，从此他们就有了非常好的合作，颜真卿送给韩择木《相国帖》，韩择木题跋说"子孙宝之"，那个是好东西，有信息。当代学者陈根远先生说："肃宗朝，他和颜真卿密切共事，情同手足。"

颜真卿与韩择木及其子的合作。

既然关系好，就不是这两人一生见过几次了，应该是随时都有来往了。乾元二年（759），韩择木升任右散骑常侍，这是正三品下的职位，比他前面的刑部侍郎正四品下的职位高了一级，颜真卿当年六月已经到升州任刺史。后来韩择木又做到礼部尚书，以太子少师致仕。

代宗大历五年（770）颜真卿在抚州刺史任上应殿中侍御史徐缤之情，给他爸爸徐秀写神道碑。乾元三年，徐秀与颜真卿在蓬州共事。这个神道碑颜真卿撰文，请韩择木写字，李阳冰篆额，立在少陵原上，与颜氏家族的墓地不远。这是有史记载的，颜真卿与韩择木第一次合作，也是与李阳冰第一次合作。有人又说"耐人寻味的是，从此以后，韩择木写碑似乎再也不用楷书了"。

大历六年（771），在抚州，颜真卿与韩择木书写了《唐慈恩寺常住庄地碑》，这不是随便写的，慈恩寺是玄奘法师译经场所，在唐朝寺院里地

■ 富平凤凰山（定陵）
唐中宗李显陵墓位于富平县北十二千米宫里镇凤凰山

位非常高，前面慈恩寺的圣教序碑是太宗和高宗写的文章，褚遂良楷书，后来怀仁小和尚又集王羲之书，现在又立一方碑《唐慈恩寺常住庄地碑》，应该是代宗的意思。代宗将此项工作交给了颜真卿，颜真卿就拉着老搭档韩择木，于是就有了颜真卿撰文，韩择木八分书，代宗篆额的此碑。

大历十二年（777）八月，颜真卿从湖州回到长安。颜真卿与韩择木的长子韩秀实合作给鲜于氏家写了几方碑，颜真卿与鲜于氏有"通家之欢"，"真卿犹子曰纮，从父兄故偃师丞春卿之子也，尝尉阆中，君古旧不遗，与之有忘年之契"。《鲜于仲通碑》《离堆记》为颜真卿亲自撰并书，到《鲜于氏里门记》，颜真卿叫来韩云卿

■ 韩择木书《荐福寺大戒德律师碑》

韩云卿撰，史惟则篆额，隶书，16行，行36字，高190厘米、宽80厘米

写文章，韩秀弼八分书，李阳冰篆题。这通碑久不见面世，前几年报上有消息说这个碑刻有拓片，当代学者宗鸣安先生捐给阆中博物馆了。

大历十四年（779）颜真卿已经七十一了，是吏部尚书兼礼仪使，程浩撰文《马璘新庙碑》，韩秀实此时五十岁了，开元十八年（730）生人，隶书额。2018 年 10 月的时候，我在琉璃厂遇到了这个《泾原节度使马璘先庙碑》的拓片。

■ 韩择木书《靖德太子墓志》（局部）

韩择木书，楷书，长 90 厘米，宽 90 厘米

有人认为韩择木从当上颜真卿的刑部副官，就不写楷书了，是对上级领导颜真卿同志的礼让，而颜真卿任职抚州期间撰写的《徐秀撰神道碑》和《慈恩寺常住庄地碑》由韩择木书丹，是因为颜真卿为了报答韩择木的礼让，有意举荐退休多年的故人，这个论断有一定的道理，因为韩择木就是靠书法起家的，在此之前，韩择木就已经是御用书家了，并且是隶书大家。

韩择木去世后，颜真卿还请其长子韩秀实合作书碑，深情厚谊绵绵，千古一叹。

四三 行两税法

去看了眉县张载的雕像，看了雕像周围的田地房舍，还有学堂，关学是从何时开始的，这个思想与颜真卿有什么关系吗？

建中元年（780）八月二十二日，德宗听从宰相杨炎的意见，将颜真卿免掉吏部尚书，改为太子少师继续兼礼仪使。这时因为杨炎正得势，两税法初见成效，德宗就顺着他，所以对颜真卿，免就免吧。

杨炎是元载的人，他们是同乡，并且有亲戚关系。元载被赐死，杨炎被贬为道州司马，崔祐甫认为杨炎是个人才，现在又推荐他，德宗正是要改朝换代，不能都用前朝皇帝用的人，那样自己不好开展工作，所以就又启用了杨炎。

■ 杨炎像

先说崔佑甫，字贻孙，京兆长安人。生于玄宗开元九年（721），开元天宝中进士，补调寿安县尉，自起居舍人，一路到中书舍人，性格刚直，遇事不阿，现在是门下侍郎同中书门下平章事，就是宰相。

杨绾、常衮推荐颜真卿为刑部尚书，无论杨绾、常衮性格如何，都是认可颜真卿的。崔佑甫在代宗弥留之际推荐颜真卿为礼仪使，礼仪使在唐是一个非常重要的角色，说明崔佑甫也是认可颜真卿的。现在崔佑甫又推荐杨炎，说明杨炎应该是有能力的，作为宰相崔佑甫举荐人才在历史上是有名的。实践也证明杨炎是有本事的。

杨炎，字公南，长得漂亮，文章写得也好，最著名的是创造了"两税法"。

唐初，征收赋税实行的是租庸调制，租庸调就是以人丁为依据，无论田地情况，征收赋税。贞观以后，土地进行大的兼并，失去土地而逃亡的农民增多。农民逃亡，政府责成邻里代纳租庸调，结果迫使更多的农民逃亡，租庸调制维持不下去了。

安史之乱以后，国家更是不能有效地控制户口及田籍，土地兼并更剧烈，加以军费急需，各地军政长官不经中央批准，任意摊派，于是杂税林立，赋税制度非常混乱。

代宗发现了问题，广德二年（764）诏令：天下户口，由所在刺史、县令据当时实在人户，依贫富评定等级差科（差派徭役和科税），不准按旧籍账的虚额（原来户籍上的人丁、田亩、租庸调数字）去摊及邻保。这实际上就是用户税的征收原则去代替租、庸、调的征税原则，不过不知是什么原因没有贯彻下去。

永泰元年（765）又下新的法令："其百姓除正租庸外，不得更别有科率。"五月，京兆尹第五琦奏请夏麦每十亩官税一亩，企图实行古代的十一税制，实际上是加重地税。

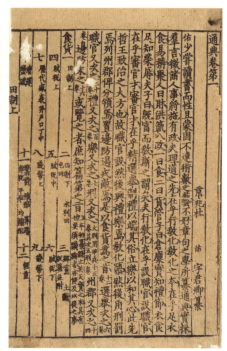

■ 崔佑甫墓志（局部）　　　　　■《通典·两税法》书影

于河南省洛阳市出土，建中一年立，邵说撰，
徐琪隶书，38 行，行 42 字

　　大历十四年（779）五月，德宗即位，漂亮的杨炎被崔佑甫推荐上来，杨炎建议实行两税法。德宗一看眼前一亮，这个办法不错，前无古人，如果有效，就彻底改变朝廷的财政，于是建中元年（780）正月，正式敕诏公布。

　　两税法是对当时赋役制度一次全面的改革。它是以原有的地税和户税为主，统一各项税收而制定的新税法，即将征收谷物、布匹等实物为主的租庸调法改为征收金钱为主，实质上就是以户税和地税来代替租庸调的新税制，因为一年两次征税，分夏、秋两季征收，所以称为"两税法"。两税法的主要原则是"户无主客，以见居为簿；人无丁中，以贫富为差"。租庸调税制是以均田制和户籍制为基础的，要区分本户、外来户，搞清到底是谁的地，谁租的，谁种的，再算税负。安史之乱后，大量出现有地不交租，无地要交租的情况，一方面人民负担加重，一方面中央财政无法保证。现在"两说法"，不再区分本户、外来户，不用去搞清到底是谁的地，谁租的，谁种的，直接建立起人丁与土地的关系，不玩那些虚的，绕的，只要在当地有资产、土地，就算当地人，上籍征税。

两税法改变了自战国以来以人丁为主的赋税制度，而"唯以资产为宗，不以丁身为本"，使古代赋税制度由"舍地税人"到"舍人税地"的方向发展，反映出由封建国家在不同程度上控制土地私有的原则变为不干预或少干预的原则。按人头税改为按土地与人头交税扩大了税收来源，使当时唐王朝的财政又慢慢恢复起来，在一定程度上减轻了广大贫苦人民的税收负担，同时简化了税目和手续。

"两税法"颁布以后，到建中（780 年正月—783 年 12 月）年间末，就有了 1300 多万的两税收益，比"两税法"以前唐王朝的全部财赋收入还要多出百万，唐王朝的全部财税收入达到了 3000 余万贯。杨炎在这个改革中立了功劳。当代学者黄永年先生研究这一段比较深入。

杨炎为吏部侍郎时与尚书刘晏不和，对元载有感恩之心。当初元载得罪，刘晏主持审讯，杨炎也被贬，因此怨恨刘晏。一朝权在手，看看本来的面膜和面膜下的脸，杨炎做宰相后先建议罢免刘晏转运使，再诬告，刘晏被贬为忠州刺史。七月，杨炎又指使人诬告刘晏谋反，德宗派遣中使，往忠州杀之，天下人都认为冤枉。杨炎如此快意恩仇，颜真卿作为刘晏的友人，也难免从地位重要的吏部尚书改为品级虽高但无实权的太子少师，外示尊重而阴夺其权，杨炎的人品有问题，心胸狭隘。

崔佑甫推荐杨炎与自己同任宰相，杨炎却在专权后对崔佑甫不停地使坏，崔佑甫在愤懑与病痛中卒于建中元年（780）六月。

总之，唐朝后期的宰相脑子都有问题，不是左就是右，即使有一定的才能。杨炎没过多久，连一年都没到，又被卢杞（就是前面讲的安史之乱被安禄山杀害的御史中丞卢弈的儿子）玩死了。

如果不是杨炎的为人，颜真卿应该已当上宰相了。

颜真卿在授太子少师《告身》中提到，"太后崇徽，外家联属。"这就说明颜氏家族与德宗生母沈太后家族有亲戚关系，沈氏系出吴兴，颜氏家族自北迁徙江南后，曾与沈氏家族联姻，《告身》中指明沈颜两家的婚姻关系，可见德宗很重视，有了这层关系，德宗打算要任命颜真卿为宰相，在这个当口杨炎起了不好的作用。

关于沈太后，安史之乱中不知所终，不过可以肯定的是，历史上的传奇，代宗的妃子沈珍珠真的不错。多年前，施思、寇世勋等人演过一个《沈珍珠传奇》的电视连续剧，具体内容已经没有什么印象了。

卢杞登场了，这个哈怂。

四四　哈怂卢杞

说"哈怂卢杞"，为什么，因为卢杞确实不是什么好人，新旧《唐史》都把他列为奸臣，恩将仇报是卢杞的本事。

先是建中二年（781）德宗听了不知谁的话，用相貌丑陋的卢杞为相。或许是考虑他爸爸卢弈是个坚贞的忠臣，安史之乱为国捐躯了，要弘扬忠义，所以起用卢杞。史书记载，卢杞是个蓝脸，历史上有几个蓝脸的真不知道，京剧里窦尔敦是蓝脸，这绝对是另类了。

卢杞很小时，爸爸卢弈被安禄山杀害，看着爸爸血淋淋的头颅，或许从那时起人生观就被现实扭曲了，弱肉强食、不择手段，不达目的誓不罢休。

现在，卢杞不断发展个人势力，树立权威，对于不依附自己的人就往死整。鉴于这样的思路，他荐引太常博士裴延令为集贤殿学士，为自己添羽翼，发展势力就不见怪了，但这只是小菜一碟，一切才开始。卢杞上台后，与杨炎一起执政，因为不懂文学，杨炎看不起他，不和他在一起议事，卢杞怀恨在心。那么，杨炎就是卢杞要打击的对象。

有句话却在这里应了，"机会是等有准备的人"，卢杞一直在等机会。第一个机会出现，就是梁崇义叛乱与起用李希烈。卢杞抓住了，去掉德宗对杨炎的信任。

梁崇义比较自傲，代宗即位后，占据襄、汉七个州的地方，拥兵自守，安史之乱结束了，但实际的分裂一直存在。德宗招抚，态度顽固，抗拒朝命，"奄有襄、汉七州之地，带甲二万，连结根固，未尝朝觐，然于群凶。"杨炎几次劝说梁崇义，梁崇义不听，终于反叛。朝廷上下都知道杨炎和梁崇义关系不错，所以从德宗到一般臣子都归罪于杨炎，认为是他促成梁崇义反叛的。

梁崇义反叛后，建中二年（781）六月，德宗任命淮西节度使李希烈讨伐梁崇义。杨炎却又劝谏德宗说："李希烈是董秦(即李忠臣)的养子，很得董秦的信任，最后还是驱逐了董秦并夺取他的位置。李希烈是只白眼狼，没有立功的时候尚且桀骜不驯，假使他平定了梁崇义，朝廷拿什么来控制他？"杨炎坚持己见，争议再三，德宗不这样认为。杨炎说得不错，以致后来李希烈真的做大了并造反，为颜真卿的安抚埋下了伏笔。此时杨炎劝德宗不用李希烈，德宗对他更加不满。此后，李希烈因天气原因推迟进军，卢杞却火上浇油告到德宗说，李希烈是因为杨炎作梗不肯进军，请求撤去杨炎的宰相实权，建中二年七月三日(781年7月28日)，杨炎被剥夺了实权。

第二个机会出现，卢杞迎合德宗喜好，免掉杨炎相位。

德宗最近问近臣：大臣之中谁可担当宰相？卢杞推荐张镒、严郢，而杨炎推荐崔昭、赵惠伯。前面，关于梁崇义的事德宗对杨炎已经有看法，内心可能认为他与梁崇义有勾结，但又没证据。严郢有本事，跟随郭子仪打过仗，为人低调，又不是代宗重用过的人，德宗本来就有想法，卢杞迎合德宗的喜好，引荐严郢为御史大夫，德宗就采纳了卢杞的意见。卢杞引荐严郢，对严有知遇之恩，使严郢向自己靠拢，壮大了自己的势力；

同时卢杞还有他的想法，他知道严郢与杨炎素有积怨，可以利用这种矛盾，扩大打击杨炎。这样就是一举三得，满足了德宗的要求，拉拢了严郢，又给杨炎下巴下支了一个砖。而杨炎这里就不妙了，德宗征求可担当宰相的意见时，杨不发声估计还好，但他却高谈阔论，发表了看法，德宗就对杨炎更有看法，发了一个圣旨，直接罢免了杨炎宰相职务。

第三个机会出现，利用杨炎的污点或不足杀死他。

杨炎的儿子杨弘业很不成才，常违法犯禁，又接受别人的贿赂和请托，其实当时官二代估计有一半都是这样，严郢审理此案，不遗余力，查出了杨炎的其他罪行。

杨炎东都私宅处置问题与曲江家庙的王气。河南尹赵惠伯买了杨炎东都的私宅作官署，严郢审理后，认为赵惠伯故意高价收购杨炎私宅，给其输送利益，卢杞指示处理此案，判监守自盗，处以罪刑。此外，杨炎在曲江南修建家庙，这个地方风水上有王气，一般人不能修家庙或私宅，认为杨炎一定是别有用心的，想称王。前面卢杞的几步棋，让德宗已经对杨炎失去信任，现在德宗听说杨炎想称王，更加愤怒，下诏三司要求复查。

建中二年十月十日（781年10月31日），德宗下诏宣布：尚书左仆射杨炎凭借他文学才艺多次位居要职，但结党营私、败坏法度，为顾全大局，特加宽宥，贬为崖州司马。意思是你那做法早都应该赐死，但德宗宽厚，所以贬为崖州司马。

其实这和赐死差别不大。崖州就是现在的海南，当时就是个特别背的地方，唐朝司马一般无具体职责，司马不亲实务，是朝廷安置闲散官员的去处，崖州是下州，州长官最多就是从四品，司马就是七品左右吧。三百一十六年后，宋绍圣四年（1097）苏东坡也被贬到海南，为琼州别驾，

■ 崖州地形图

■ 崖州风光

品级和杨炎差不多。诏书下达后，杨炎踏上了流放的路途，途经鬼门关，他预感到前景不妙，写诗感叹：

> 一去一万里，千知千不还。
>
> 崖州何处是，生度鬼门关。

但是阴险的卢杞赶尽杀绝，等不到杨炎到崖州。在离崖州还有百里的地方，押送他的宦官说是秉承德宗旨意，将杨炎勒死，终年五十五岁。一个财政高手，一个文章高手，一个好画家，误入歧途，却也落得被绞杀，就这样完结了一生，这是德宗的悲哀，唐王朝的悲哀，也是历史的悲哀。

卢杞在朝廷上剔除了最大的反对派杨炎以后，下来他看不惯的就是德高望重的颜真卿了，因为这个活了七十多岁的老头，成天说教，听都听烦了，大家都去听他的，那宰相咋做。

卢杞相貌奇丑，面色发蓝，奇葩，像唐墓出土的镇墓兽。

翻过年就是建中三年（782），开年后，德宗手上可信任的人不多，其实他知道卢杞不可信，杨炎不可信，都是狗！信宦官吧，宦官也不可信，那在亲戚里找一下，有血缘关系就不一样。这不，德宗因为亲戚关系，亲戚信任亲戚，想让颜真卿去当宰相，现在的朝堂上颜真卿其实是一个非常好的丞相人选。

卢杞肯定不愿意，暗地里就使了手段，颜真卿没有当成宰相。

这还不算，颜真卿本来在朝堂上已经没有多少权利了，卢杞还不死心，想赶尽杀绝，学杨炎，给德宗皇帝做工作，将颜真卿又升高一个档次，八月二十七日，免去颜真卿礼仪使的职位，弄个空衔太子太师给颜真卿，这可是从一品的官职，不过这个官职就是一个荣誉，一般是给德高望重的去世官员的，现在居然拿出来给了颜真卿，使颜真卿一点权利都没有了。

估计在卢杞的眼中，颜真卿就是个刺，是一个专门与他为敌，他当面又没办法暴怒的刺。卢杞爸爸御史中丞卢弈被安禄山部段子光杀了，颜真卿祭奠并葬之，这是一个结。那还有什么办法？办法就是赶紧让他从长安离开！于是卢杞就想到了赶颜真卿离开京城，私下里做工作想派颜真卿外放刺史。颜真卿知道了，这个生气，肺快气炸了炸了，直接就跑到卢杞府大骂卢杞"真卿以偏性，为小人所憎恨，窜逐非一，今已赢（lei）老，幸相公庇之，相公先中丞传首至平原，面上有血，真卿不敢以衣拭，以舌舐之，相公忍不相容乎！"这是把人逼急了，颜真卿一代大儒，何曾遭人这样算计过，再坏的人对颜真卿都敬三分，这个"哈怂"听到这些，赶紧下拜，可是心里却从此越发嫉恨颜真卿。

阴险是有阴险的思维，卢杞下来的作为，真是衣冠禽兽！

四五 少年李希烈'

"没有什么能够阻挡／你对自由的向往／天马行空的生涯／你的心了无牵挂／穿过幽暗的岁月／也曾感到彷徨／当你低头的瞬间……"，这是许巍的《蓝莲花》，唱的是玄奘法师，透出的是一种坚毅，一种理想，同样，颜真卿自有他的理想，这个理想，在他小时候已经埋下种子。

建中二年（781）年初，河北各地的藩镇对朝廷不满，联合抗拒朝廷对他们的管辖。先是成德节度使李宝臣死前，要传位给他的儿子李惟岳，几次三番上报到德宗的龙案上，德宗就是不批。于是成德、魏博与淄青的节度使李正己就不高兴了，"代宗在的时候，魏博节度使田承嗣都可以传给侄子田悦，现在居然不行了。"这算咋回事，我们自己弄，于是开创了河北藩镇自行继承节度使职位先例。

安史之乱后的唐王朝，不是以前的了，因为安史之乱改变了以前的管理格局，节

■ 玄奘法师

（602—664）高僧，汉传佛教四大翻译家之一，唯识宗创始人，作者敬仰的人

度使都明白自己的权利有多大，所以现在大家名义上服从朝廷，可实际上是地方割据。节度使自行委派官吏；不向中央朝廷交纳税赋；朝廷命令可以不听，自己调遣军队，并且还可以自己传位下去，这和汉朝的分封制实质上一样。不过分封制，中央还要任命，这个自己就可以称王，自己就可以传位，太不把中央当中央了。德宗不是代宗，代宗安史之乱时是兵马大元帅带兵打仗，多少知道节度使都是咋回事，如何平衡，如何制衡。德宗是继承的天下，他其实是看到节度使骄横无度，想收回他们的权力，却没准备好，不知如何入手，被节度使一逼，一个头两个大。

这个时候，朝廷想到了李希烈。

李希烈，燕州辽西人，应该是至德二年（757）出生的，那一年安庆绪杀父安禄山自己当皇帝，李希烈少年时参加平卢军，随从李忠臣泛海、战河北。李忠臣任淮西节度使时，李希烈任光禄卿，能力强，部队里都称赞小伙子有本事。李忠臣贪暴恣肆，不理政事，犯了众怒，李希烈带领众将赶走李忠臣，又将此事上报朝廷。代宗诏令忻王李造为节度副使，派李希烈为留后主事，又诏令滑亳节度使李勉兼管汴州。德宗即位，李希烈又打了几仗，加官为御史大夫，委任他为节度使，改淮西军称淮宁军，此刻，李希烈才二十岁出头。多年以前，义宁元年（617），李渊李世民父子晋阳起兵反隋，李世民也就是二十岁，自古英雄出少年。

建中二年（781），山南东道节度使梁崇义不听宰相杨炎的劝阻，在成德节度使李宝臣之子李惟岳、魏博节度使田悦的鼓动下起兵反叛。德宗命淮西节度使李希烈参与讨伐，并封李为南平郡王、汉南北兵马招讨处置使，都统诸军。李希烈年轻气盛，所向披靡，梁崇义面对征讨，企图突围南下江陵，以通黔州和岭南。六月，李希烈统帅大军在随州四望山痛击梁崇义部队，然后乘胜追击，一路击溃反叛军队，直捣襄阳，梁崇义兵败自杀，割据荆襄十九年的局面彻底结束。诗人刘长卿当时随

■ 李宝臣碑额

■ 李宝臣碑亭

李宝臣纪功碑，正定县燕赵大街常山影剧院
北侧。高三丈许，字剥落不全，额篆"大唐
清河郡王纪功载政之颂"

行并有诗《行营酬吕侍御，时尚书问罪襄阳，军次汉东境》：

> 不敢淮南卧，来趋汉将营。受辞瞻左钺，扶疾往前旌。
> 井税鹑衣乐，壶浆鹤发迎。水归馀断岸，烽至掩孤城。
> 晚日归千骑，秋风合五兵。孔璋才素健，早晚檄书成。

皇帝高兴，赏赐李希烈，拜"右仆射、同平章事"。这个厉害了，当宰相了！才二十多岁。不过这时候，李希烈认为自己平定梁崇义功劳很大，很大！就有了企图拥兵割据的想法。德宗发现了，委任李承为襄州刺史、山南东道节度观察盐铁等使坐镇襄阳，李希烈不能据有，于是怏怏而去。

德宗李适的摊子千疮百孔，前面才平了梁崇义叛乱，淄青李纳又有

反心。建中三年（782）七月，德宗让已
经是淮宁、平卢、淄青、兖郓、登莱、
齐州等六方节度使的李希烈（安禄山才
是平卢、范阳和河东三镇节度使，这个
比安禄山是不是厉害，主要还很年轻）
征讨李纳，李希烈却犹豫着，因为有人
暗地里在拉拢他。

■ 朱滔像

　　十一月，幽州的朱滔、魏博的田悦、淄青李纳、恒冀王武俊组成同
盟同时称王，朱滔是盟主。河北三镇叛将一直频繁地做李希烈的工作，
让他反朝廷。现在，德宗又命李希烈去平叛，李希烈内心其实已经变
了，不同于以前了，现在觉得自己真是可以称帝的。于是，李希烈乘机
率三万人跑到许州（河南许昌），声称派使者前往青州（山东青州）招
谕李纳，实际是与之勾结，又通告汴州（河南开封）让他们做好准备。
十二月二十九日，李希烈自称天下都元帅，建兴王。天下都元帅就是天
下大元帅，那是唐亲王的官职，李希烈却要，可见野心不是元帅是皇帝。
翻过年，李希烈攻陷了汝州，包围郑州，威胁洛阳，朝野震惊。

　　此时，朝堂上继位没几天的德宗像热锅上的蚂蚁，大臣们没有发言
的，卢杞趁机将酝酿已久的、巨大的阴谋抛了出来："李希烈年轻气盛，
打了几个胜仗就得意洋洋，一般的大臣去劝谏肯定不听，如果派德高望
重的老臣去，奉旨宣泽，说明利害关系，李希烈一定洗心革面，还不用
劳动三军。颜真卿是三朝老臣，忠直刚决，名重海内，人所信服，去做
工作，一定能成功。"
　　德宗此时没有主意，突然有人想了一个办法，所以也没研究行不行，
就直接任命颜真卿为淮西宣慰使，要他去见李希烈，讲明利害关系，收

■ 唐与藩镇的控制图

服李希烈。

德宗可能就是传说的猪脑子，他也不想想一心想当皇帝的人，能听进去这个话！

可是，颜真卿不是这样想的，接受了去宣慰李希烈的任务，视死如归。

"五则使命之臣，取其识变从宜，不辱君命。"

或许是多年前弃平原郡，自己没有和哥哥颜杲卿一起战死内心不安，耿耿于怀吧。

或许把哈怂卢杞也吓了一跳，不过这不正是他想要的结果吗。

《颜氏家训·涉务篇》

　　士君子之处世，贵能有益于物耳，不徒高谈虚论，左琴右书，以费人君禄位也！国之用材，大较不过六事：一则朝廷之臣，取其鉴达治体，经纶博雅；二则文史之臣，取其著述宪章，不忘前古；三则军旅之臣，取其断决有谋，强干习事；四则藩屏之臣，取其明练风俗，清白爱民；五则使命之臣，取其识变从宜，不辱君命；六则兴造之臣，取其程功节费，开略有术：此则皆勤学守行者所能办也。人性有长短，岂责具美于六涂哉？但当皆晓指趣，能守一职，便无愧耳。

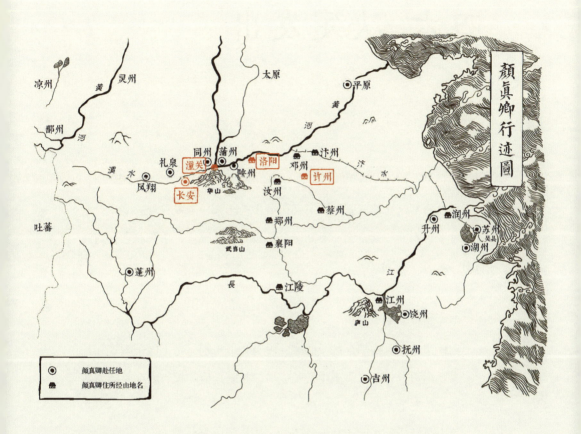

凉州　黄　灵州　太原　平原
鄯州　　　　　　　河　　黄
　　　　　河　　　　　　河　　许州
吐蕃　　　渭水　礼泉　同州　蒲州　洛阳　邓州　许州
　　　　　凤翔　长安　潼关　陕州　汝州
　　　　　　　　　　华山　　　郑州　　　蔡州　　　升州　润州
　　　　　　　　　　　　　襄阳　　　　　　　　　　苏州
　　　　　　　武当山　　　　　　　　　　　　　　　吴县
　　　　　蓬州　　长　　　江陵　　　江　　　　　　湖州
　　　　　　　　　　　　　　　　　　　江州　庐山　饶州
　　　　　　　　　　　　　　　　　　　　　　抚州
　　　　　　　　　　　　　　　　　　　　吉州

颜真卿行迹图

◉　　颜真卿赴任地
▥　　颜真卿住所经由地名

长安 ── 吴县 ── 长安 ── 平原郡 ── 平原郡 广陵 ── 襄阳 武当 凤翔 ──

长安 同州 蒲州 ── 饶州 ── 升州 ── 长安 蓬州 ── 长安 陕州 ── 长安 蓝田 ──

长安 吉州 ── 抚州 ── 上元县 苏州 ── 湖州 **长安 许州**
建中四年（783）

四六 决定发出'

我住的不远处就是霸陵，高高的封土两千来一直凝视着长安城，它送别过多少人，"箫声咽，秦娥梦断秦楼月。秦楼月，年年柳色，霸陵伤别"。

现在颜真卿出了春明门。

启程了，颜真卿甚至都没回家，没有和谁告别，带上侄子颜岘和几个家丁就启程了。颜真卿出生在长安城，长安是他的根。现在是第六次离开故土长安了。

第一次是开元九年（721）颜真卿十来岁，舅舅去世了，没人照顾颜家，颜妈妈带着一大家子跑到吴县外公那里去了；

第二次是天宝十二载（753）外放牧州，到平原郡做太守。此前，以监察御史等身份短期出差、离开长安不算；

第三次是肃宗至德二载（757），收复长安不多久，"因忤圣旨"贬为冯翊太守；

第四次是乾元三年（760）遭御史中丞敬羽诬陷，贬为蓬州长史；

第五次是永泰二年（765）元载以诽谤时政罪，贬为硖州别驾；

现在是第六次，建中四年（783）的春天，因为卢杞的谗言，挺着脊梁，离开长安去往许州。

　　过长乐驿，也就是长乐坡，这是京都长安与关东之间必经之地，多年以后白居易有诗《长乐坡送人赋得愁字》：

> 行人南北分征路，流水东西接御沟。
>
> 终日坡前恨离别，谩名长乐是长愁。

　　我天天上班过长乐坡，想想多年以前，多年以前，多多年以前，一千二百多年前的长乐坡，应该就是一个相对人口集中的地方，多愁善感的地方，天天都有出长安的，都有送行的，天天都在上演生离死别。

　　现在，是颜真卿老爷爷离开长安城作最后的停留，或许爱喝酒的颜爷爷在这里喝了酒，看着东面那里"豺狼方炽"（颜真卿神道碑语），一摔碗，上路了。

　　霸陵的阙台孤独伤神，灞河的柳树寥落惆怅，灞桥的牌楼孤高寂寞。

　　消息传出，满朝文武"闻之失色"，勇敢的检校司徒李勉立即密奏德宗，认为颜真卿此去很难生还，如果轻率地失去一个老臣，一个重臣，这是对朝廷的侮辱，建议马上召回。同时，他还派人去追赶颜真卿，赶到洛阳时，已经出东都洛阳多时了，看来颜清臣是铁了赴死的心。

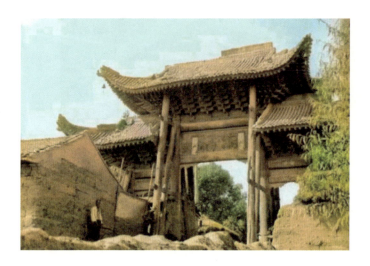

■ 清代灞桥牌楼

古灞桥，有灞桥牌楼，东西两端皆牌楼，形制为四柱三间，牌楼中间外横额均题『灞桥』二字，直径达三尺，东牌楼内额题『东接崤函』，西牌楼内额题『西通关陇』

人心都是肉长的。这样的老臣忠臣是国宝，只要是有脊梁有气节有思想的都会爱戴。尤其从天宝开元以来，唐王朝没有几个像颜真卿一样的臣子，多的是以元载、卢杞为奸的臣工，多的是安禄山、史思明、梁崇义、朱滔、李纳等等的反臣，就是有像杨绾一样德高望重的少之又少，所以大家对颜真卿赴死非常惋惜。

出洛阳时，河南尹郑叔则力劝颜真卿："李希烈反状已经明朗，去了一定是不好的，咱们等一下，说不定有圣旨收回宣慰出使，行不行。"

颜真卿感叹道："君命也，焉避之。"毅然出了洛阳城。

建中四年（783）正月底，雨水过了以后，颜真卿抵达许州。

多年以前，颜真卿在湖州，雨水过后的重要任务是收茶，现在却是宣诏。还未得及宣诏，李希烈的养子，一堆青面獠牙的畜生就围了上来，嘴里不停地谩骂，用刀尖指着颜真卿的鼻子，像是马上要生吞活剥了这个烈臣。

颜真卿大声叱喝词不屈，色不扰。李希烈可能是躲在背地里观察，明显是想震慑颜真卿，看看时间差不多了，才出来，然后假惺惺地上前用身体掩护住颜真卿，对着干儿子们，再做一个戏，"你们这些小哈怂，还不退下"，干儿们于是退下了，这才把颜真卿一行安置到馆舍。

历史有时候不告诉你真实情况，你看见的所谓历史有时候是怪怪的，却不知真假，前面讲的韦皇后、安乐公主杀中宗皇帝，自己搞自己这是哪门子的事，可是书上是这样记载的。

现在又有记载，一堆李希烈的干

■ 李勉像

儿子去威胁一个老爷爷，这首先不是一个正常的成年人能干出的事。李希烈年少，他那些干儿子也不大，估计最多就是十七八岁的孩子，甚至还有几岁的，战乱年代，李希烈给口饭吃，一起住军营，一起抢东西多爽。颜真卿都风烛残年了，要不然年轻力壮的一个男子拿个刀就行了，不用这些孩子。每每想到这场景就想起小时候看过的《西游记》里，太乙真人跑到水帘洞去，要诏安"齐天大圣"，被孙悟空的小猴猴们推推搡搡，现在一堆孩子拿着大小不等的刀具，推推搡搡地拉着白胡子的颜真卿，都是为了给李希烈表演。

颜真卿大义凛然。针对一个儒生，这能是个什么，其实就是一场戏，

■ 洛阳定鼎门遗址

■ 唐与吐蕃地图

李希烈演的一场戏"鹙翎金仆姑，燕尾绣蝥弧。独立扬新令，千营共一
呼。"却让后来的写历史的听到了，记了下来，却不知那就是一场好戏，
不是真的正戏，仅仅小令，序曲。李希烈估计看着高兴，然后一声大吼
"孩儿们撤下"，孩儿们立刻撤退了。

颜真卿整了整衣冠和身体，向李希烈宣读了皇帝的圣旨，责以大义，
叫他悬崖勒马，不得与朝廷作对。李希烈灵（关中话，聪明、识时务）
得和虫虫一样，连忙说，我本没有反义，愿意休战，请颜老给朝廷上书，
给我洗刷罪名。然后私下里冒充颜真卿的笔记给朝廷上书，开脱自己谋
反的罪责并提出要割据汴州等数十郡给他，保证以后不反对朝廷。当时
的形势李希烈骑虎难下，一切都是可以谈的，但是卢杞看见了那个文书，
却把它扣下了，没有给皇帝呈上去。

李希烈本来没打算扣留颜真卿，只是想让颜真卿替自己回京说些好
话，可是却得不到德宗的回信。

回到朝堂。卢杞前面支走了颜真卿，现在又要对付李揆。李揆原来当过宰相，博学善辩，能够决断大事，并提出兴利除弊、官吏进退的主张，因为热衷于追名逐利被贬。建中四年（783）七月，德宗想重新任用他，毕竟李揆和皇帝是有一定的血缘关系的人，卢杞怕李揆当上宰相和他一起主持朝政，对他不利，必须打压。又生一计，卢杞建议德宗派遣李揆出使吐蕃，德宗居然又这么做了，想想这个人也已经七十多了，天下人无不扼腕痛心气愤，但是没有人敢说。又是一个奇迹，李揆他们一行居然完成了使命，兴元元年（784）四月，回到凤州时，不过因为工作高度紧张，回来一放松李揆不久就病死了，享年七十四岁。

■ 奉使之印

所有的别离都是为了重逢，所有的重逢都是千年的缘分，而重逢与重逢之间上演的就是历史的传奇，包括颜真卿，包括李希烈。

《颜氏家训·终制篇》

死者，人之常分，不可免也。吾年十九，值梁家丧乱，其间与白刃为伍者，亦常数辈，幸承徐福，得至于今。古人云："五十不为夭。"吾已六十馀，故心坦然，不以残年为念。先有风气之疾，常疑奄然，聊书素怀，以为汝诫。

先君先夫人皆未还建邺旧山，旅葬江陵东郭。承圣末，已启求扬都，欲营迁厝，蒙诏赐银百两，已于扬州小郊北地烧砖。便值本朝沦没，流离如此。数十年间，绝于还望。今虽混一，家道馨穷，何由办此奉营资费？且扬都污毁，无复遗，还被下湿，未为得计。自咎自责，贯心刻髓。

四七 劝降之路'

乐游原靠近青龙寺东门的地方，原来有一家饭馆，水盆羊肉做得不错，我经常去，后来不知搬到哪去了。水盆羊肉是唐代的美食，那时应该叫羊羹吧，宴会常有的美食。

说说德宗。

德宗李适，李亨的长孙、李豫的长子，母亲睿真沈皇后。天宝十四载（755）的十一月，安史之乱爆发，李适十四岁，次年长安失守，他饱尝了战乱和家国之痛，也亲身经历了战火的洗礼和考验。

德宗当政后烧了三把火。

第一把火，收罢兵权。发现郭子仪权力太大，李适即位后，尊郭子仪为"尚父"，加太尉兼中书令，罢其所领副元帅等职，分他的权力给他的部下，让他的部将李怀光、常谦光、浑瑊等分领节度使。同时，李适召令"恃地险兵强，恣为淫侈"的西川节度使崔宁入朝，将其留居京师。郭氏郭子仪是一个大政治家，明白自己的位置与危险，所以他交出了兵权。德宗对郭子仪放心了，可是德宗与朝廷更危险了，因为想反的不是郭子仪等，当危机来临，需要郭子仪出手时，他却没有权力。

第二把火，严禁宦官干政。由于代宗是由宦官拥立，对宦官优宠，

■ 唐德宗像

宦官权力大。李适下决心整治，即位的当年闰五月，李适派宦官给李希烈颁赐旌节。李希烈给那个宦官送了七百匹缣、二百斤黄茗，骏马和奴婢等。李适得知后大怒，杖责六十，处以流刑。德宗还将暗怀异图的宦官刘忠翼赐死，这些事传出京城，宦官们再不敢乱来了。

第三把火，削夺藩镇。李适即位后，一直试图削夺拥兵自重的地方藩镇节度使的权力，但是没有考虑清楚，不知如何入手，乱弹琴，于是颜真卿等好多忠臣良将被卷入了万劫不复的境况，国家陷入更加混乱无度之中。

前面说了，建中二年（781）正月，河北成德镇节度使李宝臣病死，儿子李惟岳请求继承父位。李适想革除藩镇父子相传的弊政，拒绝了这一要求。魏博节度使田悦、淄青节度使李正己、山南节度使梁崇义与李惟岳密谋，以武力抗拒朝廷。李适征调京西防狄兵万余人戍守关东，武力削藩，初期取得了胜利。李正己病死了，他的儿子李纳被打得大败，李惟岳被其部将王武俊杀死，只有田悦负隅顽抗。成德镇的大将张忠和投降，被任命为成德节度使。但是，李适在削藩过程中，利用藩镇打藩镇，导致了参与朝廷削藩战役的幽州节度使朱滔等人的不满，形势发生逆转。建中三年（782）底，卢龙节度使朱滔自称冀王、成德王武俊称赵王、淄青李纳称齐王、魏博田悦称魏王，"四镇"以朱滔为盟主，联合对抗朝廷。

同时，本来准备让淮西节度使李希烈去对付四镇，结果前面讲了李希烈也自称天下都元帅、太尉、建兴王（不久又称楚帝），与四镇勾结反叛。战火一下从河北蔓延到河南，东都洛阳告急。

建中四年（783），德宗皇帝脑子不好，他一方面命各节度使带兵成掎角攻讨五贼，就是讨朱滔、田悦、李纳、王武俊、李希烈等；一方面又让颜真卿去当说客，当说客是要有资本的，比如朝廷对五贼能够控制，五贼无路可走了，或者全面先停战，五贼觉得重视他们也行，可是德宗思路乱着，前脚颜真卿刚走，就派左龙武大将军哥舒曜去讨伐。

■ 乾县故城北门

十月，德宗将泾原五千兵马调往淮西前线平叛，部队途经长安，因为没有得到好的赏赐，加上供应的饭菜质量不好，吃的都是糙米和素菜，在长乐驿边，士兵发生了哗变，是为"泾原之变"。乱军拥立朱滔的兄长、曾担任泾原军统帅的朱泚为皇帝，号大秦，部队很快占领长安。李适仓皇出逃到奉天（今陕西乾县）。朱泚进围奉天，前线李晟、朔方节度使李怀光等从河北撤军，李适的削藩之战被迫终止。

■ 朱泚像

唐朝的诗人严巨川有《建中四年十月感事》诗为证：

烟尘忽起犯中原，自古临危道贵存。

手持礼器空垂泪，心忆明君不敢言。

落日胡笳吟上苑，通宵虏将醉西园。

传烽万里无师至，累代何人受汉恩。

现在，李希烈与颜真卿如何。

颜真卿从哪个方面来讲，此时在中国这个土地上都是德高望重的人。唐王朝知道颜真卿是国宝，李希烈也明白，七十五岁的老人家了，"古来稀"的年纪，这在古代一定要尊重的，这是礼。李希烈是想当皇帝的人，皇帝是要以德服众。

李希烈想，留下颜真卿没什么意思，还是放他走吧，这么大岁数了，回去了，见到德宗皇帝即使不替我美言，也可以向德宗皇帝表达我的大气。于是就想做个饯行宴打发了颜真卿，逮到这里毕竟不是事。

李希烈请了好多人，当然还有李元平。颜真卿来前，李希烈与唐军正月里打的那一仗，叛军取得了汝州，拘捕了汝州刺史李元平，现在此人已经开始为李希烈卖命。前一天晚上，李元平还劝颜真卿留下来为李希烈做事，结果让颜真卿骂了一顿。颜真卿说，我是受国家的委托，不能听你的，哎，我就是现在没有兵马，要不然和你说什么，你个"绣花枕头"，给李唐宗室抹了黑了。李元平心里不顺，你倒是个什么人，我身上有李唐的血，都没说什么，天下应该一定姓李，那我为什么不能当皇帝？恼羞成怒的李元平，在宴会上怂恿李希烈改变了主意，把颜真卿留置了起来。李元平不甘于自己反叛，他想让颜真卿和他一样。

朱滔、王武俊、李纳、田悦等四帮子轮番地跑到李希烈处，劝李希烈称帝。李希烈就跑去给颜真卿说，太师你看，那四个王爷都派人来，不约而同地让我称帝，我这咋办，太难为人了。"啊，呸，那是狗屁，什么四王，相公不自保功业，为唐效忠，与乱臣贼子相从，想和他们一起覆灭吗？"李希烈一看这是真汉子。

对于国宝颜真卿，李希烈又生一计。过了几天，李希烈给颜真卿说，那四家派人来了，咱也请人家吃个饭，颜太师一起吧。颜真卿其实也没有办法了，只能去，席间唱戏的表演有侮辱朝廷的情节，这可能是李希烈安排的专门给颜真卿看的，颜真卿直接起席指着李希烈骂："相公，你是人臣（不是畜生），咋能做出这样的事！"

■ 李正己石像

拂袖而去。李希烈马上让戏子退下，四家的使臣看颜真卿去了，立即上
去给李希烈说："王爷，听到颜太师的德名早了，相公欲建立大的事业
太师就到了，这不是天命吗？欲求宰相，太师就来了！"

既然说明了，李希烈就直接去颜真卿处，请颜真卿为相。颜真卿却
大声喊："你这是什么宰相？大家听过颜杲卿吗？那是我的哥哥。杂种
安禄山反，他是第一个反对的，我现在守我哥哥的操节，死而后已，岂
是你们可以诱惑的！"说得满场子没人敢言传的。

李希烈见无法诱降，又想出了一个办法。

四八　反劝真卿

　　关于王命，在颜真卿那里就是正义的，所以他死也不会去给李希烈效力。

　　文的不行，就武的，历史的套路都一样，没有什么新鲜的，不管李希烈是用说客，还是自己去说服，让颜真卿给他当宰相都没成功。

　　只是李希烈太重视颜真卿了，还继续努力。

　　继续吓唬。此时，颜真卿放又放不得，说又不听，李希烈不知该如何处置，就派了十几个兵丁严加看管，一个老头子要这么多人看着，除了表示对颜真卿的重视，对唐王朝的重视还能说明什么。前面说了，颜真卿到许州，一堆小喽啰、干儿子拿着刀吓唬颜真卿，颜真卿不可能吃这一套，现在李希烈还是这个办法，所以就不新鲜了。

　　许州就是现在的许昌，兵家必争之地，名气大是从东汉建安元年（196）开始的，当时曹操至京都洛阳迎献帝，然后迁都许县（今河南许昌东）。颜真卿此时一直被困在这里的官舍，不过这个官舍也可能是改建的，印象中比较的破败，并且院子中有倒了的房子，这都不是主要的。李希烈不会因为颜真卿的到来去建一个新官舍，太不现实了，但是现重兵把守，只因为一个七十多岁的老人。

继续逼降。德宗一直不知道相信谁，判断力差。郭子仪权力太大，不信郭子仪，收了郭子仪的兵权；从小看见宦官惹事，排挤宦官，不信宦官；一个一个宰相看看都是江湖骗子，没一个省心的。这应该是当太子早的缘故，因为当了太

■ 各节度使势力格局图

子没有人约束，想干什么干什么，所有人言听计从。可是现在当了皇帝，才发现每一个似忠诚的面目下都是尔虞我诈。所以德宗决策老做不出，是个优柔寡断没有主意的人。这不，前面让颜真卿去宣慰，刚走，就又开战，明显知道前面让颜真卿出使是个错误，现在却不管不顾，让不懂兵法的张伯仪盲目出战。

建中四年（783），张伯仪担任舒王李谊后军兵马使，奉命与山南东道节度使贾耽、山南牙将张献甫一起收复安州（今湖北安陆）。唐军作战不利，张伯仪身中几箭，部队丢盔弃甲，几乎全军覆没。官军溃兵到江陵，在府衙大哭，张伯仪的妻子都去慰问勉励，败得难堪。李希烈打胜了，张伯仪跑了，旌节遗留在战场上，李希烈派人拿旌节和将官的首级给颜真卿看，夸耀战绩，想逼迫颜真卿投降。结果颜真卿大呼一声，直接倒在地上，气绝，许久许久，才醒过来，从此不再和任何人说话。

还继续逼降。李希烈还是年轻气盛，坐不住，一会儿又命令士兵"来来来，在那个地方，就是那个院子，对给颜老爷子挖个坑"。士兵在院子里开始挖坑，越挖越深，李希烈又给颜真卿说，"你还是答应给我当宰相吧，这多好。不然，你看，这个坑也为您老准备得差不多了。我称帝，您老不从，我也没办法，难不成让别人看笑话。"颜真卿却对李希

■ 哥舒曜像

烈说"死生有定，何足多端相侮哉？但以一剑见与，公即必睹快事，无多为也"，这是报必死的心。李希烈从内心里非常欣赏颜真卿，所以赧（nǎn）然道歉。

颜真卿原来与李忠臣是有过交集的。在安史之乱时，李忠臣和李正己先归顺安禄山，当时不归顺没办法，后他们逆反安禄山，并与平原郡太守颜真卿联合，颜真卿曾经去接过他们的。有人说当时李希烈就跟着董秦（李忠臣），我嘿嘿嘿笑了，如果按我掌握的情况，虽然李希烈是李忠臣的人，有说是干儿子的，可是安史之乱时，李希烈应该还没出生呢！所以凭空推断颜真卿以前和李希烈认识、有交情是主观错误。再说，李忠臣是被李希烈赶走的，所以不可能有什么瓜葛。

最新消息，汝州节度使哥舒曜收复汝州。

李希烈派大将周曾、康秀林等人率两万士兵进攻汝州。周曾、康秀林思量：哥舒曜是什么人，那是哥舒翰的儿子，从小就打仗，咱们能打过他？算了吧，以卵击石。再想想，本来咱们是吃的唐王朝的粮食，现在李希烈小伙子以为自己能力强，想自立门户，想想安禄山、史思明那样的能力都没成，这个毛头小子比他如何，所以还是好自为之。

再看看唐王朝，居然还有一大帮子颜真卿，是一大帮子颜真卿，这可是为国为老百姓做事的领导，这咋办？没有想到，周曾、康秀林等人受颜真卿忠义思想的感召，在到襄城的途中商量好了，密

■ 唐代战马（陶器）

■ 汝州龙兴寺
唐中宗时，敕令在全国诸州兴建龙兴寺，所以各州都建有龙兴寺

谋杀了李希烈小伙，然后让颜真卿当节度使，再投奔朝廷。但是事情不幸泄露（总觉得唐王朝好多事不可思议，好像是开玩笑，这也能泄露），李希烈先行知道了，他立马调了精锐部队，三千骡子军突袭，杀了周曾、康秀林等，可怜周曾、康秀林杀身成仁。

文明是向善的，而野蛮却只追求恶。唐王朝是正义的、文明的，颜真卿是正义的、文明的，在野蛮面前，文明往往如此脆弱。

颜真卿得知李希烈杀了周曾、康秀林，让侄子设了灵堂，弄了些酒食，祭奠哀悼为唐王朝捐躯的周曾、康秀林，身边看管的士兵都潸然泪下。

此后，李希烈基本放弃了对颜真卿的招安，所以"相公"随时都可能被杀。李希烈暂时回到蔡州，颜真卿被押到汝州龙兴寺，在这里颜真卿给朝廷写下了遗表，并给自己做了墓志。当时，颜真卿指着西墙说，这就是我的殡葬地了。西边是长安，是故乡，颜真卿想家了。西面的秦岭再美丽，也阻挡不了颜真卿思念家乡的心。

"莫道伤高恨远，付与临风笛。"有些悲哀。

四九 艰难地行进'

瀙河流了多少年没人知道，折柳送别了多少人没人知道，瀙河边迎来了多少人没人知道，现在，张荐出了长安城，来到瀙河边，看着广运潭，颜真卿会回来吗？

一切都在艰难地行进。

张荐，字孝举，深州陆泽人，生于唐玄宗天宝三年（744），比颜真卿小了二十多岁，是小说大家张鷟（zhuó）的孙子，专门研究周官礼仪、左氏春秋，颜真卿非常赏识。因为治史严谨，大历年中，李涵推荐其出任史官。代宗、德宗时，一直是史馆修撰。

张荐与颜真卿是朝臣、朋友、忘年交，在湖州参加过颜真卿组织的诗会，是颜真卿的粉丝，对颜真卿的人品是佩服的。现在张荐知道颜真卿被李希烈拘留和颜岘送表章来而无回音的情况。于是在朝廷上站了出来，仗义书言，上疏赞颂颜真卿忠义，提出自己的主张，以被扣押在京的李希烈的母亲，妻祖母及妻妹三人赎回老臣颜真卿。奏折奏上去，还是被哈怂卢杞扣留了，卢杞的心不知道是咋长的，估计是屎壳郎堆的。

又到秋天了，屋漏偏逢连夜雨。

僧人怀素哀恸不已，挥笔写下：

我有数行泪,不落十余年。

今日为君尽,并洒秋风前。

　　前面讲了,建中四年(783)十月,由于宦官和有关干部克扣军饷,泾原官兵起义,德宗出逃奉天。朝廷自顾不暇,所以襄阳守军弃城,汴州失陷,汴州是漕运要道,唐王朝受到极大的挑战。哈嵚卢杞真的比不了前任,只有错没有功,德宗打心里就是气,看看这个哈嵚心里来气,去去去!手一挥,卢杞就被贬到岭南的新州去了。

　　这时有一个忠臣出现了,就是翰林学士陆贽。

　　陆贽,字敬舆,苏州嘉兴(今浙江嘉兴)人,天宝十三载(754)生人,溧阳县令陆侃第九子,人称"陆九"。陆贽是大历八年(773)十八岁中进士,中博学宏辞科,神童。授了个华州郑县县尉,德宗即位,由监察御史召为翰林学士。

　　十月初三,泾原军发动兵

■ **奉命帖拓本**

此本帖不同于忠义堂帖所收,此带有颜真卿画像,书于建中四年(783),横35.6厘米,高16.5厘米,行书,11行,计69字

变，陆贽护着德宗避乱奉天（今陕西乾县），转为考功司郎中。陆贽自从任翰林学士后，即参赞机要事务，负责起草文诏，甚得德宗倚重。朝政千头万绪，大量诏书由陆贽起草，他疾笔如飞，但凡所议论陈列的，没有不曲尽情理的，现在"泾原兵变"，陆贽站到了前沿。

■ 陆贽像

陆贽拳打得好，先上来一套组合拳。

一是改年号"兴元"。改年号一定是看天象的，这个不是随便可以改的，再加上要重新整顿朝纲、树立国家权威，改变现状，给人、给天下百姓一个信心，从此振兴，所以"兴元"，德宗采纳了这个建议。

二是正月下赦书。只要是能够认识错误，认识到自己不对，那就给他个机会，所以颁布诏令。对李希烈、田悦、王武俊、李纳、朱滔等都赦免，唯独不赦称帝的朱泚。赦书言辞恳切，感动四方，"虽武人悍卒，无不挥涕激发"，这叫釜底抽薪，因为李希烈、田悦、王武俊、李纳、朱滔大家就是吵吵着不服管，还尊唐。而朱泚称皇帝了，性质就不一样了，现在诏书给这几个人颁布赦令，那还有什么说的，就驴下坡，所以田悦、王武俊、李纳就都除王号，吾皇万岁万万岁，上表谢恩。

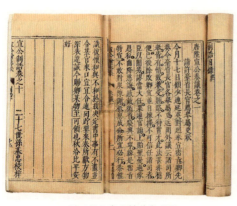

■ 陆（贽）宣公翰苑集书影

这个赦免的命令对李希烈有作用没有，应该是有的，只是李希烈不知咋办，咱们都把颜太师关起来了，朝廷会不会是骗咱的。其实李希烈是多心的，颜太师就是一个老人，对于德宗来说，能打这张牌是考虑过的，有可能颜太师就义了，那么加封一下妥善安置就行了，如果暂时没有被李希烈杀了，说明李希烈还有重新回归朝廷的可能。果不其然，李希烈即使在战场上一直作战，可还是没杀颜真卿，还给自己留后路，这张牌在手，应该还是有用的。

时局变了，李希烈最近又打了胜仗，自认为兵强财厚，一心想称帝。

小李知道颜真卿是礼仪使，懂得礼仪，特别是关于皇帝登基的礼仪与程序是有研究的。年轻人李希烈又跑去找颜真卿，兴冲冲地说："颜太师，你看我都快称帝了，你给我指点一下，这个称帝的程序是什么，要先发布诏书，还是先祭天祭祖宗？"颜真卿没客气："老夫耄矣，曾掌国礼，所记者诸侯朝觐礼耳。"我弄的都是诸侯如何朝拜的礼！这是呛人的话，李希烈听得出，算了他不说就不说了，不和他计较。可是，李希烈心急，看看田悦、王武俊、李纳、朱滔等其他人都归顺了，时间越长，李希烈越没有退路，牙一咬，不信我还自己做不了这个事。

于是改元的当月，兴元元年的正月李希烈在汴州称帝，改汴州为大梁府，号大楚。手下辛景臻跑到颜真卿驻地龙兴佛寺，架起柴木，浇上油点燃，"你跟李希烈皇帝干不，不跟，就自焚去。"吓唬颜真卿。颜真卿不是吓大的，直接就要跳到火里，没有李希烈的命令辛景臻是不敢擅自处死颜真卿的，所以自己赶紧跳到火坑里把颜真卿又拉出来。

现在唐王朝又出现了一个英雄，就是李晟，李晟带兵与朱泚作战，很艰难，不过有效果，兴元元年（784）五月收复长安城。唐王朝的定律，造反者都被部下所杀，朱泚也不例外。李希烈的弟弟被官军斩首，现在，李希烈心里早就没有了投靠朝廷的想法。十一月李晟收了汴州，浪子李

■ 李晟碑

裴度撰，柳公权书并篆额，大和三年（829）立。高（含额）480
厘米，宽180厘米，34行，行61字。现存高陵区高陵博物馆内

希烈灰溜溜逃回蔡州。

　　李晟要在这个时间去拿下蔡州，同样，多年以后，他的儿子李愬雪
夜入蔡州，颜真卿又如何呢？

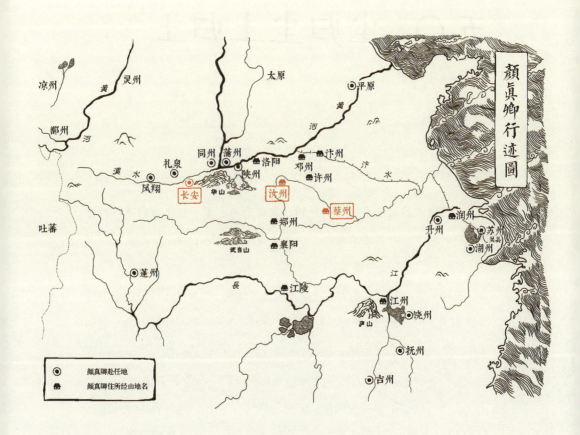

长安 —— 吴县 —— 长安 —— 平原郡 —— 平原郡 广陵 —— 襄阳 武当 凤翔 ——

长安 同州 蒲州 —— 饶州 —— 升州 —— 长安 蓬州 —— 长安 陕州 —— 长安 蓝田 ——

长安 吉州 —— 抚州 —— 上元县 苏州 —— 湖州 —— 长安 许州

汝州 蔡州 长安
建中四年（783）—贞元二年（786）

五〇 尘归尘土归土'

各位在看我的颜真卿时能感到，我留恋与大家一起体会颜真卿的往事，快收尾了，却迟迟不忍心，现在没有理由再拖了。

李希烈在我这里一直是吕布的化身，年轻，高大，帅气，像李世民一样想当一回皇帝，没想到德行不够，看似美丽的皇帝梦经不起时间与战争的考验，居然成了孤家寡人，原来拥戴他称皇帝的都跑了，归顺唐帝国了。这不是放我李希烈鸽子吗？是你们一门心思劝我，让我当皇帝，让我成为一代帝王，我按照你们的想法称帝了，你们这群乌龟王八蛋却跑了，上树拔梯，弟弟希倩也被德宗杀了，自己一点退路都没有了。

兴元元年（784）十月，李希烈部将李澄在滑县投降唐王朝，侥幸中李希烈率精兵袭取了陈州（治宛丘，今河南淮阳）。可是，宋亳节度使刘洽带领三万人击破翟崇晖军，生擒翟崇晖献给朝廷，官军乘胜收复汴州，李希烈仓皇逃归蔡州。

李希烈看看颜真卿颜太师确实忠义。不过对于李希烈，颜真卿却也成了手肘，放吧，太没面子，不放吧，不知咋处置，这是自己敬佩的一个人。

贞元元年（785）正月，将颜真卿老太师从汝州迁移到了李希烈的

■ 《移蔡州》帖

贞元元年正月五日，真卿移囚蔡州龙兴寺。自撰遗表、墓志，以明死志。十九日书《移蔡帖》，31字

驻地蔡州，被关在龙兴寺。在这里，颜真卿写下了平生最后的书帖《移蔡州》。关押在那里，除了看书、写字、吃饭、睡觉应该再没什么可做的事了，或许当时写的书帖多了，可是留下来就只有这个帖。《移蔡州》内容不多，和时局有关，只有三十六个字，却道出了其坚定的信念，道出了唐王朝为什么不灭的真理。

"贞元元年正月，真卿自汝州移蔡，天也。天之昭明，其可巫乎！有唐之德，则不朽耳。十九日书"。

有唐之德！几年的囚禁，让他看得更明白了，谁是什么样的情况，德宗也罢，朱泚也罢，李希烈也罢，现在的李晟也罢。

此时与唐王朝的战斗中，李希烈的部队慢慢处于下风，估计天天以酒度年，气急败坏，贞元元年（785）八月二十四日，这一天终于来了，景臻与阉奴又来找颜真卿。

"有圣旨到。"

真卿立即上前拜。

宦官："宜赐卿死。"

颜真卿不认识宦官："老臣无状，罪当死，然不知使人何日从长安来？"我确实该死，我没有做好工作，不过使臣是什么时候从长安来的。

李希烈的宦官说："从大梁来。"

"啊，呸，乃逆贼耳，何来敕耶！"

宦官景臻上去了，对付一个七十七岁的老人！

我的颜真卿，我们的颜真卿，一千二百年前，我们的颜真卿就这样走了！

颜真卿颜先生带着长安的贵气，带着家族的荣耀，

带着对文学的追求，带着对书法的执著，

带着对家人的思念，带着对唐王朝的忠贞，

带着慰藉苍生的心，带着关河冷落的梦，

带着统一的决心，带着对没有收复土地的眷恋，

带着对天下百姓的爱恋——被缢杀了，被缢杀了！

唐朝的脊梁折了。

"日月天丽，幽明向烛。"

颜真卿杀身成仁，壮烈殉国！

可是，李希烈缢杀颜真卿也无法扭转自己失败的局面。

此时此刻，他的小朝廷，他任命的一杆子将相人物基本被唐王朝俘虏了。唐官军李晟、李皋、樊泽、曲环、张建封等部又四面出击，接连攻克叛军占领了汝州等郡州，四面楚歌，李希烈主力彻底败溃。

贞元二年（786）三月，淮西大将陈仙奇，李希烈的部下，觉得跟着李希烈迟早要死，就准备反李希烈，可是又不好直接杀了他，所以通过内眷给李希烈煮了牛肉。那时的牛肉是稀罕的东西，因为按照法令牛是受保护的动物，不是谁都可以随便杀牛的。

现在一碗珍贵的牛肉出锅了，端到李希烈的面前，在众叛亲离的大营里，李希烈甚至觉得陈仙奇是个不错的偏将，心里还有几分感激，就吃了那个牛肉。牛肉是毒牛肉，这是陈仙奇精心策划的，就是为了毒死李希烈的，这是正史记载的。没有想到自己会以这样一种方式死去，而不是在战场被捕杀。

李希烈当时才二十八岁。你信不信，卢杞说李希烈年轻，那是真年轻，有没有确切的年龄记载，这个还真没有，只知道死的时候的纪年，不知道活了多大，总之是少年。我昨天喝多了，突然看见一本天书记载李希烈当时没有死，他活了八十多岁，一个激灵醒来酒气散了赶紧记了下来。不

■ 淮西节度使辖区

305

■ 万年县之印

过陈仙奇终于投归朝廷，献上李希烈及相关人员的六枚头颅（去世人的头颅真假难辨）。

李希烈名义上死了，陈仙奇接任李希烈被任命为淮西节度使。天书上说，李希烈从此流落河北，出没平原、青州一带。我想也有可能李希烈一直就在陈仙奇的大营里，隐姓埋名直到终老。

还有一个事，是比较解恨，卢杞为相后，治理能力差，民不聊生，百姓入不敷出，怨声载道；泾原兵变时，朱泚占领长安，卢杞还暗中勾结朱泚，围攻德宗所在的奉天（乾县）。李怀光率兵救驾解围，卢杞不想李怀光进城面见皇上汇报战事的因与得失，李怀光当时就炸了，宁可不去追杀叛军，也要立即面见德宗皇帝，揭露卢杞过往的种种罪行，满朝大臣义愤填膺，都出来骂卢杞，你个哈怂，"卢杞为政，极恣凶恶，三军将校，愿食其肉，百辟卿士，嫉之若仇"。建中四年（783)十一月，德宗还是认识不清，还有恻隐，居然下诏书，贬卢杞为新州司马，天作孽尤可为，人作孽不可为，后来死在了澧州别驾的任上，又一次注解了唐代后期宰相不得好死的咒语。唐朝有好些奇葩的人，卢杞算一个，他成为奸人并且是名烙史册的奸人，我一直想理一理思路，结果老也理不出来。

贞元二年四月，陈仙奇派人护送颜真卿灵柩返回京城，途中颜家人迎丧，在襄城浅葬，十一月归葬于万年县凤栖原，也就是第一章说的三兆一带，颜真卿家族的墓地所在。

道教讲颜真卿早在蔡州已成仙，不在凡人之列。

偃师颜真卿墓

　　尘归尘，土归土，一切都是定数，我的窗外，又一个夏天来了，毛笔字一直在写，这个伴我半生的爱好。

　　现在写下了这些往事，却已过去了三个年头，颜真卿从长安出发，又回到长安，千古传奇，只是盛唐少了脊梁，唐朝的天空何去何从。

万古真卿义不磨，
冲天豪气世间无。
忠贞凛凛名犹在，
烈烈轰轰大丈夫。

就这样吧！就这样吧！

五一 与佛教 '

　　颜真卿以他伟大的人格、忠贞的气节、刚烈的性格，包容的胸怀为盛唐筑起了脊梁。那么这个脊梁是如何养成的，如何挺起来的呢？需要我们抽丝剥茧慢慢考察。

　　颜真卿深受佛教思想的影响。

　　受家族的影响。《陋巷志》《颜氏家谱》等记载，颜真卿渊源的家学中即有着浓厚的佛教思想。他的五世祖颜之推即是一位参佛有得的居士，佛教讲修来世，他在《颜氏家训》，强调"三世之事，信而有征，家世归心，勿轻慢也"。同时要求子孙要"兼修戒行，留心诵读，以为来世津梁"。颜真卿的妈妈是一个佛教徒，魏晋以来士族有好多信奉佛教，殷氏是大士族，这一点应该是对颜真卿有影响的。

　　受皇权的影响。唐朝立国时注重儒释道三教互补调和，对于佛教是包容与扶持的。

　　唐太宗、高宗优待求法归来的玄奘法师，并设立佛教译经场所，还亲自撰写《大唐三藏圣教序》弘扬佛法；高宗当太子时，又为亡母建立大慈恩寺，后又建立西明寺，重视佛教发展；武则天更是修卢舍那大佛、全国建云经寺等等，将佛教地位抬高到前所未有的高度。唐朝前期，这

■ 褚遂良书大唐三藏圣教序（局部）

又称《雁塔圣教序》，褚遂良书，永徽四年(653)立石，二石，两碑共
1463 字。上碑称《大唐三藏圣教序》，塔底南券门西砖龛内，李世民
撰，21 行，行 42 字，右而左刻；下碑称《大唐皇帝述三藏圣教序记》，
塔底南券门东砖龛内，李治撰，20 行，行 40 字，由左而右写刻

■ 陋巷志

以春秋时期颜回所居"陋巷"命名
的志书，记述了颜氏家族繁衍发展
及对中华民族传统文化的贡献

■ 颜氏族谱

些对佛教的肯定与扶持，影响了当时的社会发展。玄宗注解《金刚经》，对佛教还是重视的；到肃宗朝，因为佛教在安史之乱时为官军筹措军饷上有功而受到重视与肯定。安史之乱前后，唐政权对佛教是肯定的，所以颜真卿思想中有佛教思想不足为奇，比如肃宗要全国修放生池，颜真卿也要修放生池等。

颜真卿在成年之前，参与佛教的活动记载较少。但是从有关资料推断，应该与佛教相关的活动不少。

离颜真卿家最近的就是大荐福寺。大荐福寺在开化坊，与通化坊隔朱雀路相望。荐福寺建寺前，所在地方原来是中宗李显当皇帝前的旧宅英王府，故称"潜龙旧宅"。睿宗文明元年（684）三月十二日，武则天敕命在此为驾崩百日的唐高宗献福建寺，"度僧二百人以实之"。后来又扩建，在荐福寺南面的安仁坊，隔街另辟塔院，景龙年间（707—710），由后宫妃嫔出资在荐福寺修造了一座十五级的寺塔，即小雁塔，一直保存至今。这个大荐福寺颜真卿应该去过，离家太近。

■ 大荐福寺塔（小雁塔）

大兴善寺山门

　　长安最大的寺庙、离他不远的兴善寺一定也去过。大兴善寺在长安城靖善坊内（今西安市小寨兴善寺西街），隋开皇年建大兴城（长安城），寺庙修建在风水与皇城一样好的靖善坊，取城名"大兴"二字，取坊名"善"字，隋文帝赐名大兴善寺。《长安志》卷七载："寺殿崇广，为京城之最。"靖善坊和颜真卿住的通化坊都在朱雀大街上，从住地到寺庙走路大概十五分钟，所以颜真卿应该去过，只是没有记载。

　　唐玄宗开元四年至八年（716—720），颜真卿也就十岁左右，大兴善寺已是密宗圣地，长安三大译场之一。开元三大士密教僧人善无畏、金刚智、不空在大兴善寺翻译密经，前后翻译五百余部，影响巨大。另外，有记载寺里养了几条龙，善无畏、金刚智、不空等高僧一念咒龙就飞起来了，不知颜真卿看见过没有，玄宗当时对高僧咒语是感兴趣的。日本和尚听说这些，所以大多来此寺中住学，圆仁、圆珍等人即于本寺受传密教，将密宗传播至海外。可怜我们大兴善寺后来丢了密宗，寺里的大和尚前几年去日本学习密宗。

唐代有很多诗人也为大兴善寺留下了诗作。

卢纶《题兴善寺后池》中："隔窗栖白鹤，似与镜湖邻。月照何年树，花逢几遍人。岸莎青有路，苔径绿无尘。永愿容依止，僧中老此身。"

崔涂《题兴善寺隋松院与人期不至》："青青伊涧松，移植在莲宫。藓色前朝雨，秋声半夜风。长闲应未得，暂赏亦难同。不及禅栖者，相看老此中。"

总之，颜真卿一定去过这个寺庙的。

颜真卿在成年之后，参与佛教的活动记载不少，总结起来有四个特点：

一、善心是基

这个没办法，从小的环境已经让他知道"善"的意义，这个善根，是不可替代的，是一个人的本。当他拿着毛笔在鹤身上乱弄的时候，鹤腿有病，哥哥允南说"也应该爱惜它的羽毛"。颜真卿多年后回忆："家常有折胫鹤，初真卿小年时戏书其背，君切责曰：'此虽不能奋飞，竟不惜其毛羽，奚不仁之甚欤！'其恻隐者如此，真卿终身志之。"安史之乱开始，"（卢）弈留台东都，又分知东都武部选事"被杀，段子光带卢弈人头到平原郡，卢弈脸上有血迹污秽，颜真卿不敢用其他擦拭，用舌头慢慢舔干净。放弃平原郡之前也是让百姓先撤，这都是善的根基，没有这个善根，颜真卿或许就不是这样处事的，这是颜家多少代人的慧根。

二、慈悲为怀

书多宝塔。天宝十一年（752）颜真卿写了《多宝塔》，全称《大唐西京千福寺多宝塔感应碑》，四月廿日建，岑勋撰文。这算是颜真卿出长安之前的一个重大佛教活动（因为第二年就去平原郡了）。此碑在长安安定坊千福寺，碑文写的是西京龙兴寺（有说在兴平市）楚金禅师静夜诵读《法华经》时，仿佛时时有多宝佛塔呈现眼前，他决心把幻觉中的多宝佛塔变为现实。天宝元年选中千福寺兴工，四年始成。唐玄宗曾为立塔赠银五十万、绢上千匹。楚金禅师死后，唐玄宗特派使

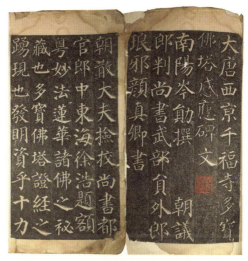

■ 多宝塔碑（局部）

者吊唁，监护丧事，并亲自书写了塔额，这在佛教史上，有特殊的意义。佛教上讲抄经已经是修行的进步，能书写这个多宝塔更是大功德。

湖州修行。五十岁左右，颜真卿亲身经历安史之乱的残酷战争，叔、子、弟兄数人在战争中丧生，加上安史之乱后，仕途并不如意，他的人生态度、思想观念发生深刻的变化。特别是遭到贬谪以后，便一改执着儒雅的常态，开始寄情山水，沉湎诗文，依托佛梵。当他途经九江，与熙怡律师结为参禅之侣；游西林寺，向内弟殷寅（殷亮）的阿阇黎法真律师请教佛法；在杭州，他与皎然交游密切，《韵海》完成后，"命皎然师赞二十卷"；在赣南，他与大明寺岩俊相契合；他对刘宋时居士沈真乘的礼佛行为十分崇拜，又仰慕谢灵运的译经壮举。至于探访高僧名德，撰文纪颂佛道盛事，写经书石等礼佛活动就更多了。

建放生池。最为典型的是他为肃宗放生池树碑的事。颜真卿先后于乾元二年（759）、乾元三年（760）、大历八年（773）、大历九年（774）为肃宗立放生池一事三度书碑、两度奏表，又自采乐石，铭其始末。肃宗立放生池，意在为安史之乱中亡人消弭宿业、积聚功德，颜氏如此虔

诚地铭记此事，无疑体现了他对佛教轮回思想的信仰。

三、相信因缘

福山许愿。开元二十一年也就是公元 733 年，颜真卿顺利地通过了国子监帖经，讲经等考试，寄居长安福山寺等待科考，福山寺在什么地方，查了好多资料在长安城内找不见。京畿之地，同州一带，现在合阳县城的东部有福山寺，"关关雎鸠"的发生地，也算京畿之地，从长安出发，骑马行程就多半天吧，为什么要在佛教寺庙里，或许是巧合，但这个可能性不大，一定是有原因的。

瑶台还愿。天宝元年（742），崔琇推荐颜真卿参加了"博学文词秀逸"科考试，玄宗在勤政楼策试，授礼泉县尉，当时颜真卿常常到昭陵不远的瑶台寺去进香，这有还愿概念。并且与寺里一个僧人交好，晚年回想起来作了《使过瑶台寺，有怀圆寂上人》

■ 泰山金刚经

属北朝摩崖刻石，刻于泰山斗母宫东北经石峪花岗岩溪床，是最大的佛经摩崖，有 2064 平方米，存 41 行，1064 个字，无题记和刊刻年月，也无经主和书丹者姓名，字有篆隶行楷意，或为北齐僧安道一所书

上人居此寺，不出三十年。

万法元无著，一心唯趣禅。

忽纡尘外轸，远访区中缘。

及尔不复见，支提犹岌然。

我以为是在福山寺许愿，在瑶台寺还愿，瑶台寺当时常常去，这是因缘。

雁塔题名。《宝刻类编》有记载，26 岁颜真卿雁塔题名，去了慈恩寺。记载中颜真卿已经任校书郎了，按照现在的考证，最初的大雁塔仿西域窣堵坡形制，砖面土心，不可攀登，每层皆存舍利。玄奘法师亲自主持建塔，历时两年建成。颜真卿看见的塔应该是那个土塔。当时，题名或不题名其实当时不是那么严格，只有对佛菩萨有认识的才会去表明态度，许下愿望，颜真卿在门楣上刻下了名字，表达了对佛的尊重并且许下愿望，他或许认为自己是文殊菩萨的弟子。

安史之乱中哥哥颜杲卿被安禄山所杀，自己弃平原郡这是一个"因"的种植，到李希烈大营，最后颜真卿被李希烈所杀，这是"果"。这个因果关系，颜真卿一定是认可的。

四、戒贪戒嗔

颜真卿为人不贪不嗔。不贪财物，这一点前面已经说明，贵为尚书三品大员，举家食粥，后来连粥都喝不上，要向李光进将军去借钱；不贪功，安史之乱初期贺兰进明到平原郡，颜真卿才打了胜仗，让功给其，自己不贪；不贪权力，皇帝让干什么，就干什么，从来不去考虑自己的得失。安史之乱刚收复长安时，颜真卿就被贬同州，答谢肃宗，没有说我安史之乱如何如何，为什么要贬我。这应该是佛法修行和学习到一定层次后的因果关系。

正是这许多的事实，表明颜真卿已经深谙禅味，参学有得，有资料显示颜真卿在湖州当刺史时，成为慧明大师的"菩萨戒弟子"，是一个正式的居士。清朝彭际清所著关于佛教徒的《居士传》，收有颜真卿传记。由于颜真卿从小受佛教的影响，他的思维、审美习惯、审美理想、思想观点、生活态度都浸染着佛教思想。反过来佛教对他的生活、艺术有指引的作用，比如几次出贬，没有怨言，豁达乐观，这是和佛教出世与慈悲的思想有关联。另外，佛教对颜真卿艺术精神领域影响特别明显，尤其体现到书法上，我们看他从《东方朔画赞》开始写的作品明显受《泰山金刚经》的影响，变得敦厚宽博，改变以前瘦硬的用笔。

《颜氏家训·归心篇》

三世之事，信而有徵，家世归心，勿轻慢也。其间妙旨，具诸经论，不复于此，少能赞述；但惧汝曹犹未牢固，略重劝诱尔。

五二　与道教

　　长安城里曾经有好多的道观，甚至朱雀大街外，离颜真卿家不远就有。不过有唐一代的道士多，特别是女冠（女道士）多，包括著名的金仙公主、玉真公主都是女道士。

　　颜真卿信奉道教。

　　受皇权的影响。唐代道教的地位崇高，是为国教。《唐会要》里记载，唐高祖李渊尊道教教主李耳为始祖。太宗贞观年间下令道士、女冠（女道士）地位在僧、尼之上，"尊祖之风，贻诸万叶"，高宗封老子"太上玄元皇帝"。玄宗时期，更是由宗正寺管理道士、女冠等，这是将道士、女冠当成宗亲管理了，还将《道德经》推为众经之首。

　　受家族的影响。由于受时代的影响，颜真卿家族一直是信奉道教的。五世祖颜之推，作为大儒，对佛、道较为开放，是隋代提倡"三教合一"的代表人物。颜思鲁、颜勤礼等等都信道教，尤其敦煌石窟发现的颜师古《玄言新记名老部》是对《道德经》的一个开风气的注释著作。

■ 老子李耳像

颜真卿的小名是"羡门子"这是古代的仙人，这多少都在道教里。《太平御览》转引《登真隐诀》云："三清九宫，并有僚属，例左胜于右，其高总称曰道君，次真人、真公、真卿，其中有御史、玉朗诸小号，官位甚多。"杜光庭《墉城集仙录》卷一中曰："食四节之隐芝者位为真卿。"所以说，颜真卿的小名、大名都是从道教来的。

社会环境的影响。他老师张旭是个道教徒。曾写过古诗四帖，其中就有《道士步虚词》；李白是道教徒没有问题吧，李白和张旭就特别铁，喝过酒应该是有的，还给张旭写过诗，颜真卿是崇拜老师的，所以也一定受老师的影响；唐代风气，社会上当时的大多数文人都是道教徒。

颜真卿与道士的交往。

最著名的是与上清派茅山道士李含光的交往。

李含光是茅山十三代宗师，是司马承祯的弟子。司马承祯（639—735）字子微，法号道隐，自号白云子，人称白云先生，河内温县人，晋宣帝司马懿之弟司马馗的后人，上清派第十二代宗师，名声显赫，与陈子昂、卢藏用、宋之问、王适、毕构、李白、孟浩然、王维、贺知章称为仙宗十友。

李含光原来姓弘，因避孝敬皇帝李弘庙讳而改姓李，号"玄静先生"，只是他家原来信佛教，老爷子博学好古，雅修彭聃之道，人称"贞隐先生"。含光幼工篆隶，有人说他比老爷子写得好，所以道士就不写了，不能和父亲比这个。十八岁，一心向道，神龙初（705）以

■ 司马承祯像

第四道沖章次此不尚賢者前明治國惟在理心矩

第三不尚賢章說治國者前章既明合道合道之行可以理民次此章宜言治國

第二天下皆知章卿以次道者前既明常道之體此即明合道之人

皎然可見

如上善若水昔之得一之類是也今並附文帖釋使

■ 颜师古《玄言新记名老部》（敦煌卷部分）

清行度为道士，师事司马承祯，居龙兴观。天宝七年（748），玄宗在大同殿受箓，遥礼含光为度师，并赐衣一件以申师资之礼。乾元二年（759），颜真卿充浙江西节度，听到含光道士大名，专门写了一封信，含光道士让弟子韦景昭回了信，互励，可励志了。大历四年（769）李含光去世，大历六年（771），颜真卿受李众弟子之托作碑铭，详细记载了李含光的生平事迹，又记述了与李含光的真切交往，《茅山玄靖先生广陵李君碑铭并序》。

与张志和的交往。大历七年（772）九月，颜真卿拜湖州刺史，在湖州期间，他的《浪迹先生玄真子张志和碑》，可以说是对道教名作《玄真子》的作者张志和事迹的最早记录。他和张志和有私交，所以这碑记也是最忠实的记录。据《续仙传》记载：大历九年（774）颜真卿与张志和及众多文官在湖州雅聚会饮，张志和首唱千古名词《渔父辞》。

与其他道士的交往。颜真卿仰慕晋代的道士王、郭二真君（王是王方平从侄，郭是王的族弟），寻访仙迹写了《华盖山王郭二真坛碑铭》，经常去附近游访。根据麻姑、华姑等道人事迹，大历六年（771）颜真卿游览抚州南城西南的麻姑山时，撰书了我认为颜真卿书法价值最高的《抚州南城县麻姑仙坛记》，立在麻姑仙坛旁边，另外还有《华姑仙坛碑》。他还和道教的吴筠、元结等等人交往，前面有关章节已经说明了。

■ 陈垣像

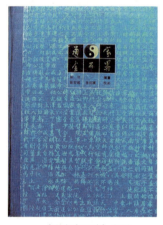

■《道家金石略》书影

陈垣先生的《道家金石略》收录了颜真卿四篇碑记，另外还有几篇道教碑记碑：《东方先生画赞碑阴记》《晋紫虚元君领上真司命南岳夫人魏夫人仙坛碑铭》。碑记有些是非常重要的，如魏夫人和张志和碑记，有些反映了唐代某些地区的道教信仰。还有在平原太守任上写的《东方先生画赞碑阴记》，记录了东方朔故里的崇拜活动等。

现在，我告诉你颜真卿是道教神仙，你会惊奇吗？

依据是《太平广记·颜真卿传》，它将羡门子列为"神仙"。《历世真仙体道通鉴》中也是列入仙传，可见颜真卿不是道教徒都不可能了。

纵观一生，颜真卿道教思想主要有三个特征：

道法自然。颜真卿承认"性命在天，或难钟值……不愿汝曹专精于此"，不过也说过"神仙之事，未可全诬"。做事顺其自然，颜真卿在肃宗乾元元年（758）路过华山拜谒华山神金天王庙并题名。正史记载，唐玄宗开元三年封华山神为金天王。第十六章说了，乾元元年十月，被酷吏唐旻弹劾，颜真卿被迁为饶州刺史，路过华山题写了《华岳庙题名》。当时，与颜真卿同行者有监察史、华阴县令，可知在唐皇室崇奉道教的背景下，朝官的拜谒可谓多了去了。颜真卿的题记是这样的："皇唐乾元元年岁次戊戌冬十月戊申，真卿自蒲州刺史蒙恩除饶州刺史。十有二日辛亥，次于华阴，与监察御史王延昌、大理评事摄监察御史穆宁、评事张澹、华阴令刘鼎、主簿郑镇同谒金天王之神祠。颜真卿题记。"这个题记看不出颜真卿对被贬得不满意或怨言。这就是道家的"顺其自然"，还感谢皇上"蒙恩"。

无为而治。一个地方的治理是要用心的，颜真卿作为地方太守，无论在平原郡还是同州、蒲州、湖州等，对于各地治理整体上来讲抓大放小，无为而治。比如在平原郡主抓的是"增陴濬隍，料才壮储僧廪"。在湖州主抓的是收茶，让整个社会休养生息。湖州有好几万人种桑，畜养；许多因为避乱到湖州的灾民难民落户湖州生活、安居乐业；整个湖州地区社会经济蒸蒸日上，百姓看到了希望。

注重养生。对于道教养生，则认为在"精审"之下，"若其爱养神明，调护气息，慎节起卧，均适寒暄，禁忌食饮，将饵药物，遂其所禀，不为夭折者，吾无间然"。

《太平广记·颜真卿传》中还记载，颜真卿十八九岁时，曾得病，卧疾百余日不愈。有道士北山君炼出丹砂救之，顷刻即愈，并说了一堆话："子有清简之名，已志金台，可以度世，上补仙宫，不宜自沉于名宦之海；若不能摆脱尘网，去世之日，可以尔之形炼神阴景，然后得道也。"又给他一粒仙丹："抗节辅主，勤俭致身，百年外，吾期尔于伊洛之间矣。"此后颜真卿亦常留心仙道。我们前面讲过开元九年（721）颜真卿十三岁，舅舅去世，于是妈妈带着一家大小十口人投靠外公，外公殷子敬在苏州吴县做县令，到颜真卿二十六岁考进士之前应该都在苏州一带，所以这个故事记载还是有基础的。苏州一地庙宇林立，偶有得伤寒，道士给治愈了也是信服的。

■ 李隆基注《道德经》

《李隆基注道德经》经幢（局部）刻于开元二十六年河北易县龙兴观，行楷书，通高6米，八角柱形，经幢身高429厘米，每面60厘米不等，清代翁方纲认为是唐苏灵芝书

关于颜真卿的道家思想，我以为是深刻的。

颜真卿到底是谁的人，我说他自己认为是朝廷的人，道教也罢，佛教也罢，此时都是颜真卿借以思考人生意义的工具，他肯定学了一些东西，比如与老庄思想、比如佛道二家教义互释等，这只能说明颜真卿的思想是佛道并存的，是当时时代造就的。

"事乖夙愿，徘徊郡邑，空怀尊道之心。"（《有唐茅山玄靖先生广陵李君碑铭并序》）真卿虽然遗憾没能成为一个专司修炼的道士，可是他的文章里、字里已经有了一种风度。

五三　与儒家

推明孔丘，独尊儒家。

　　颜真卿与儒家，原来是在他的身世后要讲的第一章，可是现在放到了这里，放到了颜真卿与佛道之后，原因是那两方面相对好讲，而与儒家却不好讲，因为唐王朝虽注重三教调和，但从治理国家来说儒家是主流的，是统摄佛道的，是不可替代的。

　　弄一个纱布，把他一生酿的往事，过滤一遍，看见剩下的还是一杯浓浓的儒家的饮料，发现这是一个不被世人所认识的颜真卿，他是有唐一代的大儒！

　　儒家学说起源于东周春秋时期，汉武帝起，成为正统思想。唐太宗时期，太宗命令孔颖达、颜师古（颜真卿叔祖）等大臣校订五经，撰写了《五经正义》，使经学思想得到统一，但是与佛教道教相比理论建设滞后。玄宗开始重视儒学，李隆基亲自在太学讲课，多次诏荐精通经学的人士，开元五年（717）诏令校订皇家的藏书，编成《群书四录》二百卷。开元十一年，

■《五经正义》之《尚书正义》书影

设置丽正院，十三年改为集贤殿书院，宰相张说为院长，张说还制定了《大唐开元礼》等等。科举考试一定是考五经的，所以这就和社会建立了一个非常的关系，你要成为一个管理者，入仕，就必须懂五经，必须懂《诗经》《尚书》《礼记》《周易》《春秋》，这是立身的根本。

颜氏家学渊源深厚，颜真卿的五世祖颜之推，深知"忠孝""立身""慎言"的重要性，以自己的人生阅历、处世之道和颜氏家族的积累写成《颜氏家训》，这个不得了，被称为"祖训"。一个家

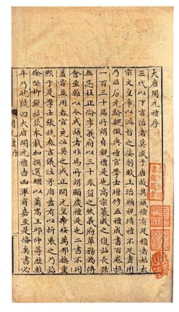

■《大唐开元礼》书影

族的高度有了，希望就有了，"德行、书翰、文章、学识"是颜氏家族传下的基因或非遗。《颜氏家训》中的谆谆教诲，流进了颜家人血液里，从上面的长辈流了下来，流到了颜真卿身上。有人说颜真卿谈不上思想家，这可能是个误解，从颜真卿留下的东西来看，我以为是有唐一代的一个思想高峰。

仁者爱人。《孟子·离娄下》"君子以仁存心，以礼存心。仁者爱人，有礼者敬人。爱人者，人恒爱之；敬人者，人恒敬之。相关的事情多了，在蒲州、在吉州、湖州等，只说饶州就是鄱阳湖所在地，前面不是说了，颜真卿干的三件事，有两件都是与民生有关的，第一件事：因为内地战事连连，鄱阳湖盗贼猖狂，民众难言。妇女程小娘，父亲哥哥都被强盗杀害了，颜真卿得知后，立即捉拿。匪首被分尸于市，全州人"四境肃然"，治安大大好转；第二件事：减税。由于战争的原因，徭役，租庸调税的实施等，经济越来越不好，颜真卿就"简徭役，黜贪残，劝课农

桑"，鼓励广植桑麻。群众看见了希望，历史上一直把他和范仲淹相提并论，说"颜范遗风"，这是"仁政"的表现。还有一件事，前面讲了，哥哥颜允南大教颜真卿做人。家里养鹤，有一只腿有病，颜真卿还用毛笔在鹤身上乱写乱涂，允南制止了，说"这只鹤虽不能奋起飞翔，但是也应该爱惜它的羽毛"，仁者爱人，爱万物。

忠贞不二。《国语·晋语二》："昔君问臣事君于我，我对以忠贞，君曰：何谓也？"我对曰："可以利公室，力有所能，无不为，忠也；葬死者，养生者，死人复生不悔，生人不愧，贞也。"唐朝中期，这一段时间天下不太平，造反的此起彼伏，有来入伙归顺唐王朝的，有排斥造反的，可是颜真卿只认唐王朝，这是不含糊的。在安史之乱时，安禄山如何威逼利诱都不变节，包括段子光之流的恐吓，始终与安禄山划清界限不苟同，即使号召一群没打过仗没当过兵的也要努力一战。同样，建中四年（783），七十五岁高龄去宣慰李希烈，无论是要杀他、要他当宰相，都不为所动，大义凛然，对唐王朝忠贞不二，气节之高，脊梁之挺，刚烈之势，从古至今稀有见。

大一统思想。《春秋·公羊传》诠释、阐述儒家政治主张的一个内容就是大一统，颜真卿维护大一统的唐王朝，不遗余力，贯穿毕生。神龙元年（705）以来，无论宫廷政变发生了几次，皇帝更换了几个，政局如何动荡，颜真卿始终维护唐王朝中央的统一。抗安禄山十万之师于前，被囚李希烈三年营之于后，中间还有几个造反称帝的，无论分裂割据，还是反对唐王朝，颜真卿都是一往无前，坚决反对，"大义久废公起之，醇风久公还之"。

依规重礼。《说文解字》："礼，

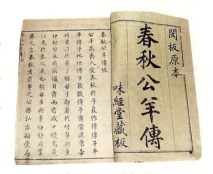

■《春秋·公羊传》书影

《石台孝经》

履也。所以事神致福也。"大的"礼"是关于国家建设和权威的。我们前面讲了安史之乱收复长安后，太庙已毁，颜真卿建议在荒郊野外筑祭坛，让皇上李亨穿素服哭三天三夜，这其实是一个树立权威的过程，因为只有皇上才可以这样做。战乱使得皇上没有心情，但肃宗还是照办了，即使颜真卿被贬同州，他也认为自己是对的。还有，关于主事太庙时祭祀的器皿洁净问题，唐太子诸王之女（郡主）、亲王之女（县主）下嫁的礼仪问题，另外，广德二年尚书右仆射郭英乂谄媚宦官鱼朝恩，将鱼的座位安排高于六部尚书的问题等，颜真卿作为重礼重节的大臣都进行了有效果的工作。

孝行天下。在唐代，孝是一个大事，开元七年（719）唐玄宗下诏令群儒质定《孝经》。玄宗亲自为《孝经》作注，颁于天下及国子学。（《唐会要》卷36《修撰》）后来又让他人为《孝经》作注。颜真卿的母族，五世祖殷不害，就是以孝被写到《梁书》里的，颜家的先人也都是有功名的孝子。前面讲颜真卿刚一当官在秘书省任职，不久（737年7月）姑妈去世，姑妈颜真定（亲姑妈，这个厉害，为了给颜真卿爷爷的兄弟，她叔叔鸣冤割掉了自己的耳朵）教过小时候的颜真卿，他记着，开元二十六年（738）正月下葬，颜真卿和妈妈去参加葬礼了，老太太伤心得不行，不多久就去世了。老太太操劳了一辈子，这不能含糊，颜真卿要守孝，于是就回家丁忧了。现在这是不可想象的，刚考上公务员，因为家里人去世就要辞职。前几天还有一个四川自贡的人，嫌母亲不给带孩子、没有首付买房，把母亲杀死了，这不知道都咋想的（2018年3月付白莲杀母案）。后来颜真卿为家里长辈曾祖父颜勤礼、父亲颜惟贞等等立碑写志都是一个孝道的体现。有郑延祚，母亲死了二十多年，不下葬，真卿弹劾，他把孝这个伦理概念，引入政治领域，收到了实效。

廉以养气。颜真卿注重品行，保持廉洁，事迹不少，《旧唐书·职

■ 西京·职官志

官志》："凡内外官有清白著闻，应以名荐……五品以上，量加升进。六品以下，有付吏部即量等第迁转。"颜真卿在长安县尉被举荐就是因为清廉。再举个例子：有时候都不可以想象，贵为三品大员，颜真卿在升州刺史任上等待交接工作、准备前往京城担任刑部待郎时，全家竟然陷入了饮食之忧，"阖门百口，几至糊口"。幸好有此前的僚属蔡明远前来援助，才解决了一家人的吃饭问题。为了感谢蔡明远的恩情，颜真卿写下《蔡明远帖》，赞扬他的辛劳诚恳，字里行间，充满感激之情。有人说颜真卿的生活窘迫是偶然的，实际上，这种拮据常常发生。再举个例子：一年关中大旱，江南水灾，农业收成差，颜真卿全家几个月只能吃粥。颜真卿此时已是刑部尚书，看似官高权重，但当时京官俸禄微薄，自己又清廉。他不惜降低身份，向他人乞米，写《乞米帖》。帖子透露出颜真卿全家生活拮据，在困难到极点的时候，也只是渴求"惠及少米，实济艰辛"，期待的米量不多，来一点就好，足见颜真卿可爱真诚。

他作为一个长期执于政务的儒家思想家，思想上受佛教影响，受菩萨戒是有可能，但进入万法归空的境界是不可能；他热衷于道教，崇尚老庄，甚至在湖州有避世思想是有可能的，但崇道而完全摆脱现实人生

■ 颜真卿书《蔡明远帖》

18行，104字。此帖有一种疏淡的意境，脱俗干净的气韵。黄庭坚云："笔意纵横，无一点尘埃气"

的束缚是不可能的；所以他思想有佛教的精进，有老庄的虚静，在凡间的虚空与世俗里徘徊，说白了，还是在儒家的思想里徘徊，这一点我们可以从《颜鲁公文集》里看得清清楚楚。

好了，耽误大家时间了，不过我还是认为颜真卿是有益达糖（唐）的大儒，大思想家。

《颜氏家训·止足篇》

《礼》云："欲不可纵，志不可满。"宇宙可臻其极，情性不知其穷，唯在少欲知止，为立涯限尔。先祖靖侯戒子侄曰："汝家书生门户，世无富贵，自今仕宦不可过二千石，婚姻勿贪势家。"吾终身服膺，以为名言也。

天地鬼神之道，皆恶满盈，谦虚冲损，可以免害。人生衣趣以覆寒露，食趣以塞饥乏耳。形骸之内，尚不得奢靡，己身之外，而欲穷骄泰邪？周穆王、秦始皇、汉武帝富有四海，贵为天子，不知纪极，犹自败累，况士庶乎？常以二十口家，奴婢盛多不可出二十人，良田十顷，堂室才蔽风雨，车马仅代杖策，蓄财数万，以拟吉凶急速。不啻此者，以义散之；不至此者，如非道求之。

《颜氏家训·归心篇》

内外两教，本为一体，渐积为异，深浅不同。内典初门，设五种禁，外典仁、义、礼、智、信，皆与之符。仁者，不杀之禁也；义者，不盗之禁也；礼者，不邪之禁也；智者，不酒之禁也；信者，不妄之禁也。至如畋狩军旅，燕享刑罚，因民之性，不可卒除，就为之节，使不淫滥尔。归周、孔而背释宗，何其迷也！

五四 与其他宗教ˈ

去了西安大学习巷，那里居然有全国重点文物保护单位"清真寺"，这个就厉害了，然后再一查，隋唐就与伊斯兰教发生了故事，回来又赶紧查阅资料，看看与颜真卿有关系没。

先说颜真卿与伊斯兰教有关系没。

伊斯兰教以信奉独一真主为核心，规定了穆斯林履行的"五项"天命功课及仪则，制定了包括宗教教规、民事、刑事、商事、军事等方面的法律制度，确定了以止恶扬善为核心的一系列行为规范和社会道德准则。

伊斯兰教的先知穆罕默德曾经告诉信徒："学问，虽远在中国，亦当求之。"(亦写作："信徒们，去寻求知识吧，哪怕远到中国！")

关于伊斯兰教传入中国的时间。著名学者陈垣在北大演讲时提出了他首创的"永徽二年说"，引起了学界的广泛关注和认同。他指出，《旧唐书·大食传》记载："永徽二年始埠倬来贡。"即中国与阿拉伯正式通使，是从唐永徽二年开始。所以中国的伊斯兰教一般认为是在唐朝永徽二年（651）从阿拉伯传入中国的泉州、广州等地，当时主要是一些阿拉伯商人、士兵和阿訇，从建立到传来中国时间很短。

大学习巷唐代天宝元年（742）敕赐进士、户部员外郎兼侍御史王鉄所撰《创建清真寺碑》吓到我了。不过通过查找资料，这个碑应是伪作。证明一，清真大寺所在地唐时属于皇城右武卫、右骁卫衙署，而迁署建寺根本就没有可能性。证明二，该碑碑文底部写着"王鉄撰篆书"，全部碑文正文却没有一个篆书，由此可见，这是一个外行做的假碑。

■ 传王鉄撰《创建清真寺碑》

王鉄，就是天宝五年（746）荐举颜真卿出任长安县尉的王鉄。当时王鉄作为关内道黜陟史，认为颜真卿作为醴泉县尉是非常清白的。王鉄生于玄宗时，太原郡祁县(今山西省祁县南)人，当到太原县公兼殿中监、户口色役使职位。天宝九年（750），王鉄任御史大夫、一身兼领二十余使，朝廷内外皆畏惧他的权势。天宝十一年（752），王鉄的弟弟户部郎中王焊和邢縡谋反，王鉄被赐死。这个碑署名王鉄，拉他来壮大声威，他信不信伊斯兰教，这个有待进一步研究。

伊斯兰教号称永徽二年就传来了，颜真卿时期在长安城应该才慢慢开始传播。因为天宝十载（751），高仙芝率四万大军与阿拔斯王朝（黑衣大食）的十七万大军为争夺中亚霸权在怛罗斯（今吉尔吉斯斯坦与哈萨克斯坦的边境）一带展开激战。世界上最强大的两大帝国的对抗，以唐王朝的失利告终，最终唐王朝退出了中亚的统治。另外颜真卿尊重的李光弼、康里等有可能信奉伊斯兰教的，只是现在没有证据证明外族将领信奉伊斯兰教，也没有证据证明外族将领不信奉伊斯兰教。

■ 西安大学习巷清真寺

　　如果曾经王鉷确实撰并书过《创建清真寺碑》，只是原来寺庙不在这里，是后来搬到这里的，或者原来的碑毁了另仿刻的，那就另当别论，总之颜真卿知道有伊斯兰教的存在。

　　再说颜真卿与景教的关系。

　　景教在唐代历经唐太宗、高宗、武则天、中宗、睿宗、玄宗、代宗、德宗、宪宗、穆宗，所以和颜真卿有关很正常。

　　景教是天主教的一个分支，并且当时不为承认。叙利亚人阿罗本，在波斯神学院学成传道，前往东方各国传播福音。唐贞观九年（635），基督教聂斯脱利派教士阿罗本到达长安后，唐太宗李世民本着"示存异方之教"的开放政策，派当朝宰相房玄龄"迎于西郊，待如嘉宾"。阿罗本是全世界目前公认的基督教最早来华宣教人员，当年，李世民接见了他。史载："翻经书殿，问道禁闱。深知正直，特令传授。"唐太宗听了他所讲授的福音之后，觉得很有道理，准许他宣教。阿罗本来华后，广传福音，翻译经书，三年内，陆续由波斯东来的宣教士，达到二十一位。贞观十二年，唐太宗特许教徒在长安义宁坊兴建庙寺一所，初称"波

■ 景教经幢

斯寺"，后更名为"大秦寺"，并提供经费支持，足见唐朝政府对景教的扶持。唐高宗时，尊奉阿罗本为"镇国大法王"，并下诏于诸州建景寺。出现了"于诸州，各置景寺，法流十道，寺满百城"的盛况。有不少教士成为唐朝的政府官员，据学者考证，高宗时御医秦鸣鹤就是景教教士。

武则天尊奉佛法，景教受到佛僧的猛烈攻击，景教教士不得已，只好集资亿万于洛阳建"大周颂德天枢"，教士阿罗汉更将景教教义佛教化，终使武后大悦，得以继续发展。唐玄宗开元年间曾使景教教士到兴庆宫讲道，亦曾命宁国等五亲王到景寺礼拜，设立坛场，并陈列先王之遗像供人礼拜而且玄宗更邀约罗含和普罗等十七名教士一起做礼拜，传福音。唐肃宗时，曾重建灵武等五郡的景寺，且命教士伊斯效力中兴名将郭子仪，据《大秦景教流行中国碑》的碑文说：中唐时期平定安史之乱的中兴名将郭子仪也是虔诚教徒，"中书令汾阳王郭子仪，能散禄赐，不积于家。更效景门，依仁施利。馁者来而食之，寒者来而衣之，病者疗而起之，死者葬而安之。清节达娑，未闻斯美。白衣景士，今见其人"。

■ 高昌景教壁画

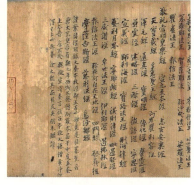

■ 敦煌景教经卷

这个《大秦景教流行中国碑》，明代天启五年（1625）复出土于西安，有两千左右汉字，并附数十字叙利亚文，当时引起轰动。现在景教流传中国的早期历史，大多以此引证。另外2006年5月，洛阳隋唐故城东郊出土了一件唐代景教经幢，其整体为八面体石灰岩棱柱，残缺，应是经幢之中段。从明显受到激烈撞击的断面来看，可知这件宗教石刻的后期，曾经受到人为地破坏。这是继明代陕西出土《大秦景教流行中国碑》及近代敦煌石窟出土景教经典写卷以来，景教的重大发现。景教经幢从另一方面证明了当时景教的流行。

这些时间段都和颜真卿有关，所以颜真卿应该了解景教，但是只是了解而已。

颜真卿与祆教也有关系。
《唐语林》记载颜真卿儿子颜硕小名叫"穆护"。陈垣先生、饶宗颐先生认为"穆护"是祆教僧侣

■ 大秦景教流行中国碑

教士景净撰、吕秀岩书，建中二年长安大秦寺立。高279厘米、宽99厘米，除刻有1780个汉文，叙利亚文，十字架。后没，明天启三年（1623）周至县出土。光绪三十三年（1907），丹麦何乐模密谋盗碑未遂；现藏西安碑林博物馆

的称谓，并且说祆教的赛神曲名叫《穆护歌》，作为唐代"三夷教"之
一的祆教，最早高祖武德四年（621）开始传播。长安城有五处祆教祠，
分别在布政坊西南、礼泉坊西北、普宁坊西北、靖恭坊南、崇化坊，除
了靖恭坊南的在城东，其他都在城西，都在长安县，并且离颜真卿家
不远，由于他家本来离西市，离都亭驿不远，所以接受新鲜事物是可
信的，结合孩子的情况和祆教的特点，有理由相信在颜硕小的时候得
过一次病，而祆教用一些术数医治好了，作为承诺，所以孩子的小名
就叫"穆护"。

　　另外，颜真卿与其他宗教的情况，限于资料匮乏，暂不评论。关于
宗教信仰，我以为唐政府是非常开放的，颜真卿家族，包括颜真卿自己
是抱着开放的心态接受新鲜事物的。

五五 与文学

有人说昆曲《牡丹亭》是质朴的，有人说《牡丹亭》是华美的，其实古人早就说过"古质而今妍"，那都是相对的。

唐朝开始，你的能力强不强，"来来来"，先写文章，考进士。我们知道"进士"这词是《礼记·王制》"论进士之贤者，以告于王，而定其论"，其本义指可以进受爵禄。隋炀帝大业三年（607）开始进士科考试选取士，当时主要考时务策，就是有关国家政治生活方面的论文，叫试策。这种分科取士把读书做文章、应考和做官三者紧密结合起来非常积极。唐玄宗时，诗赋成为主要的考试内容，"乖乖！"考的是文采，比起依靠出身要好多了，何况唐朝一年一科进士，能考上的太少了，估计也就是二三十人。我们的颜真卿考上了，现在知道考的是"赋"，可惜文章没有保存下，一定写得不错。颜真卿的文学修养与刚烈忠贞的个人情操是完美统一的。

他的文学才能是两方面的，一是创作才能，一是组织文学才能。他自幼深受悠久的家学熏陶，文学功底深厚，成就主要体现在他的散文、诗歌以及文学理论论著。

颜真卿的散文。散文质朴自然，充满了真情实感，是古文运动的先锋。其文学复古观中的尚古、本道与重教化，在对奠定柳体文风改革

■ 《陈至墓志》
颜真卿撰 独孤良器楷书 23 行 行 24—26 字

■ 《文忠集》
武英殿本，又称《颜鲁公文集》十六卷，十二册

方面作出了重要的贡献，针对骈文发展至唐代情况，他比柳宗元大好多，提出质文并重的观点，文学复古观。力图发起文体革新，继初唐陈子昂之余绪，颜真卿、李华、萧颖士、李欣等一批文士在盛唐文体革新理论与实践方面作出了很大的贡献。颜真卿《论百官论事疏》："御史中丞李进等传宰相语……长官白宰相，宰相定可否，然后奏闻者……则天下何述焉？《诗》云：'营营青蝇，止于棘。谗言罔极，交乱四国。'以其能变白为黑、变黑为白也。诗人深恶之，故曰：'取彼谗人，投畀豺虎……'林甫得以先意奏请，元宗惊喜若神，以此权柄恩宠日甚，道路以目。上意不下宣，下情不上达。"这是写给皇上的奏疏，字里行间充满了真挚的感情，文辞质朴。

颜真卿的诗歌。

大气磅礴。颜真卿是一个忠义之士，光明磊落，所作诗歌一样掷地有声。尤其喜用五言古体，《赠裴将军》诗："大君制六合，猛将清九垓。战马若龙虎，腾陵何壮哉。"这是前四句，一上手就有气势；《登平望桥下作》诗："登桥试长望，望极与天平。际海兼葭色，终朝皂雁声。"这是不动声色的胸怀，这是不与人争的安静，这是宇宙外的磅礴。

■ 萧颖士撰李虚已墓志

■ 李华撰姚闺墓志

通达清雅。曲径通幽自成桃源遗风，他的这种文学风格我们可以从他的诗歌中体会出来，颜真卿喜欢陶渊明，他曾经写过一首《咏陶渊明》，其中"狙击不肯就，舍生悲缙绅"与"兴逐孤云外，心随还鸟泯"有味道。自秦汉至唐代前期，酸文人作诗重视文辞不思内容，也就是重文轻质。从秦汉的骈文大赋，华丽铺张，华而不实，到魏晋十国的萎靡艳丽，轻浮虚构，这成为了那一个时代的诟病。然而到了颜真卿却发生了截然不同的变化，颜真卿一直主张文质并重，现在我们再看那两句诗，既有对现实情景的描写，也有自己内心情感的抒发，文质呼应，相得益彰。颜真卿在湖州时期所写的诗，是通达的。《谢陆处士杼山折青桂花见寄之什》："群子游杼山，山寒桂花白。绿黄含素萼，采折自逋客。忽枉岩中诗，芳香润金石。全高南越蠹，岂谢东堂策。会恹名山期，从君恣幽觌。"这是写游览杼山的，很朴素、很田园、很山水，仿佛进入了陶渊明的世外桃源。这是颜鲁公要归隐，还是养精蓄锐？环境也会影响人，颜真卿在湖州待了五年多，这是诗人一生中最安逸最平静的日子。

以诗滑稽。开创诗歌新功能，湖州诗会是消遣的，诗歌不光是抒情还是娱乐的工具。传统诗歌创作娱乐功能鲜有，而颜真卿领导的湖州诗

338

会却主要为了娱乐，这或许和他的思维与修养有关，比如他在平原郡崇拜东方朔，比如他向民间学习书法，比如他的诗歌的民间性。因为"诗言志"，所以此前的诗歌是雅言，他的诗歌有不同于以前，与当时的王梵志的诗歌近，因为王梵志走的是大俗大雅，而他这里其实是文人的滑稽与夸张，比如《七言滑语联句》："雨里下山蹋榆皮（颜真卿），莓苔石桥步难移（皎然）。芜荑酱醋吃煮葵（刘全白），缝靴蜡线油涂锥（李崿）。急逢龙背须且骑（李益）。"同类的诗歌，湖州诗会上很多，这里就不再举例了，从这些诗歌上看，他开创了另外的作用。

颜真卿的文学理论。

颜氏家族博大精深的家世家学带来的影响深远，对颜真卿文学观点影响最大的是《颜氏家训》。颜之推说："文章当以理智为心肾，气调为筋骨，事义为皮肤，华丽为冠冕。今世相承，趋损。"颜真卿继承了五世祖的遗产，奉行并践行了文质统一的文学观点。同样，核心是通达务实、文质并重的，在颜真卿这里是知行合一的。颜真卿一生著作颇多，但保存下来的不多，现在流传最早的《颜鲁公集》是南宋时期留元刚搜集整理的。颜真卿曾于公元765年给自己的师座孙逖的文集作序，序文（部分）如下："古之为文者，所以导达心志，发挥性灵，本乎咏歌，终乎雅颂。帝庸作而君臣动色，王泽竭而风化不行。政之兴衰，实系于此。然而文胜质，则绣其而血流漂杵。"从以上文字中，颜真卿的文学观念

主要有三个方面：首先是文和质的关系，颜真卿秉承儒家的思想，文辞适当即可，要简朴，奉行适中不偏颇的原则；其次就是文辞和内容的关系，辞要达意，辞不达意，就害意，不能表明主题；再次，儒家是内核。文学必须与主张相合，颜真卿奉行中庸适中的文学主张，与其悠久的家世渊源和渊博的个人积累是密不可分的。

他对历代文学的基本评价是"汉魏以还，雅道微缺；梁陈斯降，宫体聿兴"。在颜真卿看来，前人的文学太注重于"文"，应该同时兼顾于"质"，文质并加，不取极端。

颜真卿的文学观强调的是"古质而今妍"，如何让文学有灵性而不失质朴，从卢藏用、陈子昂到萧颖士、李华、颜真卿，这是为即将到来的古文运动做准备，只是前朝的人是意识不到的。

前面说了文学才能，下来说文学组织才能。

作为中唐古文运动先驱的颜真卿，组织了李华、萧颖士等文学复古观念的复古，他对奠定韩、柳文体文风改革的基础作出了重要的贡献。盛唐以为文儒的根本任务是为儒家道义服务，这一观念作用于文学则是文学应为儒学服务。他认为雅正应是文学的最终指向，若绮靡之作盛行，则将误君害终致政治衰败。

湖州诗会的组织者。他常常组织"群贤毕至，少长咸集"的"兰亭集会"，不过他们是"三癸亭"。文人聚在一块大多数就是吟诗赋句，以娱情怀，颜真卿也不例外，其实他还是向往陶渊明似的田园生活的，当然这只是他内心深处的避风港。每个人都有追求自由的权利，颜鲁公以诗寄托情怀，也登高望远，俯视河溪，群鸟归巢，远处炊烟袅袅，这是何等的惬意与满足！颜真卿诗文就是用来表达于人于己、为国为民的，这种开放包容通达的文学态度是值得我们研究和学习的，在历史上闪着特有的小星光。颜真卿刺湖州大历年间，组织诗僧皎然等，在湖州 (今浙江省湖州市) 诗会，以诗会友，研讨诗艺，酬唱赠答，声气相投，前后参与者九十余人，预之者陆羽、顾况、秦系、灵澈、朱放、张志和、萧存等，孟郊《送陆畅归湖州因凭题故人皎然塔陆羽坟》诗"昔游诗会满，今游诗会空"即吟此。湖州诗会为唐代诗坛的一大盛会，对韩孟诗派有着很大的影响。颜真卿与皎然诗歌往来，他们在家族的强烈认同感上也达成了共鸣。

颜真卿对尚古、本道推崇，并创作实践，写作了大量散体文。颜真卿的文集中随处可见其改骈为散的创作实绩，体现了对齐梁文学的重视与继承。齐梁时期，文学上除大量写作宫体诗，还有大量的咏物诗与联句诗。而视颜真卿刺湖间湖州诗会所做联句，都是"取法齐梁时期西邸文人集团将咏物与联句相结合的方式"，创造出的一个齐梁贵族文学在百年后文人诗会中的变，它区别于与浙东诗会的。"颜真卿否定的只是梁陈时期绮艳，对齐梁诗歌中的优秀元素他是予以尊重，并大胆借鉴的"，他不仅继承南朝诗风的关注音律、句式、风格、内容、游戏等，而且在此之外还探索出了学习齐梁咏物联句诗的新的方向。

《颜氏家训·文章篇》

　　夫文章者，原出《五经》：诏命策檄，生于《书》者也；序述论议，生于《易》者也；歌咏赋颂，生于《诗》者也；祭祀哀诔，生于《礼》者也；书奏箴铭，生于《春秋》者也。朝廷宪章，军旅誓诰，敷显仁义，发明功德，牧民建国，施用多途。至于陶冶性灵，从容讽谏，入其滋味，亦乐事也。行有余力，则可习之。

五六 与酒'

古来圣贤皆寂寞，唯有饮者留其名。

先说说酒。

酒在中国古代是非常有地位的。最早《说文》对酒进行了定义："酴，酒母也。醴，一宿酒也。醪，滓汁酒也。酎，三重酒也。醨，薄酒也。醋，茜酒也。"

关于造酒有四种说法：一说仪狄造酒，仪狄与禹同时代；二说神农造酒，神农因治病发明酒；三说酒是与天地一同有的，上天有酒星；四是杜康造酒，"杜康始作秫酒。又名少康，夏朝国君。"其实酒真的从哪里来已经不可考，应该是劳动人民智慧的结晶。酒在古代一直是一个礼的东西，同时因为酒的作用，又是一个性情的东西，这在古代将两者兼顾的物品少之又少，不可多得，所以，文人、儒生绝大多数喜欢此物，从"尧酒千盅"的杜康到曹孟德；从刘伶、陶渊明到王绩、贺知章等，没有不好此物的，颜真卿是个性情中人，不好此物是不可能的。

颜真卿是喝酒的。

■ 仪狄雕像

《诗经》里有酒的篇目要三十多篇，占《诗经》总量的十分之一，《诗经》是儒家的经典，所以你就应该理解为什么中国古代对饮酒是有不同于西方的认识。唐朝前期社会安定，让人们可以享受更多的生活乐趣，皇家的酿造御酒的机构是太乐署，那一般不招人待见，不是主流官员要上升能待的地方。王绩却是另类，高考成绩好，却要去太乐署任职，大家不知咋回事，后来发现是酿酒大师焦革在那群里，王绩喜欢喝酒。

■ 杜康像

颜真卿年轻时，先当校书郎，再当礼泉尉。尤其是刚考上进士的时候，双喜临门，春风得意，那时候按照风俗，要拜老师的，拜老师要有酒席，你请老师来坐下，给老师倒酒敬酒"老师您请"，老师左一杯右一杯，光喝了，难道不让你酒，这个是不可能的吧。所以那个时候酒场还是多的，颜真卿也是必须喝酒的，他是讲礼仪的。入仕后，一定程度上朝廷是发酒的，比如王绩为翰林待招每日发三升酒，那虽是唐朝初期，可是这个传统还是有流传的，作为福利也是可行的，所以朝廷给你酒你却不喝也是讲不通的。

唐玄宗在大明宫上给大家践行，派颜真卿去到平原郡做太守，那也是要饮酒的，老板请大家吃饭，你不喝酒不给面子，这个一点可能性都没有。还有，自己后来几次离开长安，无论是家里人、还是亲戚岑参等给他送行也应该是喝酒的，包括最后一次接受王命宣慰李希烈，自己出城在长乐坡是喝了酒的，到李希烈大营也是喝了几场酒的。

颜真卿是喜欢喝酒的。

前面讲的是颜真卿喝不喝酒，结论是颜真卿是喝酒的！颜真卿喜欢喝酒不？喜欢！不喜欢咋能醉，醉了还联句，联句还写的是酒。大历八年(773)湖州，他和刘全白、皎然、陆羽喝醉了，写下了《七言醉语联句》，这里没说都是谁醉了，还是都醉了，不过我想唐朝的酒度数应该不高，这几个人应该是喝了好长时间的，所以都微微醉了，才有了这首诗。"逢糟遇曲便酩酊"这是刘全白的首句，刘全白和李白是基友，此时任浙西节度从事、检校大理评事。在湖州，与颜真卿、皎然等喝了数场酒，数十人联唱，结集为《吴兴集》，后来一高兴就接了颜真卿的湖州刺史。"覆车坠马皆不醒"颜真卿的对句诗，看看是不是已经高了，能这样作诗说明还行，只是这样作了也不夸张。"倒著接䍦发垂领"皎然的第三句和"狂心乱语无人并"陆羽的第四句，都是注解第一句喝醉的状态和举动，所以说都是好酒之徒。还有接待张志和，皎然作的《观玄真子置酒张乐舞破阵画洞庭三山歌》等等进一步说明了颜真卿喜欢喝酒，张志和等就是酒鬼，能和酒鬼一起喝酒，那你说他喜欢不喜欢喝酒。

颜真卿喝酒的成果。

唐王朝初期开工资都以酒来计算的，酒就是美好的象征，所以全唐诗充满了酒香，唐诗是泡在酒里的，颜真卿是写诗的，他也是泡在酒里的。在湖州，虽然经过了安史之乱，但后期还是安定的，在这里颜真卿完成了《吴兴集》《韵海镜源》等。胡适无聊时打麻将，颜真卿无聊时不是打麻将，而是吃茶喝酒作诗。这不就有了喝酒的乐趣，大家玩个联句，估计这应该是王羲之曲水流觞的简易版，不用漂流，按次序来，或按一定规矩来，从现在留下的这些联句来看，时间上应该是联句最早最集中的，是联句历史上的高潮期，从内容上看有些像王梵志的诗"俚俗如话"的风格，这也改变了曲水流觞的雅，而成为一种接地气的文化现象。从诗文里面的描写看，除了吃茶就是喝酒。先后涉及酒的诗作与联句有《五

■ 唐人物纹八棱金杯

■ 唐镶金兽首玛瑙杯

■ 唐舞马衔杯仿皮囊式银壶

言送李侍御联句》《登岘山观李左相石尊联句》《五言夜宴咏灯联句》等等，涉及五十多人，当时在湖州开文坛聚会的一种风气，所以说颜真卿喝酒是有成果的。

那么，颜真卿喝的是什么酒？

唐人的酒主要是用黍米、粟米、玉米、稻米等谷物酿造的，比如米酒，米酒又分为清酒和浊酒。清酒酿造时间长，酒精浓度高、甜度低，透明度较清，但酿造的工艺复杂；浊酒则相反，时间短、浓度低、甜度高，也比较浑浊，酿造工艺简单，因此，唐代米酒的生产主要以浊酒为主。另外，唐代人以酿酒的原料为酒名，用白米酿造的酒，称为"白酒"，这不是我们所喝的白酒。

唐人酿造的酒大体分四种。

绿酒。白居易说："绿蚁新焙酒，红泥小火炉"。其实就是刚做出来的最粗粝的浊酒，是绿的。

黄酒。谷物酒曲高级酿酒，比如红曲，那就不一样。这红曲酿出来的酒，是琥珀色的。荥阳有土窟春、富平有石冻春、剑南有烧春、郢州有富水酒、乌程有若下酒、岭南有灵溪酒、宜城有九酝酒、长安有西市腔酒，这些都是清酒。

花酒。前面的酒加入各种花，配出不同的香味。比如菊花酒、桂花酒。李白说："因招白衣人，笑酌黄花菊。我来不得意，虚过重阳时。"当时他一边喝着重阳节的菊花酒，一边怀念陶渊明。

西域的酒，比如葡萄酒。"葡萄美酒夜光杯，欲饮琵琶马上催。"唐朝的长安和洛阳，胡人满地跑，葡萄酒还是能品到的。还有波斯进口的三勒浆、从大食进口的马朗酒等。

颜真卿作为有级别的官吏，喝粗酒绿酒的相对会少一些。应该喝黄酒清酒最多，花酒也喝，毕竟少，至于葡萄酒应该也喝过，不会多，那酒太少了。

颜真卿都会在哪喝酒？

唐壁画饮酒图

　　盛世大唐，那里的人爱喝酒在历史上是出了名的，所以在唐朝有酒吧也不足为奇，那时的酒吧称为"酒肆"。酒肆门口挂上一面颜色鲜艳的旗帜吸引顾客。杜甫写得饮中八仙歌，"李白斗酒诗百篇，长安市上酒家眠"，韦应物就曾写下《酒肆行》："豪家沽酒长安陌，一旦起楼高百尺。碧疏玲珑含春风，银题彩帜邀上客"等。唐朝长安城里酒肆，大部分是外国人所建，以中亚各国人和波斯人为最。在长安，当时生意最好的酒肆在曲江，曲江这个地集齐了几乎所有的官员和商贾人家，杜甫典衣都要在曲江饮酒。酒肆的出现成为各位文人之间互相学习和切磋、交流的场所，成为了很多人争相前往的地方。

　　在朝堂上喝酒，这个就不用说了，前面有说颜真卿中进士了请师座喝酒，去边关执行公务送行喝酒，唐政府送外放官员喝酒等等，可以说不喝酒在唐代就办不成事，唐代是泡在酒里的唐代。

　　关于酒再说几天也不多，就说到这，去喝口茶。

五七 与茶[1]

　　到夏天，要解暑，最好的就是喝茶，是喝红茶还是喝绿茶，其实因人而异。说到茶叶，前面讲陆羽讲皎然，今天讲颜真卿与茶。

　　先说说颜真卿以前的茶的情况。中国历史上有很长的饮茶纪录，已经无法确切地查明到底是在什么年代了，《神农食经》有"茶茗久服，令人有力悦志"的记载，陆羽认为饮茶始于神农时代，"茶之为饮，发乎神农氏"。巴子国明确指出，进贡的"芳蒻、香茗"不是采之野生，而是种之园林，香茗指茶。古中国陕西南部有我们最早用茶、种茶的历史，可以追溯三千年以上。早前，茶应该是作为药对待的，从西汉直到三国时期，茶是供上层社会享用的珍稀之品，饮茶限于王公贵族，民间很少饮茶。西晋刘琨《与兄子南州刺史演书》有："吾体中烦闷，恒假真茶，可信致之。"南朝的刘义庆《世语新说·轻诋第二十六》记："褚太傅初渡江。……刺左右多与茗汁。"两晋时期，江南一带，"做席竟下饮"，文人士大夫间流行饮茶，民间也开始有饮茶的了。

　　好了，说说颜真卿的茶。

　　封演《封氏闻见记》卷六饮茶载："南人好饮之，北人初不多饮。"唐代开元以后，中国的"茶道"人行，饮茶之风弥漫朝野，"穷日竞夜""遂成风俗"，且"流于塞外"。"茶道大行，王公朝士无不饮者。"这是

■《封氏闻见记》书影

现存文献中对茶道的最早记载。可见唐以前关于茶就是药，记得不细。封演是唐朝人，书中称是天宝中为太学生。《封氏闻见记》前卷首结衔题朝散大夫，检校尚书吏部郎中，兼御史中丞，又对颜真卿《韵海镜源》的体例记载得详细。这样说来，封应该和颜真卿是同时代的人，两个人应该认识。

　　颜真卿可算"茶祖"了，只是千百年来，大家没有人去认真思考这个问题。

　　在唐代，"湖州茶"开启了中国的贡茶制。据颜真卿的哥们李华《刺史厅壁记》记载，李栖筠在永泰元年（765）至大历三年（768）在常州当刺史，那年二月调任苏州刺史。李栖筠到湖州宜兴并捉拿强盗期间，官军在山中寺庙歇息，庙里和尚为慰劳军政长官李栖筠亲自领兵前来，献上阳羡香茶。李太守尝过茶以后觉得好，就请茶叶权威陆羽品尝。陆羽认为，茶叶"芳香甘辣冠绝他境，可荐于上"。于是，李栖筠就把阳羡（大的湖州一带）茶作为贡品向朝廷进献。据"长兴县志"记载，长兴开始单独贡茶的时间在大历五年（770）。中国茶事的兴盛，从颜真卿开始了，唐朝是诗意的朝代，茶韵诗情，风云际会，江南贡茶应运而生，宜兴成为贡茶发源地。"天子须尝阳羡茶，百草不敢先开花。"宜兴贡茶自唐朝起，名闻天下，不能不使人慕名而来。

颜真卿大力发展茶叶产业。

陆羽是推荐湖州这地方茶叶上贡的主使，唐大历五年（770）开始贡茶，始贡五百串，我一直没弄懂五百串是个什么概念，应该是不多吧。大历八年（773）春正月，颜真卿到湖州刺史任上，65岁了，到湖州后，立即开始收茶。立春后四十五日到谷雨，这段时间颜真卿的任务就是收茶。几年来，湖州地区茶叶上贡数量从很有限的到蹭蹭地上调。在颜真卿带领下，湖州地区作为朝廷最大的茶叶基地，算是正式建立起来，此前，大历五年（770）顾渚贡茶院也建了，成为有史可稽的中国历史上首座茶叶加工厂。

大历年间，颜真卿刺湖州，出现了鼎盛一时的湖州"大历茶风"，将湖州茶推向极致。后人赞湖州为中国贡茶之冠，名茶之源。湖州的历史名茶有：温山御舜、湖州紫笋、顾渚贡焙、丹邱仙茗、金字茶、罗茶、洞山茶、太子茶、霞雾茶、碧岘春、梓坊茶、九亩甜茶、莫干山芽茶等，这些茶的名字是抄来的，因为我真的不知他们的差别。地方官李栖筠、袁高、杜牧等名流都曾亲自督办贡茶。到唐武宗会昌中（841—846），岁贡增至一万八千四百斤，制作贡茶由"刺史主之，观察使总之"，成为湖州每年的大事。

颜真卿建立起湖州地区的茶文化圈。

在颜真卿带领下，文人雅士们游览名胜古迹，吟诗联句，还为湖州留下了一批非常珍贵的书法和碑刻，这些都极大地提升了湖州的文化品

明代丁云鹏绘卢仝煮茶图

■法门寺出土唐皇室茶器

银盒、碾子茶槽子、茶箩筛、银笼子、银龟、盐台、火筋、长柄勺

位，这种机缘在江南文化中十分罕见。

　　颜真卿的湖州"朋友圈"里，有很多人与宜兴渊源深厚。自然，他的这种大规模的文人活动，会或多或少影响宜兴。颜真卿和朋友一起作有二十一首诗联句，应酬吃酒的为多，实际涉及的人员超过100人次。题目中有"茶"的就只有《五言月夜啜茶联句》。月夜作诗联句，可以视作是一次常湖两地的茶文化交流。

　　颜真卿促进了茶道的形成。封演《封氏闻见记》卷六饮茶载："开元中，泰山灵岩寺有降魔师，大兴禅教。务于不寐，又不夕食，皆许其饮茶。人自怀侠，到处煮饮，从此转相仿效，遂成风俗。……于是茶道大行，王公朝士无不饮者。……穷日竟夜，殆成风俗，始自中地，流于塞外。"封演认为禅宗促进了北方饮茶的形成，促进了茶道的形成。诗僧皎然介入茶事，成为著名茶僧，并引禅入茶，体悟"茶禅一味"的境界，率先提出"茶道"的概念，打造了中国茶道的第一块奠基石；陆羽移居湖州，更多地从"形而下"方面研究茶文化，与皎然的悟道互为表里。由于陆羽的建树，使唐代茶道在"道"和"器"两方面法相皆具。

　　颜真卿发起了历史上的第一个茶令。

　　颜真卿等六人的《五言月夜啜茶联句》，它被认为是茶令的滥觞！第一首茶令！这个茶令就出在湖州长兴。"茶令"六位诗人颜真卿、陆士修、张荐、崔万、皎然、李萼，有可能是义兴县令陆士伦邀请兄弟陆

■唐秘色瓷茶碟

■唐代茶碗

■唐琉璃盏

士修以及湖州刺史颜真卿、诗僧
皎然等人来到阳羡茶区，留下了
著名的《五言月下啜茶联句》。
文人所行茶令主要是诗的联句，
也就是"接龙诗"。诗句做成就
可以饮茶；做不出诗的可闻茶，
不可品饮，这是惩罚。

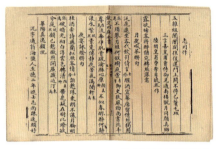

■《五言月夜啜茶联句》

《五言月夜啜茶联句》全文如下：

> 泛花邀坐客，代饮引清言（陆士修）。
>
> 醒酒宜华席，留僧想独园（张荐）。
>
> 不须攀月桂，何假树庭喧（李萼）。
>
> 御史秋风劲，尚书北斗尊（崔万）。
>
> 流华净肌骨，疏瀹涤心原（颜真卿）。
>
> 不似春醪醉，何辞绿菽繁（皎然）。
>
> 素瓷传静夜，芳气满闲轩（陆士修）。

颜真卿对茶在历史上是有大贡献的，促进了茶文化的交流发展，促
进了茶叶与文化的融合。

至于颜真卿喝到过什么样的好茶，就不说了，"流华净肌骨，疏瀹
涤心原"。

五八 颜真卿的家

　　六千年前半坡人的城是一个带壕沟的城，当时人们已经知道如何不让其他动物或部落人员侵犯，城里的建筑按照一定的方式布局，这和五千年后的唐王朝其实差别不大，只是唐王朝得更细致了。

　　现在考察颜真卿的家，从五世祖颜之推迁居长安城，颜家就定居在通化坊。真卿打小从这里出发，从长安出发，一辈子为了大唐的安定团结，付出了毕生的心血，直至命终，家是他的根。

　　先说唐代建筑的整体形制吧。

　　唐的房屋应该是什么样的？院子是怎么样子的？家具是如何的？

　　先说长安城。它是当时世界上规模最宏大的城市，气势磅礴，形体俊美，庄严隆重。主要有五个特点：规模宏大，规划严整。宇文恺用《周易》八卦中的"乾卦"来布局新城。都城长安的面积有83平方公里，是明西安城的八倍。主次分明，社区成熟。隋唐时不仅加强了城市总体规划，宫殿、陵墓、寺庙等建筑加强了突出主体建筑的空间组合，强调了纵轴方

■ 半坡人居住遗址

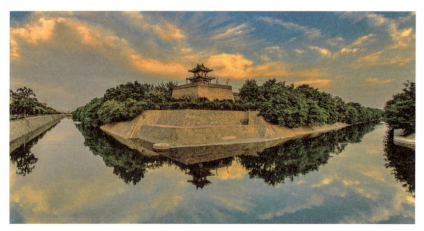

■ 长安城池

向的陪衬手法。城内包括王公贵族的驻地和平民百姓的居住地都有一定
的引导定向，东市西市规划体现了功能区划的理念，风水好的只能是寺
庙和宫殿，比如大兴善寺属九五之尊的地方。大量木筑，构件规范。唐
代建筑艺术加工和结构的统一，斗拱、柱子等都令人感到构件本身受力
状态与形象之间达到了力与美的统一，比如山西省五台山的佛光寺大殿。
木构件解决了大面积，大体量的技术问题，隋唐大体量的建筑构件，斗
拱的构件形式及用料的规范化，定型化，提高了施工速度，反映了施工
水平的进步。专门设计，精心施工。分工协作，设计与施工的技术人员

"都料"，专业技术熟练，
一般房屋都在墙上画图后按
图施工。房屋建成后还要在
梁上记下他的名字（见柳宗
元的《梓人传》）。木砖石
结合，发展有序。大量建筑
有进一步发展的需要，比如
佛塔采用砖石者增多，比如

■ 五台山唐代建筑

保留下来的唐塔均为砖石塔（唐代砖石塔有楼阁式、密檐式与单层塔三种）。

再说颜真卿的家。

我们现在看到的，有关唐代长安私家庙祀分布图，将颜氏家庙标在敦化坊，位于长安城东南隅，西边便是曲江池，现在的新开门的东面一带。前面已经说了，这个定位其实不准确，《唐两京城坊考》各种明清刻本，自朱雀门东第五街升道坊以下，至朱雀门西第一街丰乐坊以上，包括敦化坊在内区域的内容，存在严重的颠倒脱落现象。著名学者辛德勇先生"都亭驿考辨"指出《唐两京城坊考》"敦化坊"下内容为误植，本当列于"通化坊"条，即朱雀街西第二坊。

颜师古宅位于通化坊西北部，相应地，颜氏家庙应该也当从长安东南隅的敦化坊"迁回"位居城中的通化坊，也是

■ 颜氏家庙碑

建中元年(780)颜真卿为父颜惟贞立，碑文记述了颜氏家族及其仕宦经历、后裔仕途、治学经世的情况。高330厘米、宽130厘米，四面刻。碑阳、碑阴文字各24行，行47字。碑两侧文字各6行，满行52字。楷书，由颜真卿撰，宋收入西安碑林

设在原来宅子里的，家庙本应该就在自己家或旁边，是家庭建筑的一部分，这一重新定位，你会发现一个重大问题，好多重臣、书法家都在这一带，通化坊就在陕西省农行家属院和西安市第五中学、邮电一路一带。

关于颜真卿的家，太有幸了，我们看到了《颜氏家庙碑》，这个碑，给了我们答案。

颜氏家庙最初建立的环境，使我们对颜真卿及其家族在长安的生活空间有了认识。《颜氏家庙碑》的文字简单介绍，让我们了解了当时颜氏家庙的内部格局，可以由此获知颜宅的来由及其初唐以降的若干变化。开皇二年（582）隋文帝杨坚决定在龙首原南麓重建新城，宇文恺不辱使命，次年完工迁都，弄得快，高祖颜思鲁搬进通化坊。这说明隋初大臣多住在郭城北部、宫城南边坊里，当时囿于人力财力，郭城南边还没有建设，颜宅也不可能位于东南隅的敦化坊，凤栖原下，颜氏家族的墓地旁边。

颜宅最初大体有两部分，即颜思鲁夫妇宅和颜思鲁母殷氏宅。颜思鲁的四个儿子分别陪侍。与颜思鲁夫妇共居的是颜勤礼和颜育德。侍奉祖母殷氏的是秘书监颜师古和礼部侍郎颜相时。其中殷氏宅位于"十字街西北壁"，与《两京新记》云"西门之北，秘书监颜师古宅"位置一致。颜氏家庙由颜思鲁夫妇宅后堂、颜勤礼宅改建而成，这里也是颜勤礼的晚辈颜元孙、颜惟贞（颜真卿父亲）兄弟出生的地方。颜氏家庙斋堂原是颜惟贞宅的中堂，亚献、终献的斋室则是颜惟贞宅的厅屋，景云三年（709），颜惟贞之子颜真卿出生在这里。据《两京新记》载，隋代蔡王杨智积宅，唐为殷峤宅，位于通化坊东南隅。此事又见于颜真卿撰《颜元孙碑》，称颜元孙"少孤，养于舅殷仲容家，……仲容以能书为天下所宗"。那么颜元孙、颜惟贞兄弟出生于通化坊，自立后又生活在通化坊，殷仲容家宅同样位于通化坊，颜惟贞弟兄虽自幼成了孤儿，养于舅家，却并没有离开通化坊。殷践猷的宅第，也在通化坊，照顾颜真卿一家可说相当便利。除了舅舅殷践猷，对颜真卿才学成长发生深刻影响的还有伯父颜元孙。自幼丧父的颜真卿受到颜元孙严格的知识和才能训练，因此他在《颜元孙碑》末写道，"真卿越自婴孩，特蒙奖异，且兼师父之训，岂独犹子之恩"。

颜家自隋朝建立大兴城便住在通化坊，殷家至晚从初唐也落居于此，两家同居一坊的局面得以长久延续。初唐时代的通化坊除了颜、殷两家，还住着著名的书法家欧阳询。《长安志》"秘书监颜师古宅"条下原有注文写道："贞观、永徽年间，太长少卿欧阳询、著作郎沈越宾亦住此坊。"唐朝建立时，欧阳询已年过六旬，与颜师古同为初唐各项文教事业的骨干，也经常参与宫廷法书的鉴藏活动。贞观初年，建立弘文馆，欧阳询充任学士，并与另一位初唐书法名家虞世南一道在馆内教示京官五品以上弟子练习书法，并确立初唐时代的正书楷则。由此可见，唐初通化坊可说是一处与宫廷事件和文化事业有着密切互动的坊里空间，武德年间，玄武门之变当日的危急关头，李渊紧急召集七位心腹大臣问询原委，颜师古赫然在列。太宗朝弘文馆拓书高手冯承素墓志得以出土，写得清楚"以咸亨三年十月五日遘疾终于京城通化里"，证明冯承素也居住于此。我们可推想当时通化坊内文化氛围是浓厚的，颜氏百年祖宅文化氛围也是浓厚的，它深深地影响到了颜氏家族的后裔和颜真卿兄弟。

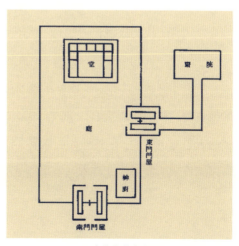

■ 唐代家庭布局图

■ 冯承素墓志（局部）

冯承素，字万寿，陕西长安人，中书主书。近年出土墓志，青石，

正方形，边54厘米。有界格，楷书28行，行25字，648字

一代有一代的故事，一代有一代的天空。

一代有一代的空间，一代有一代的建筑。

从隋朝到唐代中期，长安城的建筑虽然变化不大，但多数也有变化，像颜真卿这样的士族家庭，通过几代人的努力将家里建成红墙碧瓦、古树参天是有可能的，是其他如白居易、杜甫等暂居京城的人不可想象的，所以颜真卿的家庭住址基本是不可能变的。

五九 颜真卿家的女人

女人是这个世界最美丽的物种。

　　唐朝的女人是开放的，思想不禁锢，这有两方面的原因：一是在宋代理学兴起之前女人是相对自由的，不仅仅是唐，汉也一样；二是唐代受外来民族的影响，母系氏族的影响女人地位不低。

　　首先，唐代妇女的"开放"性生活，源于她们的胡人血统。李唐皇室本多胡人血统，他们发迹于鲜卑族建立的北魏，后又直接承传以鲜卑族为主的北朝政权。由于生态环境的关系，在北方于七世纪前，还遗存有浓厚的原始风俗形态。就婚姻关系而言，北方各少数民族的婚姻习俗中辈分观念、贞节观念极其淡薄，有些少数民族如突厥族、党项族、鲜卑族等，血族婚、逆缘婚、已婚女子婚外性生活现象还相当严重。有些民族"俗重妇人而轻丈夫"。北齐五代祖颜之推说："邺下风俗，专以妇持门户。争讼曲直，造请逢迎，车乘填街衢，绮罗盈府寺，代子求官，为夫诉屈，此乃恒代之遗风乎……河北人事，多由内政，绮罗金翠，不可废阙。赢马额奴，仅充而已。"简直成了女尊

■ 唐代骑马的外族女子

361

男卑的态势。

唐朝建立后，北方少数民族的风俗习惯便自然被带入中原。由于本身颇浓的胡人血统，统治者华夷之辨的观念非常淡薄，唐帝国大量吸纳各少数民族成员入唐，更加深了中原地区的胡化程度。史载，当时唐朝"帝里神州，混之于荒裔"，这种状况可以说是唐代妇女少受封建礼教束缚的直接原因。朱熹说："唐源流概出于夷狄。故闺门失礼之事不以为异。"

台湾学者傅乐成先生在其《汉唐史论集》中说过："大体说来，唐代文化以接受外来文化为主，其文化精神及动态是复杂而进取的。"傅先生所说的"外来文化"，指"中原文化"以外的文化，当然也包括北方诸少数民族在内的胡人文化。在唐政府"并包"各民族文化的过程中，北方各少数民族妇女的生活习性，作为外来文化的一部分，被相应地吸纳。因此，唐王朝的文化开放政策，使胡人风俗涌入中原，对妇女的"开放"生活产生了极大的影响。

实际上，自魏晋南北朝至隋唐，由于民族大融合给社会带来了一定的开放气氛，使社会对妇女的约束有所松动，尤其是唐代，处于封建社会的峰巅，其强盛与开放为妇女的"开放"性生活提供了可能，但这些丝毫不能反映妇女特别是婢女地位的改变，就封建社会性质及其统治阶级的意识而言，无论哪个朝代都不可能改变妇女"弄瓦"、婢女"贱"民的地位，不可能改变唐代婢女"律比畜产"的地位和命运。

关于颜真卿与女人。

第一个就是他的妈妈，然后是姑姑，再就是妻子，颜真卿有几个女人要慢慢地说，家里的情况是什么，有没有养家姬。

先说妈妈。颜妈妈是大族，姓殷。前面说了，殷氏与颜氏从魏晋以来一直有通婚的传统，这是为了保证贵族血脉的纯正，曾经有研究者画

■ 唐代捣练图里的女子

■ 唐代打马球的女子

了一张颜家与殷氏的联姻图，没太看懂，我只是知道颜家和殷家一起搭伙过日子，关系一直不好理清。颜真卿的外公是吴县县令殷子敬，颜妈咪不好当，颜弟弟允臧出生不多久，颜爸爸不在了，于是他妈妈就带着他们十口人住到他舅舅家去了。颜妈妈是一个非常厉害的人，文采好，有定力，前面讲了一门三虎子，这在安史之乱后尤为明显。

次说姑妈颜真定。这可是个烈女子，一直是颜真卿敬仰的对象。钱塘县丞殷履直（殷氏）之妻，武则天的女史，以"精究国史，博通礼经"入选。颜敬仲被诬害时，她作为亲侄女，不顾武后的高压，与两位妹妹裴夫人和岑夫人割下耳朵争讼，为叔父鸣冤，使颜敬仲得以免死，刚烈之举，给后辈留下了深刻的记忆。在颜真卿幼时，颜真定就对其进行孜孜不倦的教诲，以李延寿的《王孙赋》、崔氏的《飞龙篇》、江淹的《造化篇》和《五都赋》为教材，教授颜真卿等人，还要注意颜姑姑还教授其音韵文字，这或许对他是有开化作用的，因为颜真卿多半辈子都在编《韵海镜源》。开元二十五年（737）姑妈去世，享年八十四岁。

再说妻子韦氏。这是考中进士的一个结果，主考官孙逖保媒将京兆大家韦氏，房州刺史韦景骏的孙女，中书舍人韦迪的女儿许配给了颜真卿。因为《杜济墓志》出土了，所以知道杜济是韦迪的三女婿，比颜真卿小十一岁，如果颜真卿娶的是大女儿，那么颜夫人和颜真卿岁数差不多。

另外，推断颜真卿除了韦氏应该还有女人。历史记载颜真卿生有三子：长曰颇（前面我们叫"颇"），肃宗封赠太子洗马，任郑王府司马，早逝，这个应该是韦氏所生的，安史之乱中丢失，十九年后又找回来的那个孩子。次子頵，右率仓曹，栎阳尉，

■ 唐代壁画中的女子

封泊水县男；三子硕，秘书正字，泾阳尉，殿中侍御史，福州都团练判官，新泰县男。

按照《颜勤礼碑》关于颜真卿孩子的记载，頵、硕后裔繁衍史载碑上明载两处，一是："（颇）颇，善隶书，太子洗马，郑王府司马，并不幸短命。"二是："頵、滇……并童稚，未仕。"太子洗马这一官衔，是在公元758年，肃宗追赠杲卿为太子太保，谥"忠节"，并封赠常山被害八名遇难者皆为五品官，因颜颇生死未知，而遥封之。至于明载"短命"之语，即颜颇已回来，不久病逝了。其"（侄子）頵、滇……并童稚"之记载，说明颜真卿叙事细致，即使未仕，乃至出生不久的童稚者，也刻在上石碑了。通篇找不出"頵、硕"之名，应该是頵、硕尚未出生。有人说："頵生于公元749年"，则乾元元年（758）年已近十岁，为什么颜真卿对己之子童稚不书，却书侄之童稚呢？按记载之史实，应该知道頵、硕此时未出生。乾元元年（758）頵、硕未出生，颜真卿已经五十一岁，妻子也应该不小了，前面说了比他小不了几岁，女人到这个年纪绝经了，不可能还生了两个孩子，所以应该是颜真卿的另室，最少

颜硕不是韦氏所生。
只是没有关于韦氏的
证物，不知是韦氏去
世了他另娶的，还是
纳妾，或其他情况。

　　李白在《寄韦南
陵冰，余江上乘兴访
之遇寻颜尚书笑有此
赠》"南船正东风，
北船来自缓。江上相
逢借问君，语笑未了
风吹断。闻君携伎访

情人，应为尚书不顾身。堂上三千珠履客，瓮中百斛金陵春。"说了两
件事，一个是韦冰（韦迪的兄弟）携妓去找颜真卿（尚书），一个是关
于酒的。这里有一个问题，即当时携妓出行是一种风尚，最著名的是白
居易。丈人携妓去找颜真卿，那么你可以想想颜真卿了，不多说了。

《颜氏家训·后娶篇》

　　吉甫，贤父也。伯奇，孝子也。以贤父御孝子，合得终于天性，而后妻之，伯奇遂放。
曾参妇死，谓其子曰："吾不及吉甫，汝不及伯奇。"王骏丧妻，亦谓人曰："我不及曾参，
子不如华、元。"并终身不娶。此等足以为诫。

六〇　与书法

多年以前，我知道颜真卿这个名字，是因为写字。近代以来，大多数人知道颜真卿，都是因为他的书法。

颜真卿书法生平。

回忆一下我们颜真卿书法的一生：自小父亲早亡，跟着妈妈先在舅舅家殷践猷家里生活学习，十三岁舅舅不在了，又跑到吴县外公家殷子敬处生活，其间主要是舅舅、妈妈、哥哥、姑姑教他学习，开元二十二年（734）中进士，有雁塔题名，当年撰写了《王岳墓志》，第二年授校书郎，颜妈妈过世，守孝三年。天宝元年（742）通过"博学文辞秀逸科"考试，任礼泉县尉，三年后向张旭学写字，转长安县尉，写了《罗婉顺墓志》，又改监察御史，这中间撰了《臧怀亮墓志》，写了《王琳墓志》《郭虚己墓志》《多宝塔碑》等，这应该算是第一个阶段。

到天宝十二载（753）因为不待见杨国忠，直接就被外放平原郡，为太守。当太守，写了《东方朔画赞》，天宝十四载（755）安史之乱爆发，先是反抗后是弃城，到凤翔当上刑部尚书，又贬同州刺史，蒲州饶州升州刺史，先后写下《祭侄文稿》《祭伯父文》《金天王庙题记》《颜元孙碑》《颜杲卿碑》《与蔡明远书》《天下放生池》等，这是第二阶段，初具面目。

乾元三年（760）正月才回到朝廷刑部侍郎位，八月又贬蓬州长史，利州刺史，宝应二年（763）三月改任礼部侍郎，此间写了《离堆记》《颜允南碑》等。因吐蕃进犯与皇帝跑到陕县，到永泰元年（765）当上刑部尚书，先后写了《韦缜碑》《颜惟贞及殷夫人赠告》《争座位帖》

■ 颜真卿书《罗婉顺墓志》

《郭家庙碑》等这是第三阶段，这个阶段成熟。

永泰二年（765）因为元载又被贬硖州别驾，未到改吉州别驾，大历三年（768）抚州刺史、迁湖州刺史。在这里写了不少，如《颜家庙碑》《鲜于仲通碑》《捧袂帖》《守政帖》《魏夫人仙坛碑》《颜允藏碑》《宋璟碑》《逍遥楼》《麻姑仙坛记》《大唐中兴颂》《干禄字书》等等，这是完善阶段。

大历十二年（777）刑部尚书，吏部尚书、太子少师、太子太保，然后，去宣慰李希烈，于贞元元年（785）遇难，其间写了《西亭记》《社堂记》《项王庙碑》《李含光碑》《李玄靖碑》《杜济墓志》《马璘新庙碑》《颜勤礼碑》《颜氏家庙碑》等，从永泰二年（765）到去世，人书俱老。

这就是一个简单的梳理，纵观一生，颜真卿同志写了不少作品，宋代内府收藏的多达八百件，现在留下来的仅有百十多件作品，这是我们研究的依据和基础。

颜真卿书法的历史地位。

这个没有什么可说的，一直到现在，只有颜真卿是可以与王羲之并

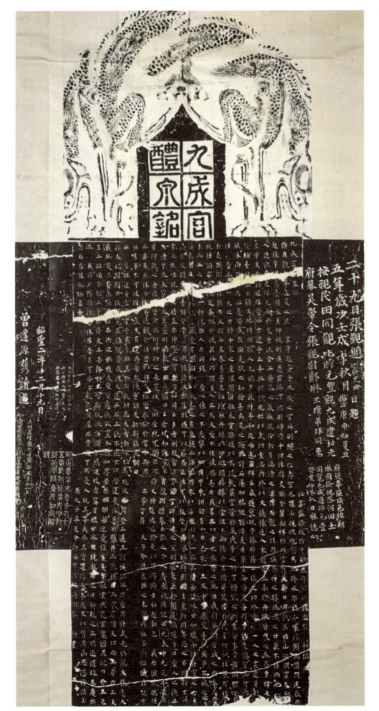

■ 九成宫碑局部

贞观六年（632）魏徵撰、欧阳询书，存麟游县博物馆。颂唐太宗的武功文治及发现醴泉经过，文字结体修长、中宫收紧、左敛右纵、历来为学书者推崇，视楷书正宗

称的，从创新与发展的意义上讲，
颜真卿甚至是超越王羲之的，这也
就是为什么 2019 年东京博物馆举办
"颜真卿主题展览"的名称叫作"超
越王羲之的名笔"。苏东坡是我敬
仰的人，往上一千年，往下两千年，
少有的全能型人物，他在《书吴道
子画后》说："诗至于杜子美，文

■ 虞世南像

至于韩退之，书至于颜鲁公，画至于吴道子，而古今之变，天下之能事
毕矣。"

天下之能事毕矣！

颜真卿的书法代表了唐代，直到现当代书法艺术的最高境界。

首先颜真卿的楷书代表了唐代书法的最高成就。唐初楷书宗王羲之，
产生了欧阳询、虞世南、褚遂良等，无论是哪一家都已经各有面貌，欧
字取纵势，瘦硬，峻险；虞字散淡，舒展，润雅；褚字取横式，婉媚，
遒逸。但是无论进步多少都还是在王字里讨生活，改变不大，在各种文
化繁荣的唐代，颜真卿独辟蹊径，振臂一挥，开创了另一种书法的方向：
雄强、宽博、豪迈、磅礴的新风，为唐代文化的繁荣注入了新的活力。
朱长文在《续书断》中"自羲、献以来，未有如公者也"。直接将颜真
卿抬到了书法史上与王羲之并列的地位。

颜真卿的行草也是独上高楼，望不见来者而悠悠。在楷书尚法的唐
代，草书行书的发展也有一个飞跃，虽然与楷书路径不同，但遵循了开
放与包容，颜真卿一变章草今草（以十七帖为代表的草书）的古法，为
篆籀的今草；同样颜真卿行书上借鉴其楷书的特点变《集王圣教序》的
瘦硬与妩媚，为无意而为的气势磅礴，唐代吕总说"锋绝剑摧，惊飞逸势"。

颜真卿书法的背书。

唐王朝对书法的重视，首先是帝王的率先垂范。唐代是一个重视书法的时代，唐太宗李世民，喜好王羲之的书法重金求索真迹，甚至用不当手段骗取《兰亭序》，为全社会树立了好书法的典范，又亲自给王羲之作传"尽善尽美"，将书法小技抬到了前所未有的高度，于是欧阳询、虞世南、褚遂良、薛稷等等书坛群雄并起。高宗李治、武周、中宗、睿宗等十分重视书迹传承，甚至上手示范书写，为社会立起标杆。玄宗肃宗代宗各有千秋，相继发扬，产生了写隶书的韩择木、蔡有邻、史惟则，写行书的李邕，写草书的张旭、怀素等等，这是一个全民（上层知识界）的书法的社会。

唐王朝对书法重视，还体现在官方的制度与机构上。国子监分六学，有专门的书学，开元间定制书学博士二人，学生三十人，以《石经》《说文》《字林》为专业，学成可以参加尚书省的考试，对应的是"明字"。吏部铨选官员，工书也是必要条件，近期发现的"冯承素墓志"，冯就是中书主书，应该是中书省的一个工书的官员。

■ 孔子庙堂碑（局部）

贞观七年(633)刻，虞世南撰书。正书，35 行，行 64 字，宋重刻，为历代金石学家和书法家公认之虞书妙品。此碑记武德九年（626）封孔丘三十三世孙孔德伦为褒圣侯及重修孔庙事

■ 曹植碑（局部）

隋开皇十三年（593）立，石在山东东阿西八里，22 行，行 43 字。正书，参杂篆隶俗体，错综变化，遒劲丰腴，别开生面

■ 敦煌写经　　　　　　　　　　　　　　　　■ 孙过庭书谱局部

　　唐代的书法理论建设也是空前的。除了李世民亲自给王羲之写文章作传记，还有孙过庭的《书谱》、李嗣真的《后书品》、张怀瓘的《数断》、窦臮的《述书赋》、张旭《述张长史十二笔意》等，都对前代及当代的书法进行了评价或思考，大大地促进了唐代书法的发展。

　　颜氏家学对书法的重视。颜真卿深受颜殷两家的遗传，颜与殷都是士族，长期联姻。曾祖颜勤礼，工于篆籀，尤精训诂。真卿的叔祖颜师古，学问通博，擅长于文字训诂、声韵。祖父颜昭甫，工书，擅长篆、隶、草书，对金文、古鼎之籀文有较深的造诣。叔父颜元孙的三体《干禄字书》是时代的标杆。父亲颜惟贞，任太子文学有书法作品存世。舅祖殷仲容，唐高宗到武则天时代，初唐著名的书法家、画家，善篆、隶，尤精于榜书题额。舅舅殷践猷，哥哥颜允南都是写字高手。正是有这样长期重视书法教育并培养了几代多名书法家的家族，所以产生一个颜真卿就不足为奇了。

颜真卿书法的来源。

学习民间书法，包括唐人写经。我们现在看到的北朝碑刻或北魏碑刻及更早的东西，将楷书分为"斜画紧结""平画宽结"两个体系，唐代早期，除了个别人都是"斜画紧结"，但北朝碑刻"平画宽结"的已经不少，包括姚伯多造像等等，我们看看泰山经石峪的金刚经，文殊般若经，还有《曹植碑》和《东方朔画赞》比一下就明白了。早期《多宝塔》碑，更像敦煌石窟出土的唐人写经，连启功先生都认为那个可能是代笔，当然《王琳墓志》佐证了《多宝塔》是真实的。

学习褚遂良。褚遂良是一代大家，影响深远，得二王妍媚骨力。张怀瓘评褚遂良《雁塔圣教序》："美女婵娟似不轻于罗绮，铅华绰约甚有余态。"秦文锦亦评曰："褚登善书，貌如罗琦婵娟，神态铜柯铁干。此碑尤婉媚遒逸，波拂如游丝。能将转折微妙处一一传出，摩勒之精，为有唐各碑之冠。"颜真卿前期有《臧怀亮墓志》，新发现的《罗婉顺墓志》，在这方面明显学习的是褚遂良，妍媚有余，骨力不足。另外褚遂良也是平画宽结的代表。

学习张旭。颜真卿师承张旭，张旭亲自教诲。颜真卿记有《张长史十二笔意述》，记载了张旭教他笔法的情况。张旭笔法是他舅舅给他传达的，他舅舅是陆彦远，陆彦远的笔法是爸爸陆柬之传达的，陆柬之的笔法是舅舅虞世南传的，呵呵是不是有意思。张旭给颜真卿的秘诀"如锥画沙，如印印泥"这个一直影响到现在，成为颠扑不破的真理。

学习其他书迹。颜真卿的书法每一个时期都有不同，这是他不断学习的结果。《王琳墓志》与《罗婉顺墓志》不同，《东方朔画赞》与《多宝塔碑》不同，《颜家庙》与《麻姑仙坛记》不同，《争座位帖》与《祭侄文稿》不同，但它们的不同是比较的、相对的，它们大多是相像的，其次才是不同的，书写的不同就是学习的不同。

颜真卿书法的特点。

雄强有力。就是刘熙载说的"威猛"，李后主说的"粗鲁若叉手并脚田舍汉"，绝对地说就是纸上"霸道"。过往的评论都只重字的技法，少有人论及气节，有雄强的心，就可以写雄强的字，字是为内容服务的，欧阳询、虞世南、褚遂良写的字一样是为内容服务的，《大唐中兴颂》假如由这几个人写的话，一定是"中兴"不起来的，不够雄强。

康庄包容。用笔狠，吃墨重，改变右肩上移为横平竖直，开张，同样的笔画比欧阳询、虞世南等宽度大很多，有篆刻里汉代满白文印印风的效果，给人以大气、铜墙铁壁的印象，比如《颜家庙碑》庙堂气象，大国气度，这是以前书法里从没有过的思维。

不媚不瘦。因为要满白文印的效果，铜墙铁壁的感觉，所以就直接放弃了魏晋以来媚、瘦的概念，一扫秀劲取姿，欹侧取势的书风，铸成了《宋璟碑》《李玄靖碑》等，体现出颜真卿书法摒弃"巧"，崇尚"拙"的意识，这也就是杜甫对书法认识不到位的原因，只知"瘦硬通神"，不知去媚求壮威力。

篆籀气足。字的外拓这里讲的外拓主要是指向心力的外放形成的秩序，由于魏晋以来书法中大多字都是内掖的，中宫紧，四角远，颜真卿直接改变了，中宫松，外拓，四角收，如《麻姑仙坛记》《争座位帖》等，这是用笔形成的不同，篆书行笔方式，起笔藏锋，行笔中锋，收笔回锋。

颜真卿的书法意识。

"书为忠义"。颜真卿的谥号就是"文忠"，忠义是他的本色，忠义是他的天性。光明磊落，表里如一，人如字，字如人。宋代欧阳修说

■《忠义堂帖》
南宋嘉定八年（1215）留元刚辑录颜真卿墨迹付工摹勒上
石汇刻碑帖。1217年，綦崇续刻几种，共收帖四十五种

颜真卿的字"忠臣烈士，道德君子"。米芾说"颜真卿如项籍挂甲，樊哙排突，硬弩欲张，铁柱将立，杰然有不可犯之色。"这也是说颜字，说"不可犯"，就是刚正不阿率先垂范，这是从字里透出忠于王朝的儒家理想人格。《宣和书谱》也说："鲁公平生大气凛然，惟其忠贯日月，识高天下，故精神见于翰墨之表者，特立而兼括。"《颜家庙碑》等多有表述。

"书为礼仪"。颜真卿历玄宗朝、肃宗朝、代宗朝、德宗朝四朝，四十多年，"立朝正色，刚而有礼"，这是儒家忠贞的体现，"大义久废，公起之；醇风久醨，公还之"，中国传统文化的核心就是"礼"，礼助教化，礼仪是增强权威的手段，通俗讲叫"有仪式感"。颜真卿在安史之乱后，为了重振朝纲，按照"乡里上齿，宗庙上爵，朝廷上位，皆有等威"原则，做出了一系列的工作并取得实效，书法上有《多宝塔碑》《争座位帖》等等。

"书为传声"。颜真卿大量的书迹是手稿的形式保留下来的，和王羲之一样，这是传递一时信息的文字，是传递一时情绪的文字，这些文字是朴实的，带有颜真卿多年的学问、人品、性格，但他最重要的是信息，今天写个条子是为什么事，明天写个条子是为了吃什么，后天因为什么自己又不高兴了等等，传声是基本，所以留下来的也多，《忠义堂帖》收录不少。

"书为心画"。没有心的文章，就没有字的形式，这一点以前很少有人提到。颜真卿的思维受佛家直觉感悟的影响，他书法慈善、康庄、包容、外拓，如弥勒法相，正是内心的自然流露，忘情忘我的创作心态，他以情感为原动力"我心即佛"，所以他的书法在本质上乃是一种以心印心、自我观照，书为心画，自由挥洒。在他的晚年作品，特别是行草书作品中表现得非常清楚。力破陈规，直指心源，是自由表现的典范。如《祭侄稿》，忽粗忽细、歪歪斜斜的字体和屡屡出现的偏锋、"败笔"，特别是那些肆无忌惮的涂抹、修改，充分表现了创作主体当时未把法度放在心上，而是一往情深地，凝聚文词，倾注笔墨，创作变为一种纯直觉的内心观照，"无所用心"之下，主体的内心情感淋漓尽致地表现出来。颜真卿的书法艺术具有强烈的感染力，千百年受到书法界的一致推崇。颜氏楷书碑刻千姿百态已是一例，还有《麻姑仙坛记》等作品，不计工拙，随形任运的感觉也是十分明显的。

颜真卿书法的影响。

颜真卿作为并驾王羲之的书法家，其书法艺术影响到现在越来越厉害，生命力强大。每一个时代都有伟大的人物。第一个学颜成大家的是柳公权，苏轼在《书唐氏六家书后》题记中说："柳少师（公权）书，本出于颜，而能自出新意，一字百金，非虚语也。"第二个大家是杨凝式，《唐诗外传》："凝式笔迹遒放，师欧阳询、颜真卿，加以纵逸。"

由于北宋士大夫崇尚忠义、刚正的气节，颜真卿无论是人品、书品等都达到了一定的高度，欧阳修"爱其书者，兼去其为人"，从而将颜真卿推高到前所未有的地步。从此，后世书家无不趋之若鹜，北宋四家苏轼、黄庭坚、米芾、蔡襄，元代鲜于枢，明代董其昌，清代王铎、傅山、刘墉、何绍基

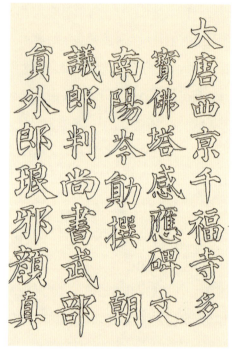

■ 作者双钩《多宝塔碑》部分

等等前仆后继，蔚为壮观，形成了学习颜体的大观。

现代更是学颜真卿书法的盛世。

颜真卿依靠他强劲的笔力一直穿透了当代。

关于颜真卿的书法，因为重大，作者将另行汇报心得。

现在，回到长安城，回到我的书桌上，开始研磨墨，回到我小时候描摹的《多宝塔》……

那一个无花果树下，坐在叔叔做的一个实木小方凳上，趴在紧凑的时尚的折叠的方凳上开始临摹颜真卿的《多宝塔》，我的多宝塔！

附录一
人名索引

人名后的数字为章节号

附录二
主要图片索引

以下图片名称后的数字皆为章节序号

·书法碑刻与书迹

·人物肖像索引

・篆刻索引

（内文所引皆为唐印）

附录三
颜真卿编年简谱

唐中宗景龙三年（709）一岁

颜真卿出生于京兆长安县朱雀大街西、通化坊祖宅。父颜惟贞，年四十岁，时任太子文学。

唐睿宗景云元年（710）二岁

唐睿宗李旦即位，七月改元景云。七月初，父迁薛王友。

景云二年（711）三岁

七月，父卒。伯父颜元孙由太子舍人出为润州长史。母殷氏率遗孤十人，寄居舅父殷践猷家。

唐玄宗开元四年（716）八岁

七月，伯父元孙由滁州刺史迁沂州刺史，遭诬陷，黜归乡里。得伯父元孙"师父之训"。

开元九年（721）十三岁

七月，舅父殷践猷以丽正殿学士卒。随母亲殷氏南下，寄居于外祖父吴县令殷子敬官舍。

开元二十年（732）二十四岁

伯父元孙卒于其子春卿翼城县丞任所。

开元二十一年（733）二十五岁

通过国子监考试，寄居福山寺。

开元二十二年（734）二十六岁

正月，参加尚书省科试；二月，登甲科，进士及第。本年，娶太子中书舍人韦迪女为妻。撰《王岳墓志》。

开元二十三年（735）二十七岁

孙逖再知贡举，萧颖士李华赵骅等及第，与萧颖士交好。

开元二十四年（736）二十八岁

参加吏部铨选，选为甲等，擢拔萃科，授朝散郎、秘书省著作局校书郎。着手编纂《韵海镜源》。与高适交好。

开元二十五年（737）二十九岁

校书郎任上。正月，至相州，撰《周太师尉迟迥碑铭》。姑母颜真定辞世。

开元二十六年（738）三十岁

校书郎任，母殷氏辞世，丁忧。

开元二十七年（739）三十一岁

为母守丧。

开元二十九年（741）三十三岁

除服。待职。

天宝元年（742）三十四岁

九月十八日，应博学文词秀逸科考试，登科。十月，授京兆醴泉县县尉。

天宝四载（745）三十七岁

醴泉任满。赴洛阳向张旭学书法。撰《张长史笔法十二意笔法记》。

天宝五载（746）三十八岁

王鉷举荐升任长安县尉。散官加通直郎。子颇出生。

天宝六载（747）三十九岁

迁监察御史。充河东、朔方军试覆屯交兵使。

天宝七年（748）四十岁

八月，充河西、陇右军试覆屯交兵使，平反五原郡冤狱。

天宝八载（749）四十一岁

春，再充河东、朔方军试覆屯交兵使，弹劾朔方某县令郑延祚兄弟不孝。八月，迁殿中御史。不久，为身兼御史中丞的奸佞杨国忠所忌，出为东都畿采访判官。

天宝九载（750）四十二岁

五月，撰书《河南府参军赠秘书丞郭君神道碑铭》《郭揆碑》。

八月，再任殿中侍御史。十二月，迁御史台侍御史。

天宝十载（751）四十三岁

改任兵部员外郎，散官加朝议郎。

天宝十一载（752）四十四岁

三月，兵部改武部，任武部员外郎。四月二十二日，书《大唐西京千福寺多宝佛塔感应碑》。

天宝十二载（753）四十五岁

七月，为宰相杨国忠排挤，出任河北道平原郡太守。察安禄山反状，暗作战备。

天宝十三载（754）四十六岁

平原太守任上。举荐处士张镐。遣使入朝密奏安禄山反状。正书并篆额《东方朔画赞碑》。邀郡人封绍及族弟颜浑等编辑《韵海镜源》条目，成二百卷。

天宝十四载（755）四十七岁

平原太守任上。十一月初九日，安禄山反于范阳，直下东都洛阳，所过州县皆降。派人间道赴长安奏报。年底，安禄山陷洛阳，遣段子光等携东都留守李怪、御史中丞卢奕等人首级徇平原。腰斩段子光，祭奠烈士，誓师拒叛；堂兄常山太守杲卿起义，与河北诸郡一起，共举义旗，被推为盟主。

天宝十五载（756）至德元载，四十八岁

平原太守任上。正月初八日，颜果卿抵拒叛军，太原尹王承业拥兵不救，致常山失守，颜果卿与子季明殉难。朝廷加官户部侍郎兼本郡防御使。三月，联络清河、博平二郡取得棠邑大捷，

收复魏郡；召北海太守贺兰进明，让掌邑之功。平卢游弈使刘客奴谋以渔阳归朝廷。派员跨海输赠刘客奴以军资，以子颜颇为质。三月二十九日，朝廷加官为河北招讨采访使。六月九日潼关失守；十三日，玄宗李隆基西奔；十七日，长安陷落。七月十二日，肃宗李亨即位于灵武，改元至德。数遣使以蜡丸裹书陈事，诏授工部尚书兼御史大夫，仍以河北招讨采访使守平原，散官加银青光禄大夫。安禄山指使康没野波进攻平原。十二月二十二日，颜真卿率部弃城。

唐肃宗至德二载（757）四十九岁

二月，授真卿宪部尚书。四月，至肃宗凤翔行在，弹劾吏部侍郎崔漪、谏议大夫李何忌。六月，代韦陟为御史大夫。十月十二日，弹劾王府都虞侯管崇嗣。长安收复，十九日扈从肃宗归长安，于二十三日至。奏请肃宗先祭太庙，东向哭三日然后回宫。十一月，贬为冯翊太守。

唐肃宗乾元元年（758）五十岁

三月五日，迁蒲州刺史，充本郡防御使，使持节蒲州诸军事，封爵丹阳县开国侯，

十八日到任。侄泉明赴河北找回常山死难遗属三百余人，求得父果卿及弟季明等人尸骨。九月三日，撰书《祭侄季明文》。十月初九日，因酷吏诬陷，贬谪饶州刺史。十月二十一日，途经洛阳，拜扫旧又儿盛，撰书《祭伯父澂州刺史文》。

乾元二年（759）五十一岁

饶州刺史任，智擒匪瓷之首，四境肃然。六月四日，除升州刺史，浙西节度使兼江宁军使。

察知宋州刺史刘展欲反叛，预为战备。冬，撰并书《天下放生池碑铭》。

乾元三年（760）五十二岁

正月，奉诏入朝，未至京，授刑部侍郎，不几日改为尚书。书《与蔡明远帖》。八月，因率群臣上表请问迁于大明宫西内的太上皇李隆基起居，被权臣李辅国遣御史诬奏，出贬蓬州长史。途经间州新政县，撰书《鲜于氏离堆记》。

上元二年（761）五十三岁

蓬州长史任上。救灾恤患。五月，太子太傅、宗正卿李齐物卒，为其撰写神道碑铭。

唐代宗宝应元年（762）五十四岁

蓬州长史任上。四月十五日，改元宝应。十八日，肃宗李亨崩。二十日，代宗李豫即位。

五月，拜为利州刺史，因羌人围城，未就任。十二月下旬，任户部侍郎。

宝应二年（763）五十五岁

户部侍郎任上。正月，安史之乱平定。三月，改任吏部侍郎，复阶银青光禄大夫。八月，除江陵尹，充荆南节度使，未行，被代。

十月七日，吐蕃入长安，从代宗奔陕州，迁尚书右丞。

十二月，长安收复，奏请代宗先谒五陵九庙然后还宫，与宰相元载抵梧。

广德二年（764）五十六岁

正月初五，除检校刑部尚书兼御史大夫，充朔方行营、汾晋等六州宣慰使，奉诏宣慰仆固怀恩，未行，留知省事。三月二十二日，晋爵鲁郡开国公。七月四日，临淮郡王李光弼卒，撰《李光弼神道碑铭》。十一月撰《与郭仆射书》（俗称《争座位帖》），谴责尚书右丞郭英乂诌媚宦官鱼朝恩。撰书《郭公家庙碑》《郭公庙碑阴记》。

永泰元年（765）五十七岁

正月，改元永泰。刑部尚书任上。二月始至次年，先后书《与李太保帖》《乞米帖》等八通。八月，为座师孙逖文集作序。

永泰二年（大历元年）（766）五十八岁

正月，上《论百官论事疏》，反对元载专权。二月，摄祭太庙，以祭器不修言于朝，元载以诽谤时政罪贬为硖州别驾。三月，改吉州别驾。途经蓝田，有《疏拙帖》。途经庐山，有《东林寺题名》《西林寺题名》。十月，撰《左金吾卫大将军康阿义屈达干神道碑铭》。十一月十二日，改元大历。

大历二年（767）五十九岁

吉州别驾任上。正月，撰书《鲜于仲通碑》。十二月，书《靖居寺题名》。书《守政帖》。

大历三年（768）六十岁

吉州别驾任上，与友人诗酒讲论，诗文辑为《庐陵集》十卷。五月，迁任抚州刺史，在州人左辅元等人帮助下整理、补修《韵海镜源》。弟允臧卒。

大历四年（769）六十一岁

抚州刺史任上。正月，撰书《华盖山王郭二真君坛碑铭》。三月，撰书《魏夫人仙坛碑铭》《华姑仙坛碑铭》。四月，撰书《谢康乐翻经台记》《颜允南碑》《颜乔卿碑》《颜幼舆碑》《颜允臧碑》等。本年，《韵海镜源》增扩至五百卷。

大历五年（770）六十二岁

抚州刺史任上。兴修水利，"治陂灌田"。书《千斤陂碑》。五月，撰书舅父《殷践献神道碑铭》。撰《宋璟神道碑铭》。八月，撰《案杨志坚妻求别适判》。

大历六年（771）六十三岁

闰三月，罢抚州刺史。四月，撰书《麻姑仙坛记》。六月，书前道州刺史元结撰《大唐中兴颂》。左辅元等辑其诗文为《临川集》十卷。八月，返京途经上元县，撰《慈恩寺常住庄田地碑》。十一月，拜谒先祖颜含墓，撰《颜公大宗碑铭》。游苏州虎丘，正书"虎丘剑池"四字，正书《清远道士游虎丘诗》。

大历七年（772）六十四岁

春，于金陵书《送刘太冲序》。五月，于宋州撰书《八关斋会报德记》。九月在洛阳，书僧怀素来谒，为撰《怀素上人草书歌序》；书《广平相国宋璟碑》。十月，授湖州刺史。冬，撰书《元结碑》。

大历八年（773）六十五岁

湖州刺史任上。公务之暇，召集文士继续编纂《韵海镜源》。与诗僧皎然、陆羽等宴游唱酬，有诗作多篇、联句多韵。十二月，撰书《吴兴沈氏述祖德记》。

大历九年（774）六十六岁

湖州刺史任上。正月，书伯父元孙《干禄字书》。春，《韵海镜源》删削成书，为三百六十卷。三月，接应皇甫曾来湖州游。八月，张志和来湖州，相结莫逆。撰书《颜杲卿碑》。

大历十年（775）六十七岁

湖州刺史任上。长子颜离散十九年，于湖州团聚。七月，湖州洪水泛滥，书《湖州帖》以记述。十月，书《刘中使帖》。

大历十一年（776）六十八岁

湖州刺史任上。辑诗文为《吴兴集》十卷。撰书《银青光禄大夫康希铣神道碑铭》《玄真子张志和碑铭》。秋，接应耿湋以江淮括图书使来湖州，有《送耿湋拾遗联句》。

大历十二年（777）六十九岁

元载伏诛，宰相杨绾、常衮推荐颜真卿刑部尚书，还京。作《吴兴太守柳恽西亭记》《李玄靖碑》《殷君夫人颜氏碑》。八月，任刑部尚书。十一月，献所编纂《韵海镜源》于朝廷。为前京兆尹杜济撰书墓志铭、神道碑铭。

大历十三年（778）七十岁

正月，三次上表乞致仕，未允。三月，迁吏部尚书。撰书《广平相国宋璟碑侧记》《广平帖》。

大历十四年（779）七十一岁

五月，代宗崩，德宗即位。以礼部尚书充礼仪使，制定代宗丧礼《元陵仪注》。书《颜勤礼碑》。

唐德宗建中元年（780）七十二岁

正月，改元建中。在长安祖宅建颜氏家庙。六月，撰书《颜氏家庙碑》。著《颜氏家谱》一卷。八月二十七日，改任太子少师，仍充礼仪使，授光禄大夫。书《自书告身》。十月，撰《家庙碑后记》《家庙碑额阴记》。十一月，上《更定婚礼奏》。

建中二年（781）七十三岁

九月，上《庙享议》。

建中三年（782）七十四岁

八月，为宰相卢杞所忌，罢礼仪使，改任太子太师。命左辅元编礼仪使任上文字为《礼乐集》十卷。正书李华撰《元德秀墓碑》。

建中四年（783）七十五岁

正月，卢杞建议遣颜真卿宣谕叛将李希烈，德宗从之。颜真卿即日前赴许州，遭扣押。十月，李希烈部将周曾等谋反正，奉颜真卿为节度使，事泄被杀。颜真卿被移囚于汝州龙兴佛寺。书《奉命帖》于囚所壁上。十二月，李希烈派人咨询即帝位仪式，怒斥之。

兴元元年（784）七十六岁

正月，李希烈于汴州称帝。十一月，官军收复汴州，李希烈退归蔡州。

贞元元年（785）七十七岁

正月，改元贞元。正月五日，颜真卿移囚于蔡州龙兴寺。作遗表、自撰墓志铭、祭文，书《移蔡帖》。八月，被缢杀。

贞元二年（786）

新旧唐书载：四月，李希烈被部将鸩杀。颜真卿灵柩归京师，暂葬于汝州。十一月，葬于京兆万年县凤栖原祖茔，谥号"文忠"。

附录四
颜真卿主要传世
书法作品表

一、碑（28种）

多宝塔碑　公元752年　楷书　西安碑林博物馆藏石

扶风夫子庙堂记残碑　公元752年　楷书　北京图书馆藏拓

东方朔画赞碑　公元752年　楷书　山东陵县文化馆藏石

东方朔画赞碑阴记　公元754年　楷书　山东陵县文化馆藏石

谒金天王祠题记　公元758年　楷书　陕西华阴华岳庙藏石

鲜于氏离堆记　公元762年　楷书　故宫博物院藏拓

郭家庙碑　公元764年　楷书　西安碑林博物馆藏石

郭家庙碑　公元764年　楷书　宋忠义堂帖本

逍遥楼刻石　公元770年　楷书　故宫博物院藏拓

逍遥楼刻石　公元770年　楷书　民间藏拓（朱拓）

麻姑仙坛记　公元771年　楷书　上海博物馆藏拓（大字本）

麻姑仙坛记　公元771年　楷书　安思远藏宋拓（小字本）

麻姑仙坛记　公元771年　楷书　宋忠义堂帖本（中字本）

大唐中兴颂　公元771年　楷书　故宫博物院藏宋拓

元结碑　公元772年　楷书　北京图书馆藏元明拓

臧怀恪碑　约公元772年　楷书　西安碑林博物馆藏石

八关斋会报德记　公元772年　楷书　故宫博物院藏明拓

宋璟碑　公元772年　楷书　故宫博物院藏明拓

干禄字书　公元774年　楷书　故宫博物院藏明拓

乞御书天下放生池碑额表 公元 774 年 楷书 忠义堂帖本

乞御书天下放生池碑表碑阴记 公元 774 年 楷书 忠义堂帖本

颜真定碑 公元 777 年 楷书 故宫博物院藏元明拓

柳晖西亭记 公元 777 年 楷书 浙江大学艺术与考古博物馆藏石

李含光碑 公元 777 年 楷书 上海博物馆藏宋拓

马璘新庙碑 公元 779 年 楷书 西安碑林博物馆藏石

张敬因残碑 公元 779 年 楷书 故宫博物院藏拓

颜勤礼碑 公元 779 年 楷书 西安碑林博物馆藏石

颜氏家庙碑 公元 780 年 楷书 西安碑林博物馆藏石

二、墓志（6 种）

王琳墓志铭 公元 741 年 楷书 国家博物馆藏石

王琳墓志铭 公元 741 年 楷书 洛阳师范学院河洛博物馆藏石

罗婉顺墓志铭 公元 747 年 楷书 陕西省考古院藏石

郭虚已墓志铭 公元 750 年 楷书 河南省偃师商城博物馆藏石

臧怀亮墓志铭 公元 751 年 楷书 陕西三原县博物馆藏石

杜济墓志铭 公元 777 年 楷书 故宫博物馆藏拓

三、文稿（7 种）

祭侄文稿 公元 758 年 行书 台北故宫博物院藏墨迹本

竹山连句诗帖 公元 774 年 楷书 故宫博物院藏唐人临墨迹本

自书告身帖 公元 780 年 楷书 日本中村不折氏书道博物馆藏墨迹本

湖州帖 公元 775 年 行书 故宫博物院藏墨迹本

刘中使帖 公元 775 年 行书 台北故宫博物院藏墨迹本

裴将军诗帖 行草 故宫博物院藏墨迹本

文殊帖 草书 早年印本

四、书迹刻石（40 种）

修书帖　公元 756 年　行书　宋忠义堂帖本

祭伯父文稿　公元 758 年　行书　故宫博物院藏拓

乍奉辞帖　公元 759 年　行草　宋忠义堂帖本

邹游帖　公元 759 年　草书　宋忠义堂帖本

与蔡明远帖　公元 760 年　行书　宋忠义堂帖本

争座位帖　公元 764 年　行书　西安碑林博物馆藏石

鹿脯帖　约公元 765 年　行书　宋忠义堂帖本

鹿脯后帖　约公元 765 年　行书　宋忠义堂帖本

捧袂帖　约公元 765 年　行书　宋忠义堂帖本

乞米帖　约公元 765 年　行书　宋忠义堂帖本

朝回帖　约公元 765 年　行书　宋忠义堂帖本

南来帖　约公元 765 年　行书　宋忠义堂帖本

硖州帖　公元 766 年　行书　宋忠义堂帖本

守政帖　公元 767 年　行书　宋忠义堂帖本

书马伏波语　公元 768 年　行书　宋忠义堂帖本

清远道士诗　楷书　宋忠义堂帖本

送刘太冲序　公元 772 年　行书　宋忠义堂帖本

与夫人帖　公元 772 年　行书　宋忠义堂帖本

裴将军诗帖　行草　宋忠义堂帖本

送辛子序　公元 777 年　行书　宋忠义堂帖本

广平帖　公元 778 年　草书　宋忠义堂帖本

奉命帖　公元 783 年　行书　宋忠义堂帖本

移蔡帖　公元 785 年　楷书　宋忠义堂帖本

颜氏六告　行书　宋忠义堂帖本

江淮帖　行书　宋忠义堂帖本

华严帖　行书　宋忠义堂帖本

文殊帖　草书　宋忠义堂帖本（与稿本有区别）

湖州帖　行书　宋忠义堂帖本

一行帖　行书　宋忠义堂帖本

叙本帖　草书　宋忠义堂帖本

寒食帖　行书　宋忠义堂帖本

中夏帖　行书　宋忠义堂帖本

南来帖　行书　宋忠义堂帖本

御史帖　行草　宋忠义堂帖本

送书帖　草书　宋忠义堂帖本

讯后帖　行书　宋忠义堂帖本

草篆帖　草书　宋忠义堂帖本

述张长史十二笔意　行书　上海朵云轩藏拓

附录五
颜真卿存世诗文
目录及概述

　　颜真卿一生著作丰厚。《旧唐书·经籍志》记录《韵海镜源》360卷，大历十二年十一月、献于朝，至宋已失344卷；诗文《庐陵集》10卷，《临川集》10卷，《吴兴集》10卷；礼仪《礼乐集》10卷，为礼仪使时所定，现存《请除禫服奏》数篇。至北宋时，各集皆亡佚，宋敏求、吴兴沈氏追逮鲁公，采遗捕佚，各辑15卷，至南宋又佚。嘉定年间永嘉太守留元刚，得宋敏求所编鲁公集残本12卷，苴补刊行，为15卷，传为后世。明万历年间，颜真卿裔孙颜允祚、锡山安国、山海刘思诚争先刊行，以安氏15卷本流传最广。清黄本骥编订《颜鲁公集》，在安本之外，另编外集18卷，补遗1卷，共31卷，搜罗完备，资料丰富，成为后人研究颜真卿的必备书。中华人民共和国成立后，黑龙江大学凌家民先生校注，并增补《元陵每日供羊奏》1篇，异文2篇，帖14条，名为《颜真卿集》，1993年12月由黑龙江人民出版社出版。随着考古发现，民间整理，作者搜编诗作一首、墓志铭四篇。

一、存世诗目及概况

　　颜真卿存世诗及联句约30首，多为交游酬和之作。

　　咏陶渊明五言古诗　贬谪抚、湖期间作，共十四句，借咏陶渊明以抒怀。

　　赠裴将军五言古诗　无写作时间。今人朱关田考证，约写于大历七年（772）。清黄本骥称"此诗当于上元元年（760）为刑部侍郎时作"，共十八句，赞裴将军剑舞若游龙，极言其威武勇猛。

　　刻清远道士诗因而继作五言古诗　大历六年（771）作。颜真卿罢抚州刺史，移寓江宁时绕道吴郡，游苏州虎丘，书铭清远道士、周恭子《游虎丘诗》于岩际，并题诗和之，以志其事。共二十四句，抒虎丘形胜。

题杼山癸亭得暮字五言古诗　大历八年（773）湖州刺史任上作。时浙江西观察判官、殿中侍御史袁高巡部至州，会于杼山（今湖州市城区妙西乡境内），颜真卿遂立亭于杼山妙喜寺东南。处士陆羽因大历八年（癸卯年）、十月（癸卯朔）、二十一日（癸亥日）为同一天干，遂命名为"三癸亭"，成为颜真卿与诸名士聚会吟咏的场所。共二十二句，描写三癸亭及登亭所见之杼山景色。

谢陆处士杼山折青桂花见寄之作五言古诗　大历八年（773）湖州刺史任上作。与文朋诗友游杼山，折青桂花。共十句，为答谢处士陆羽赠寄青桂花而作，描绘作者与陆羽等游杼山的情景。

赠僧皎然五言排律　大历八年（773）湖州刺史任上作。写作者与皎然等诸友游杼山登三癸亭之乐，记杼山之胜。黄本骥按："此诗一作皎然诗，题为《奉和颜使君真卿与陆处士羽登妙喜寺三癸亭》。"从气象上看应为颜真卿诗。

登平望桥下作五言律诗　大历十一年（776）湖州刺史任上作。是年秋，颜真卿与张志和游平望驿，写作者登平望桥所见景色。

使过瑶台寺有怀圆寂上人并序五言律诗　大历十三年（778）二月作。颜真卿奉使谒拜昭陵，路过瑶台寺，有感而作。

五杂组拟作　（附同拟五人作）五杂组　诗体的一种。湖州刺史任上作。与《重拟五杂组》均为修《韵海镜源》时，与众名流宾从唱酬之作。《同拟五人作》共 30 句，作者还有李萼、殷佐明、袁高、陆士修、蒋志。颜真卿作 6 句。

《重拟五杂组》写作时间同《五杂组拟作》，颜真卿作 6 句，同拟三人共 30 句。

登岘山观李左相石樽联句　大历八年（773）作，参与者 29 人，系参与编撰《韵海镜源》的诸学者、幕僚、门生和颜真卿族弟、子侄等。两句一联，共 58 句，唐人联句之最。岘山在湖州乌程县南 5 里。李左相，即李适之，唐宗室，天宝元年官至左丞相，开元中曾为湖州别驾。岘山有石觞，可贮酒五斗。李适之常挈所亲登岘山酤饮以望帝乡。所谓石樽，即山顶岩上一长约 2 米、宽约 1.5 米的凹坑，称为"洼樽"。李适之升左相，洼樽随之而名，"士民呼为李相石樽"。颜真卿刺湖州，多与门生弟侄文朋诗友携酒往饮，此联句即作于此时，写岘山景致及诗友之谊。

水堂送诸文士戏赠潘丞联句　大历八年（773）湖州刺史任上作。系颜真卿与潘述、陆羽、权器、清昼（皎然）、李萼（华）6 人联句之作。每人 4 句，共 28 句。潘丞即潘述，时为长城县丞。水堂在州治南馆驿河上，旧名南堂，系当地名胜。颜真卿邀集文士在水堂作诗酒之会，几至夜半。刻烛赋诗为戏，自谓会异永和兰亭，才比建安七子。

水亭咏风联句 作于大历十一年（776）。以风为主题，描摹风的"飘华幕""吹松竹""上青苹""随白浪""催山雨""发浦舟"等各种形态、意境。同联者12人，诗共24句。

溪馆听蝉联句 大历十一年（776）作。同联者10人，共20句。写不同时令、不同环境、不同音调的蝉鸣，抒发"高洁未能名"的感慨。

送耿湋拾遗联句 大历十一年（776）湖州刺史任上作。颜真卿与耿湋二人联作，共16句。耿湋，字洪源，河东（今河南洛阳）人，大历十才子之一，时任左拾遗充搜括图书使，来湖州采访图书，此为送别之作。颜真卿向耿湋表示了对其仕宦前途的祝福和对其诗才的赞誉，对相处欢愉的留恋。耿湋则称颂颜真卿的深厚情谊。

月夜啜茶联句 联作者为陆士修、张荐、李萼、崔万、颜真卿、皎然6人，7联14句，写月夜品茶的清致。

夜宴咏灯联句 大历八年（773）秋作，颜真卿陪浙江西道观察使判官殿中侍御史袁高游赏，夜宴时所作。联作者为陆士修、张荐、颜真卿、清昼、袁高，5联10句，写夜宴时灯火之亮、之美。

三言喜皇甫曾侍御见过南楼玩月联句 大历九年（774）作。三言联句，共22句。颜真卿与侍御史皇甫曾等6人作，写宴饮赏月情景。

七言重联句 大历九年（774）作，颜真卿宴请侍御史皇甫曾时，与皇甫曾、李萼、陆羽、清昼等5人作，共20句。赞颂皇甫曾与联句者的友谊和文学造诣。因作于三言联句后，故称"重联句"。

送李侍御联句 大历九年（774）作，为送别李侍御（李萼）与清昼、张荐、李萼联作，4联8句，写惜别之情。

玩初月重游联句 与张荐、李萼、清昼联作，4联8句，写春溪、初月景色。

重送横飞联句 与张荐、李萼、清昼联作，4联8句。为送别张荐（别号横飞）而作。写春日景色和离别思绪。与《送李侍御联句》作于同时。既送李萼又送张荐，故云"重送"。

竹山连句题潘氏书堂 连句即联句。颜真卿在竹山潘氏书堂宴客，与诸文士及子佺18人联作,共36句。潘氏即潘述。写潘氏书堂环境和幽栖闲适生活,有存世书迹,或为颜真卿书。

夜集联句 颜真卿与清昼联作,2联4句,写秋月寒花与清净的心绪。

大言联句 大言,即说大话,夸海口。系调侃、玩笑之作。颜真卿与清昼、李萼、张荐联作,共4句。

小言联句 小言,极言其小,亦玩笑之作。颜真卿与清昼联作,2句。以丝与樵螟等描摹形态之细小,以句或更多,留存两句。

乐语联句 颜真卿与李萼、清昼、张荐4人联作,4句,一句说一件使人欢乐的事情。

馋语联句 颜真卿与李萼、清昼、张荐4人作,4句,描摹4种馋相。

滑语联句 颜真卿与清昼、刘全白、李萼、房益4人作,4句,描摹4种"滑"的形态。

醉语联句 颜真卿与刘全白、清昼、陆羽4人作,4句,描摹4种醉态。

清人黄本骥在此联句后附洪迈《容斋三笔.颜鲁公戏吟》称:"《颜鲁公集》有七言联句四绝,其目曰'大言''乐语''馋语',醉语,云……以公之刚介守正,而作是诗,岂非以文滑稽乎? 然语意平常,无可咀嚼,予疑非公诗也。"

断句只两句:"人心无路见,时事只天知。"见于《颜鲁公文集》锡山安国本卷十一《蔡州帖》及《四库全书颜鲁公文集》卷十一,或为前代残本录句。

劝学 似颜真卿诗。

二、存世文目及概况

颜真卿遗文现存共120篇,赋1篇,表11篇,奏5篇,疏1篇,状2篇,议3篇,判2篇,牒1篇,书1篇,帖20篇,序6篇,记17篇,述1篇,赞2篇,颂1篇,辨1篇,题名4种,碑碣、墓志铭37篇,祭文2篇,仪注1种,残碑1通。基本系实用文字,言辞率真,生动感人,为唐代古文运动之先。书写沉郁,忠孝贞烈,充分体现了颜真卿的刚正人格。

象魏赋 天宝元年(742)

描述长安后官外象魏(亦称象阙)的高大巍峨,指代从它那里发布政令的重要性。庄重典雅优美。据推测,此赋为应试体式,应为考试答卷。颜真卿于天宝元年登博学文词秀逸科，似作于此时。

皇帝即位贺上皇　表至德元载（756）七年

此表及后面的谢表等，都是循例而做的公文。唐肃宗李亨即皇帝位后，颜真卿写给唐玄宗李隆基的贺表。叙述作者对潼关失守、玄宗西逃的悲愤，对肃宗李亨尊玄宗为上皇天帝的感戴，以及对肃宗授其为工部尚书兼御史大夫、银青光禄大夫的感激。

让宪部尚书表　至德二载（757）四月

唐肃宗授颜真卿为宪部（即邢部）尚书时，颜真卿自薄自谦、表示辞让的奏章。

在表中颜真卿对因固守平原而被擢升，表示谦让，以为此乃人臣本分。对弃郡却抱有戴罪心理，要求朝廷"重贬臣一官，以示天宪，使天下知有必行之法，则有必赏之令"。

辞让为内心自省。作为一个恪守儒家礼法的忠义之士，颜真卿辞让是真心的。有稿本多种行世。

谢兼御史大夫表　至德二载（757）六月

颜真卿坚守平原，肃宗先授为宪部尚书，又兼御史大夫。颜真卿认为不可妄授御史大夫。除对自己守平原不能死节再次请罪外，还对当时有些朝官"身兼数官，苟贪利权"表示不满，认为"害政非一，妨贤实多"，所以不愿多兼官职而碍忠贤进身之路。

同州刺史谢上表　至德二载十二月（758年1月）同州

即《冯翊太守谢上表》。本年九月唐军收复长安，十月收复洛阳。颜真卿扈从肃宗于十月十九日从凤翔出发，二十三日回长安。由于得罪了宰相苗晋卿崔圆，被贬为同州刺史。

颜真卿在表中感恩，肃宗给以擢升及被贬仍委以三辅之一、上州之地的"恩德"。

蒲州刺史谢上表　乾元元年（758）三月蒲州

本年三月，颜真卿自同州转任蒲州（治所在今山西永济）刺史，充本州防御使。颜真卿在表中分析了蒲州的重要地理形势，对朝廷委以大邦表示感谢，并表示要"镇遏艰虞，导扬德泽"。

谢赠祖官表　乾元元年（758）四月蒲州

乾元元年二月，朝廷追赠真卿祖昭甫华州刺史，真卿特上表致谢。真卿在表中追述了其祖父昭甫的才学与事迹，颜氏历代蒙受皇恩。

谢浙西节度使表　乾元二年（759）六月

颜真卿于乾元元年十月移任饶州刺史（州治在今江西波阳）。二年六月奉诏改任升州（今江苏南京）刺史，充浙江西道节度使兼江宁军使，领升、润、宣、歙、饶、江、苏、常、杭、湖十州，九日到达任所。颜真卿在此表中，除了对朝廷的任用表示"感戴恩荣，死生知报"外，更多地谈到了升州"九州天险之地，六代帝王之都"的军事地位。

乞御书天下放生池碑额表　上元元年（760）七月

乾元二年冬月，肃宗诏建天下放生池，颜真卿书《天下放生池碑铭》记述此事。上元元年七月，复奏请肃宗御题碑额以光扬不朽之业。肃宗允诺，批答中赞扬颜真卿和他的《碑铭》。

当年八月，颜真卿被贬为蓬州长史，碑未立。大历九年为湖州刺史，始追建于湖州骆驼桥东，集批答御书字以为额。

谢户部侍郎表　宝应元年（762）十二月

宝应元年四月，肃宗去世。李豫即位，捕杀李辅国，拜颜真卿为利州（今四川广元）刺史，因羌人围困利州城，未就。十二月，刘晏以户部侍郎之职让与颜真卿，代宗批准。

颜真卿在此表中，叙述了自己五年之间三度被贬，"官阶勋封尽蒙黜削"的情况，对代宗的任用"感戴交集"。

谢吏部侍郎表　宝应二年（763）三月

代宗改任颜真卿为吏部侍郎，并恢复他的散官旧阶从三品银青光禄大夫。颜真卿上表对代宗的"殊泽"感恩。

谢荆南节度使表　广德元年（763）八月

本年七月，代宗改元广德。八月二十七日任颜真卿为江陵（今湖北荆州）尹兼御史大夫，充荆南节度观察处置使。颜真卿在此表中，感戴皇恩，述荆南地理位置的重要，表示定当尽心尽力。

请除禫服奏　大历十四年（779）六月

李豫大历十四年五月驾崩，太子李适即位，是为德宗。颜真卿以礼仪使主持丧仪。古代习俗，父母去世儿子守丧三年，一般为两年零三个月。但皇帝不能三年不理朝政，权以一日代一月，共27天，期满举行除丧服，称为"禫"。此奏请求德宗李适除禫服、理朝政。

请除素练听政奏　大历十四年（779）六月

礼仪使颜真卿，遵照遗诏请求德宗李适更除丧服，上朝听政，群臣得以觐见奏事。

更定婚礼奏　建中元年（780）十一月

唐太子诸王之女（郡主）、亲王之女（县主）下嫁而定的礼仪奏章。唐初以来，郡县主下嫁，公婆需降礼答拜，设次行礼、择地置帐、邀具酒食以为戏乐，以及观华烛仗、停障车下婿、却扇及昏夕声乐等仪，动辄数以万计。为改陋习，颜真卿上此奏，从此定郡县主下嫁拜见公婆礼仪程序。

请定武成庙释奠奏　建中三年（782）

为武成庙释奠确定礼仪及用乐规格。武成庙，即武成王庙。高宗李治上元元年(674)追封周代齐国始祖姜尚为武成王。玄宗李隆基开元十九年(731)令两京及天下诸州各置太公尚父庙。

武成王庙用乐奏　《请定武成庙释奠奏》同奏一事，而文字有异

元陵每日供羊奏　辑自王溥《唐会要》卷八十三。元陵即代宗之陵。此文应作于大历十四年至贞元元年。奏请元陵除朔望及节祭外，每日更供半口羊。

论百官论事疏　永泰二年（765）

该疏陈述百官奏事问题。宰相元载独裁专行，恐百官论奏，即通过御史中丞李进以代宗的旨意宣布：凡诸司官欲论事，皆先白长官，长官白宰相，宰相定可否，然后上闻皇帝。颜真卿以为君主纳谏，乃关系下情上达、政治清明的大事，不顾元载权势熏天，上此疏反对元载的做法。

请复七圣谥号状　大历十四年（779）七月

唐玄宗执政后期，对已故皇帝的谥号，有的多达十一字，不合古制。吏部尚书颜真卿上书，请自中宗以上七圣皆从初谥。状认为，先皇谥号字少不以为贬，字多不以为褒，应"事归至当"。

论元皇帝祧迁状　大历十四年（779）十月

按昭穆制度，后世皇帝死后祔庙，则前推七代之上皇帝神主需祧迁。五月，代宗皇帝死，十月，其神主祔祭太庙。为此，礼仪使颜真卿上此状于德宗，以《礼记王制》中三昭三穆的昭穆制度，以及历代皇帝庙享状况，说明元皇帝代数已远，应将其神主迁于太庙西夹室。

驳吏部尚书韦陟谥忠孝议　永泰元年（765）正月

尚书省为已故吏郎尚书韦陟议定谥号，太常博士程皓拟议说为"忠孝"，颜真卿却认为忠、孝不并，双方争论。

以《汉书》载王尊、王阳事，及昼夜本不相随，春秋岂宜同日的道理，指出对韦陟的谥号不必忠、孝两施。

朝会有故去乐议　建中二年（781）

颜真卿据《周礼》《宋志》等典籍和历史上的有关例证，说明代宗三年丧制未满，不可悬挂钟磬作乐。

庙享议　建中二年（781）九月

皇帝三年丧毕，集合远近祖先神主于太祖庙大合祭（即祫祭）。代宗丧制将毕，太常博士陈京于建中二年九月上疏言祫祭太庙，并令享迁献祖、懿祖二神主，德宗敕下尚书省百官集议，发生争论，于是颜真卿写是议。

元陵仪注　大历十四年（779）五月

大历十四年五月，代宗去世，德宗即位。颜真卿以吏部尚书充当礼仪使，掌代宗丧仪。因自玄宗以来，礼仪注废缺，遂"临事徐创"，编著《元陵仪注》。内容为皇帝丧仪的程序，分"初丧复""沐浴""含""小敛""小敛奠""大敛""大敛奠""殡""将葬筮宅""启殡朝庙""荐明器""祖奠""遣奠""葬仪""虞祭""庙""小样变""大祥变""禫变"等共19部分，叙述了皇帝自去世至丧制结束全过程的礼仪程序。

对三命判　开元二十四年（736）

颜真卿于开元二十三年参加尚书省科试，以甲科举进士第。开元二十四年参加吏部铨选，选为甲等。试题为《三命判》。周代官爵分九等，称"九命"，公、侯、伯称"三命"。

案杨志坚妻求别适判　大历六年（771）

儒生杨志坚嗜学，家境贫穷，妻见其久不能仕，要求离婚。杨志坚写诗："平生志业在琴书，头上于今有二丝。渔父尚知溪谷暗，山妻不信出身迟。荆钗任意撩新鬓，鸾镜从他别画眉。今日便同行路客，相逢即是下山时。"其妻持书到州，请颜真卿判其离婚另嫁。

颜真卿赞扬杨志坚遍览九经、贫而好学的精神，列举了历史上王欢、朱买臣之妻嫌贫改嫁的事例，指出杨妻嫌贫爱富改嫁乃"伤风败俗"，打二十板后准其改嫁。赠杨志坚布帛二十四、米二十石，"便署随军"。

访求清河行人李华牒　至德元载（756）作

颜真卿抗安禄山之叛，客游清河县的李华（李萼），到平原谒见颜真卿，希望联合平叛。颜真卿按其谋略部署，克复魏郡，取得了唐王朝讨叛战役前期的一次大胜利。因颜真卿让堂邑之功于贺兰进明，李华愤而离去，隐于民间。后军用告竭，颜真卿张布告示（牒）求访李华。颜真卿在告示中诚恳颂扬李华破敌之功，华见牒顿释前怨，复归为颜真卿谋划收盐置场之策，军用遂丰。

与郭仆射书　广德二年（764）十一月

《争座位》即是写给郭英乂的信函。广德元年七月，吐蕃叛乱，尽取河西陇右之地，十月掠泾州、邠州、奉天、武功，京师震骇，代宗出奔陕州（今河南省三门峡市陕州区）。吐蕃入京师，焚掠一空。郭子仪率军反击收复长安，代宗于十二月返京师。次年十一月，郭子仪父子自泾阳凯旋，代宗命宰臣百官在京城西廓的开远门迎接，并在安福寺举行兴道之会。兴道会上，尚书右仆射郭英乂谄媚宦官鱼朝恩，将鱼的座位安排高于六部尚书仆射一行，违反了朝廷的典章制度。颜真卿时为检校刑部尚书兼御史大夫，向郭英乂提出了严正批评。

颜真卿在该书中列举了《孝经·诸侯章》和《史记·齐太公世家》中的论述和例证，说明了维持朝廷班秩高下，"得彝伦叙而天下和平"的道理，指出郭英乂在菩提寺行香时献媚鱼朝恩的错误。此次欢迎郭子仪父子凯旋，"又不悟前失，竟率意而指麾，不顾班秩之高下，不顾文武之左右"，取悦鱼朝恩，使百僚侧目。对郭英乂、鱼朝恩专横跋扈，藐视礼仪，破坏纲纪的行为给予激烈抨击，充分体现了颜真卿的刚烈正气。

与李太保帖九章约　广德二年（764）至永泰二年（766）二月，大历十二年（777）八月至大历十三年（778）三月

此系与太子太保李光进的往返信函，多为问候寒暄之语。内有一篇写贬硖州别驾时路途艰辛的《硖州帖》；一篇写"举家食粥，来已数月，今又罄竭"的《乞米帖》；一篇为"病妻服药，要少鹿肉"的《鹿脯帖》。

与御史帖　未署书写时间。"御史"系何人，不详。根据文中"会庙上"与"朝廷次序"等语，似与《与郭仆射书》有关。内容属问候信札，对该御史"前所会庙上""论高百寮"表示赞赏。

与庐仓曹帖　三首章《与庐仓曹帖》，《四部丛刊》本、《四库全书》本和《四库唐人文集丛刊》等皆为一章。黄本骥据留元刚《忠义堂帖》和巩嵘《忠义堂续帖》

各增章，共三章。写作年代无考，系对庐仓曹的惜别与问候。

与蔡明远帖　乾元二年（759）六月

颜真卿任升州刺史充浙西节度使时，路过金陵，致蔡明远的信。叙述蔡明远自饶州时"即尝趋事"，颜真卿移任升州时，"阖门百口，几至湖口"，蔡明远又"不远数千里，冒涉江湖"给予帮助。帖中叮嘱"江路悠缅，风涛浩然"，"深宜尚慎"。

与绪汝帖　又称《守政帖》。大历二年（767）

大历元年，颜真卿屡言事得罪权奸元载，以诽谤时政罪贬硖州别驾，旬余改吉州别驾，此帖写于吉州别驾任上。表白自己坚持操守的信念，虽遭贬降职，不改其志。"不能逆道徇时，为千古罪人也"。

与夫人帖　大历七年（772）十一月

本月，颜真卿至洛阳，迁伯父颜元孙夫妇墓于万年县祖茔，写信与夫人韦氏。叙述了作者当时行程及迁厝时的悲痛心情，并有对家人的问候和嘱托。

米芾认为此书中夫人系颜真卿之嫂。黄本骥认为此帖是为迁葬其母兰陵郡太夫人殷氏枢至上都（长安）与父惟贞合葬写给夫人表氏的。

刘中使帖　大历十年（775）十上月

颜真卿在湖州刺史任上，闻叛将瀛州刺史吴希光投降官军，卢子期被擒，遂写此帖。表达了喜悦欣慰之情。

蔡州帖　又称《奉使蔡州帖》《奉命帖》。建中四年（783）

建中四年（783年），李希烈反。德宗从奸相卢杞之计，命颜真卿前往宣抚，为李希烈所囚。真卿作此帖题囚所壁上，表明自己"奉命来此，事期未竟，止缘忠勤，无有旋意。然中心恨恨，始终不改"的心迹。

移蔡帖　贞元元年（785）正月十九日

点明移蔡，对自身行节充满信心："天之昭明，其可诬乎？有唐之德，则不朽耳！"

另有与澄师帖、广平帖、文殊帖、寒食帖、中夏帖、修书帖、讯后帖、一行帖、南来帖、江外帖、草篆帖等，系往来问讯之帖，人名无考，篇幅简短，无写作年代。

尚书刑部侍郎赠尚书右仆射孙逖文公集序此序　永泰元年（765）八月

为师座刑部侍郎孙逖文集所作。颜真卿举进士第，即为孙逖录取，二人交谊深厚。颜真卿在序中首先阐述自己的文艺观点，论述了"文"与"质"的关系。然后介绍孙逖的文学造诣和奖擢后学的成就。是一篇反映颜真卿文艺思想的重要文章。

怀素上人草书歌序　大历七年（772）九月

怀素，唐著名书僧。俗姓钱，字藏真，善大草，与张旭齐名。礼部侍郎张谓欣赏怀素的草书和其放荡不羁的性格，"引共游处，兼好事者同作歌以赞之"。颜真卿在洛阳与怀素相遇，为歌集作序。该序介绍《怀素上人草书歌》之缘起和草书作一种书体的发展演变，称怀素草书之精绝，表达了作者对怀素的赞慕。

世系谱序　建中元年（780）

颜真卿在吏部尚书充礼仪使任上，六月，撰书《颜氏家庙碑》，七月，编《颜氏家谱》并作序，追述颜氏渊源和历代卓有成就者。

送福建观察使高宽仁序　原文未记确切日期

据《新唐书·方镇表》，大历六年（771）废福建节度使，置团练观察处置使，序当作于六年之后，或尚书任上。旧集不载，黄本骥据《全唐文》收入。

高宽仁升任福建团练观察处置使，颜真卿与他交谊深厚，写此序相赠。

颜真卿在序中叙述了观察使职务的重要性，赞扬高宽仁以往的政绩，指出福建地理位置之重要，希望他"振肃风纪，表仪一方，尽致君泽民之道，使声名流芳史册"。序中提出了一个重要的思想，即"夫君子之仕，不以位尊为荣，而以尽职为贵"，"正己格物而已，忠君爱民而已"。

送刘太冲序　大历七年（772）春

赞颂刘太冲先人"道素相承，世传儒雅"；回顾了与刘太冲在平原抗叛和吏部共事时的友谊，对其西行寄予希望，给予勉励。

送辛子序　大历十二年（777）二月

时人将颜真卿高叔祖颜游秦著、曾伯祖颜师古注解的《汉书决疑》摘编为《汉略》一书，《汉书》学者辛晃为之作序。文朋诗友聚会时，作诗称赞辛晃，颜真卿为其作序，叙述《汉略》成书过程，赞扬辛晃幼而好学、老而益懋（勤勉）的精神，慨叹辛序精义未彰。

张长史十二意笔法记　此为颜真卿书法理论著作，以作者本人答书法家张旭问的形式写成。该记从书法的笔法笔势和结构布局两方面，分十二个问题介绍书法知识。存疑。

泛爱寺重修记　写作时间与背景均无考

黄本骥根据颜真卿行迹考证，"此记疑非鲁公所作"。此记对佛法的态度："予不信佛法，而好居佛寺，喜与学佛者语。人视之，若酷信佛法者，然而实不然也。"

东方先生画赞碑阴记　天宝十三载（754）

颜真卿在平原察觉安禄山反叛，预为防备。安禄山派心腹平冽等人到平原郡窥伺，颜真卿亲迎之于境，热情款待，相与狎游东方朔庙，见《画赞碑》磨损，于是援翰重书，复刊于石，并撰书碑阴记介绍《东方先生画赞碑》的作者夏侯湛以及东方朔庙的位置，说明书刻《东方先生画赞碑》的缘由。

鲜于氏离堆记　上元元年（760）八月

上元元年八月，颜真卿由刑部侍郎出贬蓬州长史，途经新政县，应成都兵曹鲜于昱之请，为其父鲜于仲通撰写《鲜于氏离堆记》。描写离堆的位置、山势和离堆石堂的形制及周围景色，介绍鲜于仲通其人及颜氏与鲜于氏的通家之谊。

抚州宝应寺翻经台记　大历四年（769）四月

又名《谢康乐翻经台记》。在吉州任内，旧友靖居寺住持智清、本州道士谭仙岩修葺谢灵运翻经台旧宇告竣，颜真卿亲临法会，撰此记，历述南朝宋诗人谢灵运出身、政历、文学成就和翻译《涅槃经》的事迹，以及住持智清、道士谭仙岩等修葺谢灵运翻经台的经过，状写翻经台的巍峨。

抚州宝应寺律藏院戒坛记　大历六年（771）三月

临川县宝应寺创建律藏院戒坛，历述佛教律宗传授渊源及律藏院戒坛创建缘由。

抚州南城县麻姑山仙坛记　大历六年（771）四月

颜真卿于闰三月罢抚州任，游览南城县麻姑山仙坛，撰书此记。记述麻姑得道事及麻姑山仙坛形胜。

有唐宋州官吏八关斋会报德记　大历七年（772）五月

颜真卿罢抚州任，回京途中经宋州（治所睢阳，今属河南）时，适逢州刺史徐向替患病的河南节度使田神功设八关斋会，褒祈报恩，并求颜真卿撰记颂述。记中歌颂田神功在平复安史之乱和刘展叛乱中对唐王朝的贡献描述八关斋会盛况。

吴兴沈氏述祖德记　大历八年十二月（774年1月）

颜氏姻亲沈怡为其十八世祖、南齐沈驎士重修《述祖德碑》，颜真卿为其撰写碑阴记。内容介绍隐士沈驎士的德行，及其后人沈怡重立《述祖德碑》的情况。

乞御书题额恩敕批答碑阴记　大历九年（774）七月

上元元年（760）七月，颜真卿书写了《天下放生池碑铭》，请肃宗书写碑额。八月，颜真卿被贬为蓬州长史，此事未果。大历九年，颜真卿在湖州刺史任上于州治城中鲁溪之骆驼桥东，立《乞御书题额恩敕批答碑》，碑额系集当年肃宗批答字。颜真卿写此记，回顾了14年前，作者在上《乞御书天下放生池碑额表》后"累蒙审谪"，以致当年所写之碑"未遑崇树"的情况，及此次立碑过程。由家僮镌刻于碑阴。

湖州石柱记　大历十二年（777）四月

又名《吴兴地记》。记述辖区内各县地理、山川故宅、墓葬、庙观及文物等。

通议大夫守太子宾客东都副留守云骑尉赠尚书左仆射博陵崔孝公宅陋室铭记
大历十一年（776）四月

此系应友崔佑甫之请，为其父崔沔故居遗址撰写，叙述崔沔先人事迹及本人名教
盛德。

梁吴兴太守柳恽西亭记　大历十二年（777）四月

乌程县令李清，向颜真卿请示修菲梁吴兴太守柳恽所建之西，颜真卿为之作碑记。
记述西亭环境之美，路述梁吴兴太守柳恽与郡主簿吴均事迹，褒扬了乌程县令李清
主县两年"励精于政事"，物阜民安的政绩。残石藏浙大博物馆。

唐故太尉广平文贞公宋公神道碑侧记　大历十三年（778）三月

应宋俨之请，为其祖宋璟撰。宋璟，唐政治家，开元间贤相，封广平郡公，谥号
"文贞"。该记首写贤相宋璟的威德和廉洁之操，次写尚书左仆射薛嵩慕其德业，
命邢州刺史封演购石立碑事，最后介绍其六子宋浑为国立功的事迹。

颜氏家庙碑后记　建中元年（780）十月

《颜氏家庙碑》又称《颜惟贞家庙碑》，于七月镌刻完毕。八月颜真卿迁太子少师，
十月与子侄八人受封，因此撰后记，叙述朝廷所封官职爵位和封地。

颜氏家庙碑额阴记　建中元年（780）

以通化坊真卿高祖颜思鲁宅为颜氏家庙，十月颜真卿作此记，记述家庙原为高祖、
祖、伯、父居住地的情况。

谢公碑阴记　约大历八年（773）至大历十二年（777）

东晋谢安曾主吴兴郡，有惠政。去郡后，郡人刻石以志。唐天宝末碑失，颜真
卿访求无得，遂借旧史遗文重立谢公碑，以此记刻于碑阴。记述东晋谢安以吴兴山
水清远而求典此郡，以及郡人刻石记功，后碑失所在，"眷求芜没"，重立谢公碑
的情况。

项王碑阴述　大历十二年（777）五月

颜真卿离湖州刺史任前，重树项王碑，作此记刻于碑阴，介绍西楚霸王项羽与
湖州的关系及作此记缘由。

左纳言史务滋像赞　写作时间无考

为史务滋画像所作，史务滋，官至内史。天授中，酷吏来俊臣诬告其好友刘行感兄弟谋反，并诬史"与囚善，掩其反状"，触怒武则天，令来俊臣鞫审，史遂自杀。颜真卿赞扬了史务滋的正直。

李侍御写真赞并序　写作时间无考

为前殿中侍御史、正议大夫、行洛阳县令陇西人李构画像所作。内容赞扬李构的刚直，"强项称贤"，称誉画像的逼真。

永字八法颂　写作时间无考

内容以"永"字所构成的八种点画写法概括说明楷书乃至各书体用笔之法。

蒲塘辨　永泰二年（766）

颜真卿被贬出任吉州别驾，路经浔阳，复见左伯桃墓，题旧诗于蒲塘客舍。因此蒲塘与江州（今九江市）蒲塘同名，作《蒲塘辨》以示区别。指出江州博阳山下之蒲塘属古历陵县（今德安县）。

华岳庙题名　乾元元年（758）十月九日

又名《金天王庙题名》。金天王：华岳之神。乾元元年十月初，因酷吏唐旻诬告，颜真卿左迁饶州刺史，九日途经华阴县，与监察御史王延昌，大理评事穆宁、张澹，华阴县令刘暠、主簿郑镇游华岳庙，题名。

东林寺题名．西林寺题名　永泰二年（765）六月

永泰二年，颜真卿贬硖州别驾，不日改吉州别驾，途中游庐山。六月八日题名于东林寺，九日题名于西林寺。叙述题写时间、同行人员，介绍僧、寺情况。

靖居寺题名　大历二年（768）十二月

十二月二十六日，颜真卿偕评事韦甫巳等及子侄同游青原山靖居寺。二十七日，题名"勒于碑阴"。叙述永泰二年佐吉州，闻青原山幽绝，欲游不果，今得遂其愿的情况。

周太师蜀国公尉迟公庙碑铭　开元二十五年（737）二月，为北周太师、蜀国公尉迟迥庙撰。

首先介绍尉迟迥作为北周元辅"屏内藩外，经文纬武"以及"统蜀制梁"的功绩和威名；其次赞美尉迟迥讨伐杨坚篡位，兵败邺城而自杀的气节；最后叙述唐朝廷为其隆重改葬并在邺城为其建庙的情形。

天下放生池碑铭　乾元二年（759）冬

乾元二年，诏天下建放生池，颜真卿撰此碑铭，赞扬肃宗好生之仁德。

宋苏轼《题鲁公放生池碑》："湖州鲁公放生池碑,载其所上肃宗表云:一日三朝,大明天子之孝,问安侍(视)膳,不改家人之礼。鲁公知肃宗有愧于是(指逼迁玄宗于西内)也,故以此谏,孰谓鲁公区区于放生哉!"

有唐故中大夫使持节寿州诸军事寿州刺史上柱国赠太保郭公庙碑铭并序　广德二年(764)为郭子仪之父郭敬之撰。首考其先世贤宦,次述郭敬之之美仪政历及皇帝封谥,再写其子唐中兴佐命功臣郭子仪。

晋紫虚元君领上真司命南岳夫人魏夫人仙坛碑铭　大历四年(769)三月

魏夫人,即魏华存,紫虚元君系其道号。大历三年四月,颜真卿任抚州刺史,游临川井山道教上清派始祖、晋代女道士魏华存仙坛观,见"豺狼窟聚","悄然若失"。即从仙坛观道士谭仙岩之请,增修鼎新。颜真卿撰此碑铭,记述晋女道士魏华存矢志修道成仙事。

抚州临川县井山华姑仙坛碑铭　大历四年(769)

颜真卿游临川井山华姑仙坛,写此碑铭。讲述抚州临川女道士黄令微(华姑)寻访、修葺井山魏夫人仙坛及修道成仙事。

华盖山王郭二真君坛碑铭　大历四年(769)

颜真卿抚州任上,得知崇仁县华盖山王、郭二真君修道异事,遣使寻访,得仙坛碑铭一石,乃修崇殿宇,扩大门廊并撰写碑铭。记述访寻王郭二真君仙坛得碑石经过,王、郭二真君异事及济世利人之芳泽。

东莞臧氏纠宗碑铭　写作时间无考

内容记叙东莞臧氏氏族发端及隋唐以来为官者之宦绩。

晋侍中右光禄大夫本州大中正西平靖侯颜公大宗碑铭　大历六年(771)十一月

颜公,即颜含,随晋元帝渡江,官至侍中,右光禄大夫,本州大中正,封西平靖侯,谥曰"靖",葬南京。颜真卿罢抚州刺史任归京,途经上元县,于十一月祭扫祖茔,为其十三世祖颜含撰写碑铭。记述颜氏从颜盛始自鲁迁居琅琊临沂,代传孝恭,颜含孝悌德行政绩及以下十四世孙的名字、仕宦、事迹。

有唐茅山玄靖先生广陵李君碑铭　大历十一年(776)

李君即广陵江都李含光,玄靖先生本姓宏,避孝敬皇帝庙讳改姓李。含光死,颜真卿应韦景昭法师之邀为其撰写碑铭。记述李含光修道经历,与唐玄宗的交往,著作、书法及作者对李含光的倾慕。

湖州乌程县杼山妙喜寺碑铭　大历九年(774)正月

颜真卿任校书郎时，即发愿编纂《韵海镜源》，任平原太守时编成200卷，因安禄山叛乱而止。继增于抚州，成500卷。在湖州删定为360卷。杼山妙喜寺即颜真卿与文朋诗友时常游赏并最终编纂完成《韵海镜源》的地方。

碑铭叙述妙喜寺缘起，杼山风光、人文名胜，主持建筑三癸亭的经过；记载了《韵海镜源》的编纂过程和编纂人员姓名。

浪迹先生玄真子张志和碑铭　大历一年（766）

张志和，金华人，号玄真子，唐代隐者。颜真卿为湖州刺史，志和来谒，相与为挚友。本年张志和溺水而死，颜真卿为之撰碑铭。主要写张志和文学、书画造诣和不求仕宦、放浪山水的性情。

唐故通议大夫行薛王友柱国赠秘书少监国子祭酒太子少保颜君碑铭　建中元年（780）六月

为其父颜惟贞撰写，简称《颜氏家庙碑》。上溯颜氏渊源，下述历代先人及子侄仕宦功业、道德文章、家学递传。有家庙布局结构图为有唐家庙珍贵资料。

河南府参军赠秘书丞郭君神道碑铭　天宝九载（750）五月

为河南府参军郭揆撰写，赞其风流才华，叹其年少夭亡。

秘书省著作郎夔州都督府长史上护军颜公神道碑铭　大历十四年（779）

为其曾祖颜勤礼撰写。介绍颜勤礼并其高祖颜见远至作者子侄仕宦履事迹。碑四面刻，阴阳两面及右侧文存，左侧为铭文，北宋时被磨去。

摄常山郡太守卫尉卿兼御史中丞赠太子太保谥忠节京兆颜公神道碑铭　大历九年（774）

颜真卿为从兄常山太守颜杲卿撰写。颜杲卿在安史之乱中，设计杀死叛军将领李钦凑，收复华北要隘井陉口。后常山被陷，颜杲卿及子季明、孙诞、侄诩、甥卢逖等一门30余人壮烈殉国。由于奸臣当道，颜杲卿非但无功，反受不白之冤。颜真卿转蒲州后，幸遇颜杲卿子颜泉明，得知事情真相，命泉明找回流落河北的常山烈士遗属300余人，妥善安置。同时，上书朝廷，说明真相，使冤情得以昭雪。《碑铭》颂扬颜杲卿在安史之乱中挺身拒敌、壮烈殉国的崇高节操。

正议大夫行国子司业上柱国金乡县开国男颜府君神道碑铭　大历四年（769）四月为仲兄颜允南撰。

和政公主神道碑铭　广德二年（764）八月

为肃宗第三女、代宗同母妹和政公主撰写。颂扬和政公主不以"帝女之崇"为贵，孝悌躬亲，恭俭温良，智勇助国的懿德。

唐故开府仪同三司太尉兼侍中河南副元帅都督河南淮南淮西荆南山南东道五节度行营事东都留守上柱国赠太保临淮武穆王李公神道碑铭　广德二年（764）十一月

为李光弼撰。颂扬中兴佐命功臣李光弼的文韬武略；在抗击安史之乱中的杰出贡献和维护唐朝社会安定的重大作用；追叙平复安史之乱中与作者互相支援的深厚友谊，表达了朝野上下的怀念之情。

朝议大夫赠梁州都督上柱国徐府君神道碑铭　大历五年（770）初

系应旧友殿中侍御史徐缜之请，为其父朝议大夫徐秀所撰。叙述其家世，称赞其忠诚正直、奉公执法的品德和威武不屈的节操。

金紫光禄大夫守太子太傅兼宗正卿赠司空上柱国陇西郡开国公李公神道碑铭上元二年（761）颜真卿为李齐物撰。叙述唐宗室李齐物的世系、政绩及治理黄河的事迹。

此神道碑铭不全，至"时国忠包藏于内"下缺。

朝议大夫守华州刺史上柱国赠秘书监颜君神道碑铭　永泰元年（765）

为伯父颜元孙作。颂述伯父颜元孙文学书法造诣、履历德行，以及子春卿、杲卿、曜卿、旭卿、茂曾，孙练、泉明、威明等人事迹。

特进左金吾卫大将军上柱国清河郡开国公赠开府仪同三司兼夏州都督康公神道碑铭永泰二年（765）十月

应旧友康没野波之请，为其父康阿义屈达干撰。叙康公于天宝元年率北蕃部落归唐，与其子孙忠于唐王朝，与安禄山、史思明斗争的事迹。

康阿义屈达干，藏族，可汗宰相，天宝元年归唐。广德二年（764）十一月二十日卒。

中散大夫京兆尹汉阳郡太守赠太子少保鲜于公神道碑铭　大历二年（767）

颜真卿为御史台同事鲜于仲通撰。记述鲜于仲通二十始学、四十进士高第及其与诸子的宦履事迹，颜氏、鲜于氏通家之谊。

朝请大夫行江陵少尹兼侍御史荆南行军司马上柱国颜君神道碑铭　大历四年（769）四月为胞弟颜允臧所撰。称述允臧之才干政历，寄托同胞手足之情。

左卫率府兵曹参军赐紫金鱼袋颜君神道碑铭　大历四年（769）四月

为胞兄颜幼舆作。颜幼舆，天宝九载七月卒，葬万年县先茔。幼舆夫人殷氏，广德二年（764）十月卒，大历四年四月衬祔葬。真卿撰写神道碑铭，赞其美容器度、孝悌仁和，悲其英年早逝。

唐故右武卫将军赠工部尚书上柱国上蔡县开国侯臧公神道碑铭 约写于大历七年（772），为故友臧怀恪撰。追记臧氏源起，记述臧怀恪功绩、智勇和其诸子职宦。

有唐开府仪同三司行尚书右丞相上柱国赠太尉广平文贞公宋公神道碑铭　大历五年（770）十二月

应宋俨所请，为其祖宋璟撰。赞述贤相宋璟之学识才干、仕履政绩及其忠烈正直、关心民瘼、廉洁奉公的节操，兼述宋璟诸子仕迹。

游击将军左领军卫大将军兼商州刺史武关防御使上柱国欧阳使君神道碑铭　大历十年（775）十月为欧阳难撰。追述欧阳难家世，襃扬其在安史之乱中守土拒乱、宁死不屈的气节和扶危救贫、清白廉慎的德政。

银青光禄大夫海濮饶房睦台六州刺史上柱国汲郡开国公康使君神道碑铭　大历十一年（776）

应姻亲秀州长史康元壊之请，为康希铣撰。叙康氏渊源；赞其年少聪颖及以偏师抗突厥入侵之功，刺史六州之美政兼及门第书香。

京兆尹御史中丞梓遂杭三州刺史剑南东川节度使杜公神道碑铭　大历十二年（777）十一月

颜真卿与杜济同为太子中书舍人韦迪之婿。杜济归柩万年县洪源乡少陵原，颜真卿为其撰神道碑铭。记述杜济家世、才干、仕宦政绩及夫人韦氏之才慧。

杭州钱塘县丞殷府君夫人颜君神道碣铭 大历十二年（777）

颜真卿湖州刺史任上，为姑母、钱塘县丞殷履直夫人颜真定撰书。颂述颜真定聪慧明达、孝仁敬让的品德和作为武则天女史的才器，为叔父颜敬仲割耳伸冤的义烈和对作者的"诲诱"之恩。

唐故容州都督兼御史中丞本管经略使元君表墓碑铭 大历七年（772）十一月

为故友元结撰。赞述元结"忠烈义激""文武直清"的品德，在安史之乱中，招募士卒、抗击史思明叛军的义举，清廉明察的惠政及其文学成就。

京兆尹兼中丞杭州刺史剑南东川节度使杜公墓志铭 大历十二年（777）十一月。历数杜济职宦政历，赞其为政清简之风，表达对杜济的哀思。

曹州司法参军秘书省丽正殿二学士殷君墓碣铭 大历五年（770）五月

颜真卿于抚州刺史任上，为舅父殷践猷撰写墓碣铭，并于州采石，正书铭之，遣使送往河南新安县墓茔。颂述舅父殷践猷的孝悌、文学及对自己的训奖之恩，舅母萧氏的学识及教子之德。

祭侄季明文 乾元元年（758）九月

颜真卿蒲州刺史任上，侄颜泉明于常山寻得其兄季明之首，九月三日扶榇归京，道出蒲州，颜真卿撰此文祭奠。褒扬其崇高气节，表达了作者悲愤惨痛的哀思。颜季明，常山郡太守颜杲卿之子，在抵御叛将史思明之战中，城破被俘，与父亲及阖门三十余人壮烈殉国。

祭伯父濠州刺史文 乾元元年（758）十月

十月初九，颜真卿因御史唐旻诬告，左迁饶州刺史。二十一日至洛阳，撰书此祭文，奠告于鹋店高村伯父颜元孙墓前。诉述安史之乱中，作者与从兄杲卿联手抗叛，杲卿与子季明、甥卢逖等壮烈殉国和朝廷封赠情形，以告慰伯父在天之灵。

横山庙碑 此碑只剩 19 字，即"神居武陵，其地有湖，每出则神兽前道，形如白马。"黄本骥称此为横山庙残碑。横山，未详所在。考《湖州府志》，府城南十六里有衡山，古"衡""横"二字通用。《吴兴掌故》载："诸山中惟此山横列，故名。"大历年间颜真卿在湖州时撰。

今人朱关田《颜真卿年表》称作于大历六年（771）八月："书撰横山庙碑，祈祷山神。"

王岳墓志铭 开元二十三年（735）八月

署名琅琊颜真卿撰，王湮书。王岳，字守忠，太原人，开元二十二年薨于官舍，五十六岁，葬长安凤栖原。这是当前发现颜真卿最早撰写的文章。

郭虚己墓志铭 天宝七载（748）

1997 年出土于河南堰师首阳山镇，志高 160.5cm，宽 105cm，青石，盖记得"唐故工部尚书赠太子太师郭公墓志铭" 16 字。楷书 35 行 1150 字，颜真卿撰并书。郭虚己山西人，先后任工部侍部、户部传郎、工部尚书，亲率出卒战场拼杀，屡立战功。

臧怀亮墓志铭 天宝十载（751）

1985 年三原县陵前乡出土，署朝仪郎行侍御史颜真卿撰。臧怀亮出身将门，累官至冠军士将军封东莞郡开国公。

独孤夫人陈至墓志铭 大历十三年（778）

颜真卿撰文，独孤良器书丹，陈至为陈希烈第三女，大历十二年（777 年）病逝，大历十三年与夫合葬洪固乡凤栖原，颜真卿署紫金光禄大夫刑部尚书鲁郡开国公。

附录六'
参考书目

周礼　中华书局影印十三经注疏本　1980 年

论语　中华书局影印十三经注疏本　1980 年

孝经　中华书局影印十三经注疏本　1980 年

史记　司马迁　中华书局对　1982 年

汉书　班固　中华书局　1962 年

后汉书　范晔　中华书局洋　1965 年

晋书　房玄龄　中华书局　1974 年

宋书　沈约　中华书局　1974 年

梁书　姚思廉　中华书局　1973 年

陈书　姚思廉　中华书局　1972 年

魏书　魏收　中华书局　1974 年

北齐书　李百药　中华书局　1972 年

周书　令狐德棻　中华书局　1971 年

隋书　魏徵　中华书局　1973 年

旧唐书　刘昫　中华书局　1975 年

新唐书　宋祁　中华书局　1975 年

旧五代史　薛居正　中华书局 1976 年

新五代史　欧阳修　中华书局　1974 年

宋史　脱脱　中华书局 1985 年

资治通鉴　司马光　中华书局 1956 年

贞观政要　吴兢　上海古籍出版社　1978 年

唐大诏令集　宋敏求　　商务印书馆　　1959 年

唐六典　李林甫等　中华书局　1992 年

元和郡县图志　李吉甫　中华书局 1983 年

河南志　　徐松　中华书局 1994 年

酒谱　　窦苹　　中华书局 2010 年

茶经　　陆羽　山东画报 2018 年

通典　杜佑　浙江古籍出版社影印万有文库本　1988 年

唐会要　王溥　　中华书局　1955 年

大唐开元礼　萧嵩等　　影印文渊阁四库全书本

登科记考　徐松　中华书局　1984 年

元和姓纂　林宝　中华书局　1994 年

世说新语校笺 刘义庆撰 徐震堮校笺 中华书局 1984 年

册府元龟 王钦若等撰 中华书局影印明刻本 1960 年

朝野佥载 张鷟撰　中华书局 1979 年

封氏闻见记校注 封演撰 赵贞信校注　中华书局 1958 年

国史补 李肇撰　上海古籍出版社　1979 年

明皇杂录　郑处诲撰　中华书局 1994 年

开元天宝遗事安禄山事迹　中华书局 2006 年

酉阳杂俎 段成式撰 中华书局　1981 年

太平广记 李昉等编　中华书局　1961 年

南部新书　钱易撰　中华书局　2002 年

唐语林校证　王谠撰　周勋初校证　中华书局　1987 年

唐鉴 范祖禹撰　上海古籍出版社影印宋本 1984 年

廿二史札记 赵翼撰　中华书局　1963 年

舆地纪胜　王象之撰　中华书局影印惧盈斋本　1992 年

唐两京城坊考 徐松撰 中华书局　1985 年

增订唐两京城坊考 李健超增订　三秦出版社　1996 年

四库全书总目 纪昀等撰　中华书局影印本　1965 年

容斋随笔　洪迈撰　上海古籍出版社　1978 年

钝吟杂录　冯班撰　影印文渊阁四库全书本

宋高僧传　费宁撰　中华书局　1987 年

颜氏家训集解　颜之推撰　王利器集解 中华书局 1993 年

文选（六臣注）萧统编　四部丛刊本

全唐诗　彭定求等编　中华书局

全唐文　董诰等编　中华书局影印清内府刊本　1983 年

陈子昂集　陈子昂撰　中华书局上海编辑所　1960 年

高适诗集编年笺注　高适撰　刘开扬笺注 中华书局 1981 年

李太白全集　李白撰　中华书局　1977 年

颜鲁公文集　颜真卿撰　留元刚编　四部丛刊本

颜鲁公文集　颜真卿撰　黄本骥编　四部备要本

杜诗详注　杜甫撰　仇兆鳌注　中华书局 1979 年

苏轼诗集　苏轼撰　中华书局　1982 年

苏轼文集　苏轼撰　中华书局　1986 年

宝晋英光集　米芾撰　丛书集成初编本

文山先生全集　文天祥撰　四部丛刊本

弇州四部稿、续稿　王世贞撰　影印文渊阁四库全书本

文心雕龙校注　刘勰撰　杨明照校注　中华书局上海编辑所 1959 年

诗式 皎然撰　全唐五代诗格汇考本　江苏古籍出版社 2002 年

沧浪诗话　严羽撰　历代诗话本　中华书局　1981 年

韵语阳秋　葛立方撰　历代诗话本　中华书局　1981 年

金石录　赵明诚撰　四部丛刊续编本

宝刻类编　影印文渊阁四库全书本

石墨镌华　赵崡撰　中国书店　2018 年

金石萃编　王昶撰　陕西人美 1990 年

书谱　孙过庭撰　百川学海本

法书要录 张彦远撰 丛书集成初编影印津逮秘书本

历代名画记 张彦远撰 丛书集成初编本

书史 米芾撰 丛书集成初编本

海岳名言 米芾撰 丛书集成初编本

宣和书谱 丛书集成初编影印津逮秘书本

续书谱 姜夔撰 百川学海本

书小史 陈思撰 影印文渊阁四库全书本

书史会要 陶宗仪撰 影印文渊阁四库全书本

书画题跋 孙镰撰 影印文渊阁四库全书本

书法雅言 项穆撰 影印文渊阁四库全书本

画禅室随笔 董其昌撰 影印文渊阁四库全书本

佩文斋书画谱 孙岳颁等撰 影印文渊阁四库全书本

庚子销夏记 孙承泽撰 影印文渊阁四库全书本

竹云题跋 王澍撰 丛书集成初编本

虚舟题跋 王澍撰 续修四库全书本

承晋斋积闻录 梁巘撰 中国书画全书本上海书画出版社2000年

艺概 刘熙载撰 上海古籍出版社

广艺舟双楫 康有为撰 清光绪刻本

书林藻鉴 马宗霍编 文物出版社 1984年

沈尹默论书丛稿 沈尹默撰 三联书店香港分店 1981年

胡问遂论书丛稿 胡问遂撰 上海书画出版社 2000年

启功丛稿 启功撰 中华书局 1981年

论书绝句(注释本) 启功撰 三联书店 2002年

中国书法史 隋唐五代卷 朱关田撰 江苏教育出版社 1999年

唐代书法考评 朱关田撰 浙江人民美术出版社 1992年

颜真卿书法评价研究 杜浩 中华书局2020年

中国书法美学 金学智撰 江苏文艺出版社 1994年

唐代书法家年谱 朱关田撰 江苏教育出版社 2001年

颜真卿志 张守富 王汝涛 刘锡山 山东人民出版社 1998年

中国书法全集　颜真卿卷　朱关田编　荣宝斋　1993 年

忠义堂帖　西泠印社影印宋本　1994 年

忠义堂帖　二玄社影印宋本　1961 年

金明馆丛稿初编　陈寅恪撰　上海古籍出版社 1980 年

陈垣学术论文集　陈垣撰　中华书局　1980 年

饶宗颐史学论文集　饶宗颐撰　上海古籍出版社　1993 年

中国通史简编　范文澜撰　人民出版社 1965 年

颜真卿文集　　凌家民注　黑龙江人民出版社 1983 年

颜真卿年谱　朱关田撰　西泠印社出版社 2008 年

杜甫年谱　刘文典撰　云南人民出版社　2013 年

唐代科举制度研究　吴宗国撰　北京大学出版社　2010 年

中国古代陵寝制度史研究　杨宽撰　上海人民出版社　2016 年

唐代基层文官　赖瑞和撰　中华书局　2008 年

唐代中层文官　赖瑞和撰　中华书局　2011 年

唐代高层文官　赖瑞和撰　中华书局　2017 年

杜甫传　冯至撰　人民文学出版社　1980 年

诗圣杜甫　康震撰　中华书局 2018 年

李白传　安琪撰　陕西人民出版社

诗仙李白　康震撰　中华书局 2018 年

唐史论丛第二辑　史念海撰　陕西人民出版社 1987 年

隋唐五代史　吕思勉撰　上海古籍出版社　1984 年

剑桥中国隋唐史　崔瑞德撰　中国社会科学出版社　1990 年

唐代政治史述论稿　陈寅恪撰　上海古籍出版社　1982 年

唐代礼制研究 任爽撰 东北师范大学出版社 1999 年

敦煌艺术宗教与礼乐文明　姜伯勤撰 中国社会科学出版社 1996 年

唐代长安与西域文明 向达撰 三联书店 1957 年

唐帝国的精神文明　程蔷、董乃斌撰 中国社会科学出版社 1996 年

唐代科举制度研究　吴宗国撰 辽宁大学出版社　1997 年

唐代科举与文学 傅璇琮撰 陕西人民出版社 1986 年

唐仆尚丞郎表 严耕望撰 中华书局 1986 年

唐刺史考全编 郁贤皓撰 安徽大学出版社 2000 年

隋唐两京丛考 辛德勇撰 三秦出版社 1991 年

中国学术思想史论丛（三） 钱穆撰 东大图书公司 1981 年

中国思想史论 李泽厚撰 安徽文艺出版社 1999 年

美的历程 李泽厚撰 中国社会科学出版社 1984 年

士与中国文化 余英时撰 上海人民出版社 2003 年

隋唐佛教史稿 汤用彤撰 中华书局 1982 年

中国道教思想史纲 卿希泰撰 四川人民出版社 1985 年

道教与唐代文学 孙昌武撰 人民文学出版社 2001 年

谈艺录（补订本） 钱锺书撰 中华书局 1984 年

唐五代文学编年史 美傅璇琮等撰 辽海出版社 1998 年

唐诗杂论 闻一多撰 上海古籍出版社 1998 年

元白诗笺证稿 陈寅恪撰 上海古籍出版社 1978 年

隋唐五代文学思想史 罗宗强撰 中华书局 1999 年

胡小石论文集 上海古籍出版社 1982 年

鲁迅全集 人民文学出版社 1981 年

颜真卿 严杰撰 南京大学出版社 2015 年

严复墓志 齐渊缪韵编 文物出版社 2011 年

苏东坡传 林语堂撰 万卷出版公司 2013 年

陆游传 朱东润撰 上海古籍出版社 1979 年

徐旭生陕西考古日记 徐旭生撰 陕西师范大学出版总社 2017 年 8 月

另参考已发表：韩秀实墓志铭，韩涓墓志铭，韦渠牟墓志铭等 50 多方墓志铭，不再细数。

后记

为一个城擦亮 *logo*

长安城三千年，上天把颜真卿给了这个城，颜真卿就是这个城的 logo，却被时间埋没了，现在我有想法去擦亮这个 logo。

写作《颜真卿评传》是我多年的心愿。从十来岁开始临习颜真卿的多宝塔、颜家庙，到现在年近五十了，还在学习《争座位帖》。其实，颜真卿一直在我的心里，从一个书写者、一个书法家到一个思想伟人，对他的认识不断深入。想想一千多年前，颜真卿就生活在我住的这个城里，我每天走过的地方就是他走过的地方，时空伴随，多么有缘与自豪。2018年元月，按捺不住自己的情绪，终于动笔了，我将我的颜真卿一点一点地记述下来，呈现在大家的面前，这是我的储藏，是我的心得。本想在颜真卿诞辰1310年的时候完成，却因为自己能力有限，拖到现在。

从那时起，将我所有的业余时间都给了颜真卿。正常工作日下班以后，从下午6点到晚上10点甚至12点，我都在写作的气场里，不是翻书查找资料就是行进在记述颜真卿的过程里，到后来连节假日都搭进去了。我明白这个写作不是象牙塔里的，是"业余"的，工作时间还要工作，上班时间是要上班的，不能受到影响。同期我还是欣慰的，因为做好了本职工作，得到了省市甚至更高的鼓励。

想法是写一个我看到的颜真卿，我看到的一千多年前的颜真卿，而这个颜真卿明显是一个大家不认识的颜真卿，那么写作这个颜真卿就要有材料的支撑。只要是市面上能看见的关于颜真卿的，关于隋唐的资料，我不管三七二十一先拿下，网上只要能发现相关的资料先下载存盘，先占有再学习。唐史等相关书籍那就更不用说了，一定是买来天天翻的。重要的还有，我可以阅览一些特别的考古资料，而这些资料有缘人才可见的，所以我是幸运的，因为了这些资料才让我勾画出了另一个你所不知道的颜真卿。

写作的语言。黄永年先生在《司马迁的故事》一书前言部分中说"《史记》却是运用了高度真实，优美的文学手法写成的。"我的想法也是要有不同于其他的文字，我写的东西可能区别于别人的东西，每个人是每个人的情况，认识不同，风格不同，趣味不同，这是天趣，多年形成的，自己抛弃不了，思维发散，语言跳跃，所以读起来有时费事，请多担待。

关于结构。我是有强迫症的人，见不得乱，所以连标题都想整理成一样格式的句子，后来看看确实不好弄也就不弄了。整个文字，前面关于颜真卿生平是双线，明线是颜真卿，暗线是"我"。我常常跳出来与颜真卿对话，这个好也罢，不好也罢，我喜欢。

学术性。一个传记，一个评传，是要有学术性的。韩愈说"考於传记"，传记是考证，是真实可靠。对于一个人物的记述也必须坚持占有资料的基础上实事求是，丁是丁卯是卯。古人说，读万卷书，行万里路。当代读万卷书的行万里路的少；行万里路的读万卷书的少，不才，书不一定读了那么多，路不一定走了那么多，但都去努力了，笔记追寻，点点滴滴。

从2008年开始，我在关中大地考察唐代书法与遗迹，随身携带本子、笔和照相机，开始的时候是单反的胶片机，后来是数码相机，中间换了两次，时代的发展真快，又后来就是手机拍摄；这里面的图片都有故事，有和父母、妻子一起去考察时拍摄的照片，有和同事（李强、骆经济、林浚等）去考察时拍摄的照片，还有和朋友（吕重华、钟山、穆民、康笑迪、王喜才等）去考察拍摄的照片，还有通过访碑、访遗迹认识的朋友（姚斌县、惠原宏、凤小京等），不过大多数时候是一个人开车去寻找的，这是孤独的；从最初考察的时候，路上车辆很少，乡间好多地方没有车或人的遗迹，我的车大雨中有掉到悬崖下的危险，也找不到人帮忙，时代发展，现在大不相同；有时也会遇到一个老先生给你讲他们泾河的柳毅或仲山的皇帝，有时一个热心的大娘半天时间给你当向导找路，这是享受；随着考察的不断深入也写过一些文章与心得，大都是零散的，现在找到一个方向，努力去将我认识的颜真卿认真地书写下来，所以这也可以叫考古颜真卿，我只能将所有发现的颜真卿呈于你的面前，只能将我体会的颜真卿告诉你。希望这个颜真卿是你所希望了解的，突出真实性。

散文性。每个人都有自己的爱好，每个人都有自己的想法。写作颜真卿我选择的文体与语言是有些不同的。把它当作一个大散文对待，然后里面有六十篇小散文，所以你看到的这个书不同于以往传记，它是每节可以独自成篇的，同时又是前后连贯的。笔法是散文性的，语言上有跳跃性，还是遵循形散神不散的规律，希望你能包容，为了每篇记述的完整性，各篇之间偶有重复的情况，我在修改的过程中尽量避免。

口语性。这是我对自己的一个要求，大多数传记要求是严肃的，笔法是严谨的，所以读的时候你是要坐直了身子读的。我的想法是，我写的颜真卿虽然是正大人物，可是一定是可以躺着读的，一定是可以闭上眼回味的，所以我追求语言的生动性，为了生动选择了相对口语化强的这个方向。

方位性。因为居于西安得天独厚，可以时时寻找关于唐代的遗迹包括颜真卿的遗迹，所以在这本书里作者想将颜真卿从出生到入葬的所有时间地点连接起来，并与现在我们所居的时代联系起来，因为我们就是颜真卿的邻居，甚至我住的地方就是原来颜真卿住过的地方，从而对颜真卿有一个鲜活的感知。只是现在的问题是一千多年的空间风雨变幻，一些具体的方位已经不好把握，比如说三兆村，以前是一个地区概念，有8000多亩地，颜真卿家族墓地的位置有一个相对具体的指向，现在都盖成了楼，现在所谓的三兆村就是几十亩地几栋楼，和颜真卿墓地估计已经没有多少关系了，即使如此作者也努力去还原了。

贵为人或是不可多得的，包括世间的每一个人，所以作者在书中尊重每一个人，包括杨国忠，包括郭英乂，包括卢杞，包括李希烈，包括安禄山等等，尽量从向善的角度考虑每个人的所作所为，这不是没有立场，这是宽容。比如直接称卢杞"哈怂"，但是要找一下为什么"坏"。向善是人类的基因，我们传统叫作中庸、不激，所以，颜真卿无论如何"争座位"，无论如何与卢杞争吵，都不骂街，这就是德性。

另外，因为颜真卿受家学的影响颇深，作为扩展阅读，我将《颜氏家训》段落附在相应章节的后面，便于理解颜真卿当时的举动与想法。

好啦，这些感性的东西有点多了。

感谢中央文史馆馆员、书协苏士澍主席对此书的关爱，并为序，让我诚惶诚恐，不知手放到何处去。

感谢西泠印社副社长朱关田先生对本人的期望："要静下来多研究，颜真卿的研究下来就是你们的事情了"。

感谢陕西省书协陈建贡主席对本书的指导与关爱，让我对几十年来的一些看法有质的改变，以前只是在书里或别人那里看到的事情，却在我这里发生了，这些事不在我的认知范围，说出去就是"长安城的传奇"。

感谢南京大学周晓陆教授的指导："颜真卿的作品主要在西安，浙江有新出土的，如果新材料能运用最好"；

感谢西安碑林博物馆前馆长赵力光研究员的对此书的整体把握与梳理，并指出："你这个应该去掉抒情部分，让事实讲话"；

感谢陕西省文史馆馆员路毓贤老师，多年来，引领我学习法书、学习诗词、学习文化与历史、学习篆书，帮助我不断思考不断提高，为写作颜真卿提供了思想上的准备；

感谢陕师大黄寿成教授对本书的指导与关爱，黄先生用了一个多月的时间，将本书从前到后认真地审阅了一遍。

特别感谢陕西省书协王行舟副主席对此书的全力推荐与组织联络。与王主席是一面之交，王主席却能竭尽全力积极推荐，甚为感激；

感谢著名学者宗鸣安先生前前后后的辛苦联络与指导；

感谢陕师大朱鸿教授、李宗俊教授，终南印社常务副社长岐岖先生，碑林博物馆研究员陈根远先生指导与付出。

感谢编辑何岸先生、感谢万千隆文化刘晓辉先生、感谢龙山文化安建炜先生，是他们辛勤付出，积极争取，才有了现在你面前的这本书的面容。

关于"颜真卿"，这是一个系统工程，远远超出了落在纸上的文字与图片，感谢写作颜真卿过程中，支持帮助我的所有专家、学者、朋友。

感谢几十年来，我所在单位领导和同事们的鼎力支持，才使我有了一步一步前进的动力与探索的方向。感谢几年来，生活赋予我的点点滴滴，没有你们，没有一些可以称之为打击的故事，我无法努力前行，不受挫折或许更美好，可是生活已经完美，何不留一些缺憾。感谢多年以来读书学习中支持我的亲朋好友，因为读书，因为书法，我一直在慢待你们，深表愧疚。

颜真卿是一个大课题，研究颜真卿我是站在前人肩膀上的，感想与心得多多，一些观点看法与当下的研究或许有出入，希望对读者有借鉴与启迪，差错在所难免，请多多指正。

2021 年 12 月 2 日（农历 10 月 28）

补于 2022 年 2 月 17 日（农历 正月 17）